ATLAS HISTÓRICO DE MESOAMÉRICA

ATLAS HISTÓRICO DE MESOAMÉRICA

Linda Manzanilla
Leonardo López Luján
Coordinadores

LAROUSSE

Av. Diagonal 407 Bis-10   Dinamarca 81   21 Rue du Montparnasse Valentín Gómez 3530
08008 Barcelona   México 06600, D. F.   75298 París Cedex 06   1191 Buenos Aires

"D. R." © MCMXCIII, por Ediciones Larousse, S. A. de C. V.
Dinamarca núm. 81, México 06600, D. F.

*Esta obra no puede ser reproducida, total o
parcialmente, sin autorización escrita del editor.*

SEGUNDA EDICIÓN — 12ª reimpresión

ISBN 970-607-803-7

**Larousse y el Logotipo Larousse son
marcas registradas de Larousse, S. A.**

Impreso en México — Printed in Mexico

Introducción

Una de las principales herramientas de las sociedades es el registro de su memoria colectiva, fundamentalmente el de los hechos que ellas mismas estiman esenciales para explicar su dinámica histórica. La historia, desde un punto de vista científico, lejos de ser un simple relato de los sucesos y las hazañas de los grandes personajes del pasado, es la explicación de la vida social en su devenir, que sirve para prever y actuar en el presente. La historia significa nada menos que el cimiento de nuestra vida actual, el saber desde dónde venimos y quiénes somos. Por ello la historia es un asunto que nos concierne a todos. En consecuencia, el historiador tiene como tarea primordial la recuperación del pasado como conciencia colectiva, para devolvérselo a la colectividad.

Tanto en los vestigios materiales de las actividades diarias, en los relatos orales transmitidos de generación en generación, como en el registro escrito del presente, las sociedades dejan huella de su paso por nuestro planeta. Para el hombre ha sido de fundamental importancia el conocimiento a través de dichos vestigios, relatos y documentos escritos, de las sociedades que lo precedieron. En esta forma, pasado y presente constituyen un *continuum*, marco de referencia para los tiempos venideros.

El *Atlas Histórico de Mesoamérica* que aquí presentamos es un intento de suplir la carencia de textos de contenido científico que transmitan los últimos avances en este campo con gráficos y textos sencillos. Es una obra escrita en español, destinada a un gran número de personas no especializadas en la materia.

El *Atlas Histórico de Mesoamérica* está dirigido a un amplio público, en especial a jóvenes estudiantes de bachillerato y licenciatura, y a maestros de educación media, media superior y universitaria. Se concibió como una respuesta a la creciente necesidad de información gráfica y escrita indispensable en los centros de enseñanza, y como una introducción a todos los interesados en el pasado prehispánico de México y parte de Centroamérica.

Cada uno de los capítulos fue redactado en lenguaje sencillo y asequible. Se evitó en lo posible el uso de términos y conceptos muy especializados, y cuando hubo la necesidad de incluirlos, se procuró definirlos convenientemente. Su principal objetivo es dar a conocer en forma gráfica y concisa la historia de las sociedades que poblaron México, Guatemala, Honduras, El Salvador y Nicaragua antes de la llegada de los españoles.

Cada capítulo del *Atlas Histórico de Mesoamérica* se presenta como una unidad en la que la información escrita y la gráfica son complementarias. La totalidad de los textos fue elaborada para este volumen por especialistas del Instituto Nacional de Antropología e Historia y de la Universidad Nacional Autónoma de México. Si bien parte del material cartográfico aquí presentado ha sido tomado de publicaciones especializadas, en la mayoría de los casos los mapas fueron corregidos, aumentados y puestos al día. Por lo tanto, la ventaja del presente volumen reside, en que en él se reúne información de reconocida calidad científica y de difícil acceso para el lector promedio.

La obra está constituida por treinta y seis artículos breves, y por más de 50 láminas, divididos en cinco grandes grupos temáticos. Dichos grupos corresponden a cada uno de los grandes periodos de la historia mesoamericana: 1) Mesoamérica y áreas circunvecinas, 2) Los primeros pobladores, 3) El Horizonte Preclásico, 4) El Horizonte Clásico, 5) El Horizonte Postclásico. Cabe agregar que, dado el mayor cúmulo de información acerca de los últimos periodos de la historia prehispánica de nuestro país, pudimos dedicar un mayor número de artículos a los dos últimos grupos temáticos, subdividiéndolos en cinco áreas culturales (Altiplano, Oaxaca, Golfo, Maya, Occidente).

La elaboración del *Atlas Histórico de Mesoamérica* fue mucho más accidentada de lo que supusimos. Un equipo de investigación de la Secretaría de Educación Pública concibió el proyecto a principios de esta década; en su origen se preveía la publicación no sólo del volumen correspondiente a la historia mesoamericana, sino de toda una serie que versara acerca del pasado de nuestro país. La maqueta del volumen dedicado a Mesoamérica fue diseñada por Alfredo López Austin. Sin embargo, la obra no pudo publicarse en su conjunto, como lo tenía proyectado la SEP; pero, debido a que la parte correspondiente a Mesoamérica estaba avanzada, dos de los participantes creímos conveniente publicarla como una unidad.

En esta forma, el año pasado rescatamos la obra inconclusa y continuamos el trabajo fuera del ámbito de dicha institución. Por fortuna, el licenciado Luis Garza Alejandro, director general de Promoción Cultural, a nombre de la SEP cedió el derecho de publicación del material hasta ese entonces recopilado. De esa manera pudimos, tras algunos meses de trabajo, congregar la totalidad de los textos, ponerlos al día, y compilar el material gráfico.

Queremos agradecer públicamente la labor de Antonio Guzmán, Moisés Aguirre y Fernando Botas Vera, dibujantes del Instituto de Investigaciones Antropológicas de la UNAM.

**Linda Manzanilla
Leonardo López Luján**

Ciudad Universitaria, abril de 1988.

Contenido

ATLAS
HISTÓRICO
DE MESOAMÉRICA

1. Mesoamérica, Aridamérica y Oasisamérica

Pablo Escalante, UNAM

A partir de los múltiples estudios que se han realizado sobre el México Antiguo, han surgido diferentes proposiciones de criterios taxonómicos y cuerpos conceptuales que pretenden diferenciar zonas y grupos para construir una adecuada perspectiva de análisis. Desde los años cuarenta se ha ido extendiendo el uso de tres conceptos básicos para delimitar y caracterizar grandes áreas culturales identificables en el complejo panorama del México Antiguo: Mesoamérica, Aridamérica y Oasisamérica. Debe señalarse que dichos conceptos son meras herramientas metodológicas para el análisis; sería un error suponer que designan universos cerrados y completamente distintos entre sí. Cuanto más se avanza en el estudio de nuestra historia antigua resultan más claros los contactos entre las diferentes áreas, a la vez que se identifican numerosos elementos comunes, sobre todo en el caso de Mesoamérica y Oasisamérica. Por otra parte, dentro de las grandes áreas coexistieron infinidad de pueblos con características peculiares, por más que compartieran un sustrato de rasgos culturales afines.

Mesoamérica:

De las tres áreas, la de mayor complejidad es Mesoamérica; también es la más densamente poblada y la más extensa. Ocupa la casi totalidad de las costas continentales, el centro y sur de nuestro país y buena parte de Centroamérica. Esta zona, a diferencia de la del norte, es naturalmente propicia para la agricultura. Cuenta con una gran variedad de suelos y climas, y la mayor parte de ella recibe una precipitación pluvial anual lo suficientemente intensa como para mantener vivos los sistemas hidrológicos que la recorren. Y en caso de eventuales catástrofes climáticas, algunas zonas, como la de la Costa del Golfo, tienen tierras con una riqueza capaz de suplir las deficiencias de otras regiones.

Desde el año 2000 a.C., aproximadamente, Mesoamérica comienza a alojar grupos de agricultores sedentarios. Después del surgimiento de estos primeros focos culturales —fundamentalmente en el Altiplano Central y en el Golfo de México— se dará un desarrollo ininterrumpido de diferentes culturas en todo el territorio mesoamericano; culturas relacionadas entre sí y herederas continuas de los avances anteriores.

Algunos rasgos comunes a todas ellas son los siguientes: el conocimiento y utilización de una vasta gama de técnicas para la producción agrícola, fabricación de terrazas y obras hidráulicas de diversa índole, uso del bastón plantador o *huitzoctli* y el azadón de madera o *huictli*; cultivo de maíz, frijol, calabaza, chile, chía y tomate; preparación de tortillas de maíz con

11

+ — PERIODOS	OCCIDENTE	ALTIPLANO
1521 POSTCLASICO 900	Máximo desarrollo de la cultura purépecha Pátzcuaro-Tzintzuntzan.	Mexicas Azcapotzalcas Toltecas
EPICLASICO 650	Consolidación de los centros ceremoniales y protourbanos. Fundamentalmente Tingambato en Michoacán	Esplendor de los centros de Morelos, Puebla, Tlaxcala y Toluca tras la caída de Teotihuacan.
CLASICO 200		Máximo desarrollo de Teotihuacan como centro hegemónico.
PROTOCLASICO 1	Primeros centros ceremoniales. Nacimiento de las tradiciones culturales de Nayarit, Colima y Sinaloa.	Crecimiento acelerado de Teotihuacan (Pirámides). Redistribución en torno a la cuenca.
PRECLASICO SUPERIOR 200		+ Chimalhuacán Xico

PRECLASICO MEDIO
 	
800
		Centros ceremoniales
		+ Chalco
		  Copilco
		  Teotihuacan

PRECLASICO INFERIOR
 	
2200
	Asentamientos aldeanos aislados. Fundamentalmente en Michoacán y Jalisco	Aldeas
		  El Arbolillo
		  Tlatilco
		  Zacatenco
		  Tlapacoya

GOLFO	OAXACA	ZONA MAYA
Cultura huaxteca y totonaca aparentemente depauradas respecto de la fase anterior).	**Penetración mixteca. Centros mixtecos Mitla Zaachila.**	Desarrollo de múltiples centros en la pen. Yuc. Toltequización. Chichén, Uxmal, Mayapán
Repunte del centro Totonaca de El Tajín	Decadencia de Monte Albán multiplicación de los Lambityeco Yagul	Repunte después de la caída de Teotihuacan Crisis generalizada.
Nacimiento de la tradición totonaca, y de la huaxteca.	Hegemonía de Monte Albán	Consolidación y multiplicación de los centros en tierras bajas + Palenque Yaxchilán
Diáspora		
Desintegración del foco de cultura olmeca y Diáspora		Primeros centros ceremoniales
	Contactos con grupos olmecas. Centros ceremoniales Yagul Dainzú Monte Albán	Altar de Sacrificios
Olmecas 1 San Lorenzo		Tikal Uaxactún Kaminaljuyú
2 La Venta 3 Tres Zapotes	Nacimiento de centros ceremoniales	
Primer desarrollo olmeca	San José Mogote	
		Asentamientos Aldeanos
Cultura Remojadas	Fase Tierras Largas (Aldeano Valle)	

cal; trabajo del algodón; edificación de complejos urbanos y plataformas piramidales escalonadas, uso del estuco para el recubrimiento de superficies arquitectónicas, y trazo de patios en forma de I para el juego de pelota.

También es un rasgo compartido por los diversos grupos mesoamericanos (sin él no habrían surgido muchos de los elementos arriba mencionados) la producción de un amplio excedente regular. Esto dio origen a fenómenos sociales relevantes, como el surgimiento de un estrato dirigente de organizadores de la producción, desligados de los medios de producción directos y mantenidos mediante un sistema de tributación. La existencia de grandes centros urbanos, la multiplicación y complicación de las funciones religiosas, y la progresiva militarización de los señoríos, fueron factores que agudizaron la estratificación. La capa más numerosa, la de los tributarios, tuvo que mantener una sociedad llena de gastos. La contradicción entre tributarios y tributados fue profunda. Paralelamente surgió y se consolidó una extensa red comercial y una capa de comerciantes prósperos, rodeados de riquezas y algunos privilegios, pero sin las prerrogativas y el *status* de la nobleza.

Aridamérica

Muy distintas eran las cosas en el norte del país. Muchos grupos habitaban la inmensa zona de climas áridos y semiáridos que comprende total o parcialmente los actuales estados de Baja California (Norte y Sur), Sonora, Chihuahua, Coahuila, Nuevo León, Tamaulipas, Sinaloa, Durango, Zacatecas, Aguascalientes, Guanajuato, Querétaro y San Luis Potosí. Estos grupos tenían por actividades fundamentales la caza de animales como la liebre, el venado y algunas aves, y la recolección de frutas, plantas y raíces. Aquellos que estaban cerca de la costa se dedicaban además a la pesca. Desplazándose de un lugar a otro, formaban ciclos, y sólo se detenían cuando hallaban zonas con recursos abundantes; en ellas formaban pequeños campamentos que levantaban después de unas cuantas semanas.

Los bienes producidos por los grupos aridamericanos eran escasos. No contaban con mayor ajuar que las pieles con que se abrigaban, algunos cestos y redes para transportar y guardar alimentos (para cargar a las criaturas también), y sus utensilios de trabajo: el arco, la flecha, palos arrojadizos y puntas de piedra. Su forma de organización, por bandas, y sus creencias míticas y prácticas rituales no cristalizaron nunca en instituciones complejas, pues las condiciones de su vida material no lo permitían.

Frecuentemente los grupos aridamericanos se enfrentaban entre sí, buscando zonas exclusivas para la caza o tratando de arrebatarse la comida. Pero también se enfrentaban a sus vecinos sedentarios. Hubo incursiones de grupos nómadas a los establecimientos más norteños de Mesoamérica, y fueron frecuentes a las aldeas oasisamericanas.

Oasisamérica

Como una mancha verde en medio del desierto, Oasisamérica se localiza en la zona noreste y noroeste de los estados de Sonora y Chihuahua respectivamente, extendiéndose también a los estados norteamericanos actuales de Arizona y Nuevo México.

En Oasisamérica hay la humedad natural suficiente para cultivar la tierra, generada por un conjunto de ríos medianos que descienden de la Sierra Madre Occidental. La sedentarización en la zona se dio más tardíamente que en Mesoamérica, y de hecho nunca se dejaron de practicar la caza y la recolección como actividades complementarias importantes, aunque se sembraba maíz, frijol, calabaza, chile y tomate, y se había domesticado el guajolote, al igual que en Mesoamérica.

Los grupos oasisamericanos acudieron también a diferentes técnicas auxiliares para hacer producir la tierra: hicieron terrazas y se valieron de canales y depósitos para regular el abastecimiento de agua.

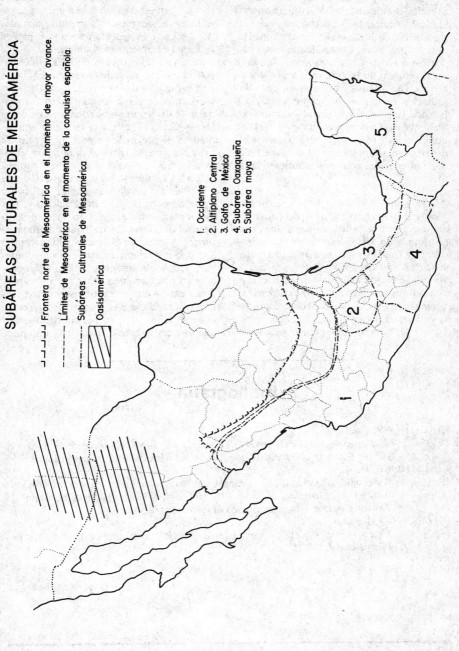

SUBÁREAS CULTURALES DE MESOAMÉRICA

⌐⌐⌐⌐⌐ Frontera norte de Mesoamérica en el momento de mayor avance.

------ Límites de Mesoamérica en el momento de la conquista española.

—·—·— Subáreas culturales de Mesoamérica

▨ Oasisamérica

1. Occidente
2. Altiplano Central
3. Golfo de México
4. Subárea Oaxaqueña
5. Subárea maya

Construyeron y habitaron pequeños núcleos urbanos donde alternaban construcciones semisubterráneas (algunas con fines rituales) y edificios, de hasta cuatro pisos, construidos con adobe y soportes de madera y piedra. Su actividad artesanal, especialmente en el renglón de la cerámica y la talla de piedra, fue intensa y de gran calidad. Sus prácticas religiosas, así como las de gobierno, fueron más o menos complejas. Sin embargo no parece haberse llegado nunca a un proceso de estratificación similar al mesoamericano. Las sociedades oasisamericanas eran prácticamente igualitarias.

Estas tres grandes áreas culturales —ya se dijo anteriormente— no constituyen universos cerrados, ni sus límites son absolutamente fijos. Yacimientos arqueológicos y fuentes escritas demuestran que en varias ocasiones tuvo lugar una cierta convivencia entre grupos mesoamericanos y cazadores recolectores de Aridamérica. Además, se conoce que la frontera norteña de Mesoamérica tuvo variaciones con el paso del tiempo. Unos cinco siglos antes de la conquista española, zonas que en el siglo XVI albergaban sólo a grupos de cazadores recolectores habían sido habitadas por agricultores sedentarios con un patrón cultural típicamente mesoamericano.

Incluso los pueblos de Oasisamérica, relativamente alejados, tenían contacto con los mesoamericanos. La presencia en Oasisamérica de diversos objetos artesanales de origen mesoamericano, y de otros rasgos como el culto a la serpiente emplumada y el juego de pelota, ha permitido trazar las viejas rutas de migración y comercio. Sabemos que la gente de Paquimé (o Casas Grandes), en el actual estado de Chihuahua, usaba cascabeles de cobre trabajados en la costa del Pacífico y, por dar otro ejemplo, que en el Altiplano Central de México se trabajaba abundante turquesa traída de Sonora y Chihuahua.

Si bien la red de rutas era muy superior dentro de los propios límites mesoamericanos, también entre las diferentes áreas existía un contacto sistemático. En largas jornadas a pie, grupos de diferentes orígenes tejían una red que cubría la totalidad de nuestro actual territorio y aún más.

Bibliografía

KIRCHHOFF, Paul.
1943   "Los recolectores-cazadores del norte de México", *El norte de México y el sur de Estados Unidos*, México, Sociedad Mexicana de Antropología.
KIRCHHOFF, Paul.
1967   "Mesoamérica. Sus límites geográficos, composición étnica y caracteres culturales", suplemento de la revista *Tlatoani*, México, Escuela Nacional de Antropología e Historia, Sociedad de Alumnos.
PIÑA CHAN, Román.
1967   *Una visión del México Prehispánico*, México, Instituto de Investigaciones Históricas, UNAM.

2. Los grupos lingüísticos de Mesoamérica

Otto Schumann, UNAM

Cuando nos encontramos con un grupo de lenguas y queremos investigar si tienen un origen común, las sometemos a pruebas determinadas por métodos y técnicas de la lingüística histórica. Para ello buscamos en este grupo de lenguas la mayor cantidad de términos o elementos que muestren tener origen común, conocidos por los lingüistas como *elementos cognados*. Estos deben ser seleccionados en conjuntos de términos asociados por su significado, en grupos que muestren relaciones de significado que converjan en forma directa, indirecta, asociada o en relación inversa. Después de haber encontrado y seleccionado los elementos cognados, se comparan y se someten a investigación, determinando posteriormente qué *series de correspondencias sistemáticas* pueden ser establecidas. El elemento fonético de una lengua puede corresponder a otro igual en otra lengua, o bien corresponder a otro muy diferente dentro de dichas series.

Si es posible establecer en forma sistemática las series de correspondencias, resulta muy probable que las lenguas comparadas tengan un origen común. Sin embargo, no puede hablarse entonces automáticamente de un origen común, aun cuando haya términos semejantes, porque pueden ser el resultado de préstamos de una lengua a otra, o bien casos dados al azar.

PALABRA	MAYA	QUICHE	CAKCHIQUEL	CHUJ	TOJOLABAL	TZELTAL	TZOTZIL
mano	k'ab	q'ab	q'àb	k'ab	k'ab	k'ab	k'ob
fuego	k'aa'k	q'aq'	q'aq'	k'ak'	k'ak'	k'ak'	k'ok'
lengua	ak'	aq'	àq'	ak'	ak'	ak'	ok'
pescado	kay	kar	kàr	chay	chay	chay	choy
metate	ka'	ka'	ka'	cha'	cha'	cha'	cha'
culebra	kan	kumats	kumats	chan	chan	chan	chon
chile	ik	ik	ik	ich	ich	ich	ich
árbol	che'	che'	che'	te'	te'	te'	te'
orilla	chi'	chi'	chi'	ti'	ti'	ti'	ti'
dormir	way	war	war	way	way	way	vay
su (de él)	y-	r-	r-	y-	y-	y-	y-
cola	neh	je	jey	heh	neh	neh	ne

aguacate	on	oj	oj	oɦ	on	on	on
sandalia	xanab	xajab	xàjàb	xaħab	xanab	xanab	xanab
blanco	sak	saq	sàq	sak	sak	sak	—
enterrar	muk	muq	muq	muk	muk	muk	muk
piojo	uk'	uk'	uk'	uk'	uk'	uch'	uch'
calabaza	k'um	k'um	k'um	k'um	k'um	ch'um	ch'um
amargo	k'a'	k'a'	k'à'	k'a'	k'a'	ch'a	ch'a

En este cuadro podemos ver que las lenguas que se comparan son efectivamente de origen común, ya que los elementos cognados que se confrontan nos permiten establecer las siguientes series de correspondencias sistemáticas y proponen una forma reconstruida llamada proto lengua.

MAYA	QUICHE	CAKCHIQUEL	CHUJ	TOJOLABAL	TZELTAL	TZOTZIL
a	a	à/a	a	a	a	o/a
l	l	l	l	l	l	l
i	i	i	i	i	i	i
u	u	u	u	u	u	u
o	o	o	o	o	o	o
k'	q'	q'	k'	k'	k'	k'
k	q	q	k	k	k	k
k'	k'	k'	k'	k'	ch'	ch'
k	k	k	ch	ch	ch	ch
ch	ch	ch	t	t	t	t
n	j	j	ħ	n	n	n
y	r	r	y	y	y	y
m	m	m	m	m	m	m

Como podemos observar en este ejemplo, al ser aplicados los métodos y las técnicas de la lingüística histórica nos permiten resolver, a grandes rasgos, la cuestión. Se recurre después a buscar un nombre que sirva de referencia y dé cuenta del resultado de esta investigación. Originalmente los lingüistas bautizaron a esta familia como *maya-quiché*, para así tener en mente que todas las lenguas que la constituyen, junto con las que otorgaron su nombre, tienen un origen común. Posteriormente, se ha reducido el nombre de esta familia al de *maya* porque es un nombre más corto; pero dicha modificación ha causado confusión, ya que los no lingüistas piensan que se le dio el nombre por ser el maya la lengua madre. Esto no sólo es una equivocación, sino que es algo que no puede suceder, ya que todas las lenguas de una familia están en proceso continuo de cambio; el caso de las lenguas romances no es aplicable en esta situación.

Una vez determinada la familia y bautizada por el lingüista, a su voluntad, se recurre a formar grupos diferenciados dentro de la misma familia. Entonces se reúnen dentro de un mismo grupo aquellas lenguas que comparten mayor número de rasgos, que comparten mayor número de fo-

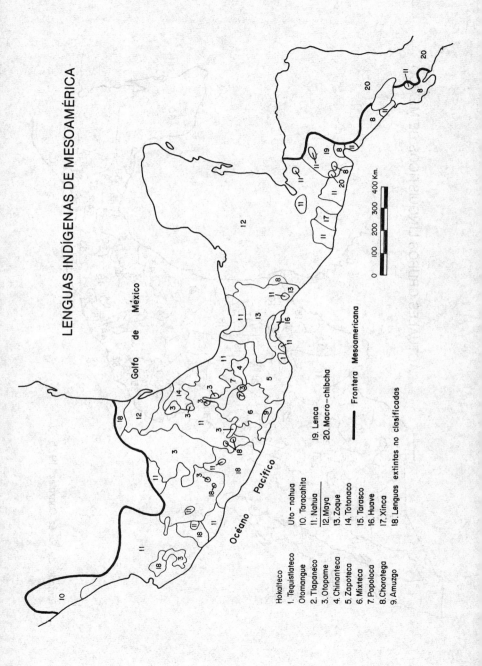

LENGUAS INDÍGENAS DE MESOAMÉRICA

Golfo de México

Océano Pacífico

Hokalteco
1. Tequistlateco
Otomangue
2. Tlapaneco
3. Otopame
4. Chinanteca
5. Zapoteca
6. Mixteca
7. Popoloca
8. Chorotega
9. Amuzgo

Uto - nahua
10. Taracahita
11. Nahua
12. Maya
13. Zoque
14. Totonaco
15. Tarasco
16. Huave
17. Xinca
18. Lenguas extintas no clasificadas

19. Lenca
20. Macro – chibcha

———— Frontera Mesoamericana

0   100   200   300   400 Km.

ACTUALES GRUPOS LINGÜÍSTICOS DE MÉXICO

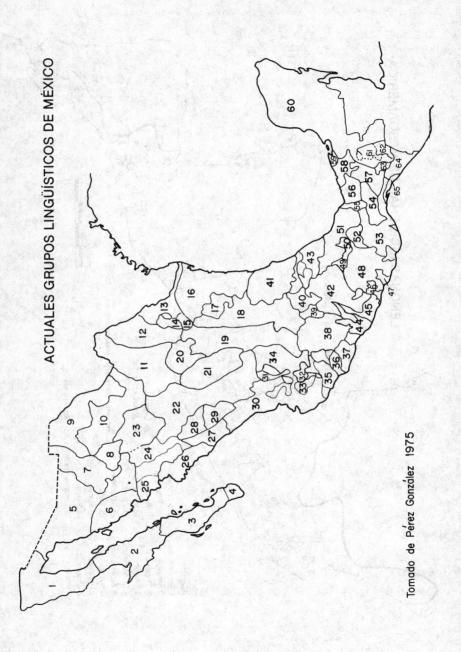

Tomado de Pérez González 1975

1	COCHIMÍ	52	CHINANTECO
2	LAYMÓN	53	ZAPOTECA
3	GUAYCURA	54	MIXE
4	PERICÚ	55	POPOLUCA
5	PIMA	56	NAHUA
6	SERI	57	ZOQUE
7	OPATA	58	CHONTAL
8	JOVA	59	NAHUA
9	SUMA-JUMANO	60	MAYA
10	CONCHO	61	TZELTAL
11	TOBOSO	62	CHAÑABAL O TOJOLABAL
12	COAHUILTECA	63	CHIAPANECO
13	COMECRUDO	*64	MAME Y OTROS
14	CAATARA		
15	HUALAHIS Y OTROS		
16	TAMAULIPECO		
17	PISON-JANAMBRE		
18	PAME		
19	GUACHICHIL		
20	LAGUNERO		
21	ZACATECA		
22	TEPEHUAN		
23	TARAHUMARA		
24	TEPEHUE Y OTROS		
25	CAHITA		
26	GUASAVE		
27	TAHUE		
28	ACAXE		
29	XIXIME		
30	CORA		
31	HUICHOL		
32	CUYUTECA		
33	CHINIPA		
34	CAZCAN		
35	NAHUA		
36	CAUHCOMECA		
37	NAHUA		
38	TARASCO		
39	MAZAHUA		
40	OTOMI		
41	HUASTECA		
42	MATLATZINCA		
43	TOTONACA		
44	CUITLATECA		
45	TEPUZTECA Y OTROS		
46	TLAPANECA		
47	AMUZGO		
48	MIXTECO		
49	POPOLOCA		
50	MAZATECA		
51	NAHUA		

nemas iguales o semejantes. En el cuadro podemos ver que estarían representados cuatro grupos:

grupo maya	representado por el maya
grupo quiché	representado por el quiché y el cakchiquel
grupo chuj	representado por el chuj y el tojolabal
grupo tzeltal	representado por el tzeltal y el tzotzil

Es necesario aclarar que ésta es una ejemplificación compactada, debido a que para completar el estudio, se requiere buscar otros rasgos compartidos. Así, todas las lenguas mayas se caracterizan por tener prefijos y sufijos; todas tienen dos series de elementos que marcan posesión, una que aparece frente a los términos que principian con vocal y otra que lo hace frente a los que se inician con consonante; todas presentan series verbales muy definidas y diferenciadas que marcan verbos transitivos, intransitivos y posicionales; etcétera.

Se seleccionó la familia conocida como *maya* por ser la de más fácil presentación en un esquema para demostrar un hecho de la lingüística histórica. No obstante, hay que recordar que los términos presentados en el cuadro son seleccionados y que esta semejanza no se da en todo momento o situación, pues se trata de verdaderas lenguas distintas unas de otras.

En otras familias lingüísticas es más difícil establecer el origen común. Ya establecido su origen común y sus grupos se puede recurrir a la reconstrucción de términos que ayudarán al investigador a conocer los posibles medios geográficos en los que los hablantes vivieron antes de que las lenguas se separaran, al igual que es posible saber así qué tipos de plantas conocían y algunas de las técnicas agrícolas utilizadas.

Si después de comparar dos familias lingüísticas encontramos un origen común, entonces se conforma lo que se llama un *macro-*. En Mesoamérica existe el *macro-oto-mangue*. En un principio se propuso también la existencia del *macro-maya* (que supuestamente estaría conformado por las familias *maya, totonaca* y *mixe-zoque*), pero esto hoy día ha sido desechado, ya que dicha hipótesis no resistió la aplicación de métodos y técnicas de la lingüística histórica. Cuando una lengua no muestra tener relación de origen común con otra, constituye por sí misma una *familia lingüística*, como sucede con el *xinca*, el *lenca*, el *cuitlateco* de Guerrero, etcétera.

Como podemos ver en el mapa, las lenguas que se encuentran más al sur del área mesoamericana pertenecen al *macro-oto-mangue*, al igual que las localizadas más al norte. Entre ellas encontramos algunas lenguas que pertenecen al *macro-chibcha*, situación que nos remite a relaciones de origen que vienen desde Colombia y Ecuador; tal sería el caso del *Cacaopera* de El Salvador. Esto nos permite inferir movimientos de sur a norte, en este caso, y de norte a sur en el caso de las lenguas *oto-mangues*. Las lenguas *uto-nahuas* muestran una clara procedencia del noroccidente de Mesoamérica: el nahua muestra una llegada tardía ya que si bien señala diferencias en sus variantes, estas diferencias no son tan profundas como lo son en el caso de las lenguas mayas o de las lenguas *oto-mangues* que muestran una divergencia muy grande con cambios que nos hacen inferir una gran antigüedad y considerarlas en ambas situaciones como de las más antiguas en el área. Esto también se aplica a la familia *mixe-zoque*.

Bibliografía

SWADESH, Mauricio
1973   *El lenguaje y la vida humana*, México, Fondo de Cultura Económica.
VARIOS
1975   *Las lenguas de México*, 2 v., México, Instituto Nacional de Antropología
          e Historia, SEP, (México, panorama histórico y cultural: IV-V).

3. El paso del hombre al continente americano

Lorena Mirambell, INAH

Desde la fecha del descubrimiento del Nuevo Mundo, el 12 de octubre de 1492, se vio que los habitantes que encontró Colón no eran los de Catay, ni los de la India —países que buscaba navegando hacia occidente—, ni sus costumbres y riquezas semejantes a las relatadas por viajeros como Marco Polo. Por ello, inicialmente se pensó que lo encontrado era un archipiélago y que más alejado se hallaba el continente asiático. Fue hasta 1513, cuando Vasco Núñez de Balboa descubrió el Océano Pacífico, que se tuvo la idea de que lo descubierto —islas y tierra firme— no era Asia, sino un nuevo continente.

Fueron los primeros navegantes y colonizadores —españoles y portugueses— que llegaron al Nuevo Mundo quienes se enfrentaron al problema de dilucidar quién era la gente que lo habitaba, cómo había llegado y por qué estaba en estas tierras; concretamente, cuál era el origen de sus habitantes.

Uno de los primeros en interesarse sobre este tema fue el jesuita José de Acosta (1540-1600), quien en su obra *Historia natural y moral de las Indias* (1590), proporciona la siguiente información:

. . . y no me puedo persuadir que hayan venido los primeros indios a este Nuevo Mundo por navegación ordenada y hecha a propósito, ni aun quiero conceder que los antiguos hayan alcanzado la destreza de navegar. . . pues de cosa tan grande y tan notable no hallo restos en toda la antigüedad. . . y tengo para mí que el Nuevo Orbe e Indias Occidentales no ha muchos millares que las habitan hombres y los primeros que entraron en ellas eran más hombres salvajes y cazadores.

Como vemos, este escrito presenta una lógica explicación para esa época, la que en cierta forma sigue teniendo validez en nuestros días.

Por otro lado, en relación al descubrimiento de América y de sus habitantes, así como de las numerosas polémicas que ello causó desde fines del siglo XV hasta el XVIII, hay abundante información, pero debemos analizar los problemas desde un punto de vista más científico. Así, tenemos las teorías que sobre bases científicas comienzan a formarse a mediados del siglo XIX, advirtiéndose dos tendencias: una que sostiene que los primeros habitantes procedían del Viejo Mundo y otra que concibe su origen autóctono, teoría esta última que por carecer de bases está abandonada, aunque todavía a principios de este siglo tenía partidarios, como el argentino F. Ameghino. Este estudioso inclusive llegó a afirmar que el origen de la humanidad había tenido lugar en la región meridional de la América del Sur. Posteriores investigaciones han demostrado la imposibilidad de estas teorías.

También a principios del siglo actual tenemos los trabajos de Alec Hrdlicka en relación a la antigüedad del hombre americano. Este científico, aunque importante, resultó negativo para las investigaciones sobre el tema, pues rechazaba todo resto humano por no tener antigüedad geológica suficiente y por carecer de rasgos primitivos. Con relación a los artefactos y herramientas de piedra o hueso consideraba que sólo tenían unos cuantos miles de años. Para Hrdlicka las primeras migraciones al continente americano fueron anteriores al Neolítico, o sea que se iniciaron hacia 8,000-10,000 años aP* y que vinieron de Asia por el estrecho de Bering. Basaba su teoría en que el noroeste de Asia se había poblado muy tardíamente, lo cual en la actualidad se sabe que es falso.

Hacia 1925, el investigador Méndez Correa estudió numerosos cráneos americanos, encontrando ciertos rasgos de carácter australoide y melanesoide en algunos de los materiales y, con base en ello, presentó la teoría de que el continente americano había sido poblado por el sur, desde Australia. Esta teoría resulta insostenible; basta ver un *mapa mundi* y con los conocimientos que sobre navegación se tenían en la época en que ello debió efectuarse, es obvio que no era posible cruzar un océano como el Pacífico.

Posteriormente, el antropólogo francés Paul Rivet postula nuevamente la teoría del origen australiano y melanopolinesio del hombre americano. Rivet había trabajado en lingüística y en etnología comparadas, notando semejanzas entre las lenguas australianas y la de los *ona* de Tierra del Fuego. Además comparó algunos elementos de cultura material americana con los del área polinesia. Desde luego, aceptaba lo difícil de un contacto por navegación y sólo quedaba un movimiento por la Antártida, que fijaba en un óptimo

postglacial, cuando las tierras por las que debieron pasar presentaban condiciones de habitabilidad, pues el mar no alcanzaba los niveles actuales, dejando en consecuencia mayor territorio expuesto.

Esta teoría lógicamente fue muy impugnada y sólo nos limitamos a citarla, pues además sabemos que la Antártida está en ese sitio desde hace unos 25 millones de años (desde el Mioceno), y desde entonces es un enorme congelador inhabitable.

Como vemos son varios —aunque sólo hemos citado a algunos— los investigadores que se han interesado en este apasionante tema, así como las publicaciones al respecto. Pero es en el siglo actual en el que se ha realizado el mayor número de hallazgos de restos de actividad humana en el continente americano. Estos presentan una curiosa distribución, con una cronología que se inicia en Alaska, hace más de 30,000 años; en Canadá tenemos una antigüedad semejante; en California 27,000 años; en México 31,000 y 22,000; en Venezuela 14,000; en Perú 14,000, y en Patagonia 12,000 aP. Estos hallazgos son de gran pobreza material pero de gran valor científico; aunque en algunos casos no aparezcan restos óseos humanos, la sola presencia de restos de actividad humana representados por artefactos líticos, de hueso, huellas de hogares y muchos más es suficiente para asegurar la presencia del hombre en el continente americano desde hace más de 30,000 años.

Para llevar a cabo un estudio como el que requiere el descubrimiento de las primeras huellas de la presencia del hombre en América, es necesario un equipo interdisciplinario de investigación, es decir, especialistas en muy diversas disciplinas, por ejemplo: palinólogos, paleontólogos, geólogos cuaternaristas, geomorfólogos, especialistas en suelos y sedimentos, en fechamiento y otros más, con objeto de tener una clara visión del hombre, de sus actividades y del medio ambiente que le rodeó.

Con las investigaciones realizadas hasta el momento es posible presentar en forma breve las condiciones y la época de la

---

* Todas las fechas se dan en años antes del presente (aP), considerando éste como 1950, para estar de acuerdo con la cronología que se establece por radiocarbono, que es la más usual en este asunto.

llegada del hombre al continente. El pasar de Asia a América por el estrecho de Bering es fácil, ya que entre el Cabo Dezhnev —la parte más oriental de la península de Chukotka— en Siberia y el Cabo Príncipe de Gales —la más occidental de la península de Seward— en Alaska, la distancia es de 90 kilómetros y en la parte media sobresalen dos islas, la Gran y la Pequeña Diómedes, que son buenos paraderos.

En esta parte el mar tiene sólo unos 40 metros de profundidad y en el estrecho de Bering la cubierta de hielo invernal dura de noviembre a julio, aunque en forma total sólo de noviembre a marzo. Esto significa que el paso a pie es factible, aunque se corren riesgos como encontrarse con una fuerte tormenta invernal que haga el paso impracticable o provoque un accidente fatal. En los meses sin hielo la travesía por agua es imposible si no se dispone de un medio de navegación de cierta categoría, ya que durante esos meses corre por la costa siberiana, hacia el sur, una corriente marina y por la de Alaska otra, pero hacia el norte. Desde luego, a pesar de lo expuesto, las condiciones de navegación son factibles, pero no hay que olvidar el nivel de desarrollo tecnológico de la gente que debió hacerlo y después de ello las posibilidades reales (Lorenzo, 1974).

Pero tratemos de concretar algo más. Geológicamente hablando el tiempo está dividido en unidades. En la actualidad nos encontramos en el Holoceno o Reciente, unidad a la que los geólogos dan comienzo hace unos 10,000 años. Anterior al Holoceno tenemos el Pleistoceno, con una duración aproximada de 3 millones de años, caracterizado porque durante esta época la tierra sufrió una serie de glaciaciones, o sea que por miles de años en las altas latitudes y en las altas montañas de las latitudes medias y bajas se desarrollaron grandes masas de hielo. Durante estos largos periodos hubo avances y retrocesos de los hielos, es decir que entre glaciación y glaciación mayor se presentaron épocas en las que el clima era como el actual y hasta más cálido, provocándose la desaparición casi total de los casquetes de hielo.

Durante las épocas de glaciación, lógicamente la masa de agua de los mares se reducía y con ello el nivel descendía en proporción a la masa de hielo sobre los continentes. Como dijimos, el fondo del estrecho de Bering es de unos 40 metros, y hay pruebas de que cuando el mar descendió alrededor de 50 metros, ambos continentes —Asia y América— quedaban unidos por una llanura de la que sobresalían unas montañas, que ahora son las islas Diómedes. Cuando el mar alcanzó su nivel más bajo, entre 100 y 110 metros, afloró una masa terrestre de más de 1,000 kilómetros, de norte a sur conocida como Beringia. Así fue fácil cruzar a pie, pues los habitantes del extremo noroeste de Siberia, gente habituada a vivir en condiciones árticas, encuentran la misma situación en ambos lados y el desplazamiento de grupos de cazadores-recolectores dentro del área que explotaban y de la que obtenían máximos resultados (o al menos los suficientes para subsistir); es decir, pasaron a América sin saberlo, dado que las condiciones eran exactamente iguales.

Como es bien conocido, durante el máximo de una glaciación fue imposible que los grupos humanos se moviesen hacia mejores climas al sur. Con relación al poblamiento ya dentro del continente americano, hay también varias teorías y algunos investigadores han considerado la posibilidad de ir hacia el sur a lo largo de la costa del Pacífico, ahora sumergida, pero en aquel entonces expuesta por el descenso del nivel de los mares. Esto desde luego no es posible pues hay un tipo de glaciar característico de esa zona de tipo "Masalpina" o de somontano que se origina en las Rocallosas y sale por los valles formando una línea continua de lenguas y glaciares que terminan en el mar. Ello es producto de la alta pluviosidad que hay en la zona, por lo que en las montañas abundan glaciares de gran tamaño que se extienden por la llanura costera en forma de grandes abanicos. Así, todos los valles que van a la costa estaban ocupados por inmensos glaciares que se unían unos a otros, formando un borde casi continuo de hielo. Por lo tanto, el paso de grupos humanos por la zona resultaba imposible, máxime que al parecer la franja de hielo se encontraba desde Alaska hasta el actual estado de Oregon en Estados Unidos (Lorenzo, 1976).

También se ha planteado la existencia de un corredor entre el casquete lauréntido, el que ocupaba todo el Canadá y parte de los Estados Unidos de Norteamérica, y los glaciares que descendían de las Montañas Rocallosas en su parte oriental. Al parecer, en algunos casos la cubierta de hielo no fue total, pero hasta el momento no se tienen pruebas de que dicho corredor existiera en toda su longitud. Entre cada zona libre había decenas de kilómetros cubiertos por hielo, y la posibilidad de supervivencia en uno de estos sitios es muy difícil; por otro lado, estas zonas no cubiertas de hielo lo estaban por lagos.

Para Norteamérica durante el Pleistoceno se sabe de cuatro avances mayores de hielo, conociéndose mejor el último, lo que es comprensible ya que es del que más huellas han quedado, sin que esto signifique que haya sido el mayor. La primera glaciación recibe el nombre de Nebrasquense; le sigue una etapa de deglaciación, el Altoniense, y luego la segunda glaciación, la Kansense. Al término de ésta viene un periodo de mejoría climática conocido como el Yarmutiense y luego la tercera glaciación, el Illinoiense; otra mejoría climática, el Sangamoniense, y por último la glaciación Wisconsiniana. La cronología para estos movimientos es algo insegura, excepto para la última, que es, para nosotros, la más interesante ya que durante su transcurso llegó el hombre a América.

Hace unos 100,000 años estaba en su apogeo el interglaciar Sangamon, pero de 90,000 a 70,000 vino un fuerte enfriamiento que terminó con el establecimiento del estadio glacial Altoniense que duró hasta 28,000 aP. Fue muy largo, aunque su intensidad con relación a la cubierta de hielo generada no muy grande. A continuación, entre 28,000 y 22,000 aP, vino un estadio interglacial, el Farmdaliense, al que sigue el subestadio glacial Woodfordiense, que terminó hacia 12,500 aP. Este fue de gran intensidad y cubrió mayores extensiones de terreno que el Altoniense.

Siguió un estadio interglacial, Two Creeks, que algunos investigadores no aceptan por ser muy reducido, además de su corta duración, de 12,500 a 11,000 aP. Posteriormente vino el subestadio glacial Valderense de 11,000 a 7,000 aP. Después sólo se tienen pequeños avances y retrocesos de los hielos hasta nuestros días (Lorenzo, 1980).

Es bien conocido que el estadio glacial Altoniense (70,000-28,000 aP) fue de mayor intensidad que el que le sucedió, el Woodfordiense (22,000-12,500 aP), y que en el subestadio interglacial Farmdaliense la mejoría climática fue muy ligera.

Si tomamos en consideración las fechas de los hallazgos más antiguos en el continente americano, vemos que el paso de los primeros habitantes no pudo efectuarse durante el Woodfordiense, pues desde etapas anteriores ya hay grupos humanos en Norteamérica y en México, y hacia fines de ese periodo ya estaban en el Perú. Por lo tanto, sólo nos queda la posibilidad de que el primer paso se efectuara entre 70,000 y 28,000 aP, desde el comienzo del Altoniense hasta el del Woodfordiense y puesto que era gente habituada a vivir en condiciones árticas, tenía la capacidad de explotar tanto su lugar de origen —el extremo noreste de Siberia— como el territorio emergido de Beringia o la cuenca del Yukón en Alaska, pues es un área con las mismas condiciones. Así, el territorio por el que podían deambular estos cazadores-recolectores presentaba las mismas características en cuanto a clima y recursos explotables y fue sólo hasta cuando empezaron a penetrar más hacia el sur que se abrió ante ellos un territorio nuevo, con clima, flora y fauna distintas y desconocidas, a cuya explotación tendrían que habituarse.

Para que esto sucediera, tuvieron que pasar miles de años, pues no hay que olvidar que los movimientos de los cazadores-

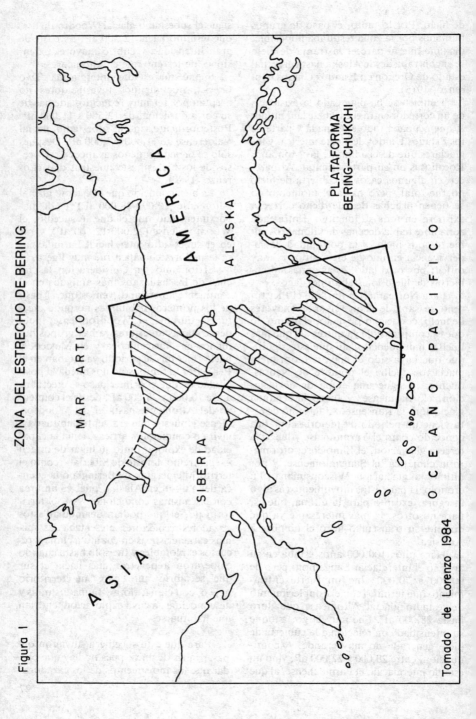

Figura I

ZONA DEL ESTRECHO DE BERING

Tomado de Lorenzo 1984

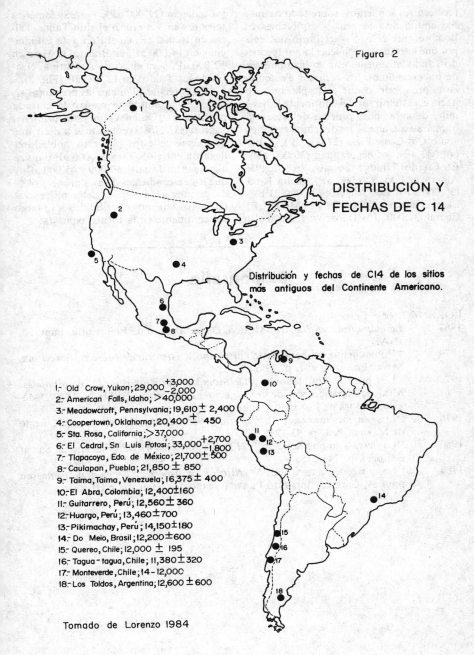

Figura 2

DISTRIBUCIÓN Y FECHAS DE C 14

Distribución y fechas de C14 de los sitios más antiguos del Continente Americano.

1.- Old Crow, Yukon; 29,000 $^{+3,000}_{-2,000}$
2.- American Falls, Idaho; >40,000
3.- Meadowcroft, Pennsylvania; 19,610 ± 2,400
4.- Coopertown, Oklahoma; 20,400 ± 450
5.- Sta. Rosa, California; >37,000
6.- El Cedral, Sn Luis Potosí; 33,000 $^{+2,700}_{-1,800}$
7.- Tlapacoya, Edo. de México; 21,700 ± 500
8.- Caulapan, Puebla; 21,850 ± 850
9.- Taima, Taima, Venezuela; 16,375 ± 400
10.- El Abra, Colombia; 12,400 ±160
11.- Guitarrero, Perú; 12,560 ± 360
12.- Huargo, Perú; 13,460 ±700
13.- Pikimachay, Perú; 14,150 ±180
14.- Do Meio, Brasil; 12,200 ±600
15.- Quereo, Chile; 12,000 ± 195
16.- Tagua - tagua, Chile; 11,380 ±320
17.- Monteverde, Chile; 14-12,000
18.- Los Toldos, Argentina; 12,600 ± 600

Tomado de Lorenzo 1984

recolectores son lentos, sobre todo cuando hay abundancia de recursos explotables. El hombre ante el nuevo territorio no tenía por qué aventurarse a iniciar largos recorridos. Indudablemente esto lo hizo después de haber agotado los recursos existentes en el área, por lo que el desplazamiento hacia el extremo sur del continente le llevó miles de años, pues pruebas de presencia humana en Canadá las tenemos en sitios como Old Crow Flats (27,000 aP), Taber (40,000 aP), y Sheguiandah (30,000 aP). En Estados Unidos tenemos los sitios de American Flats (40,000 aP), Santa Rosa (30,000 aP), Los Angeles (23,000 aP), y Laguna Beach (17,500 aP); y en México, El Cedral (31,000 aP), Tlapacoya (22,000 aP) y Caulapan (21,000 aP). Para Sudamérica tenemos en Venezuela el sitio Taima-Taima en 16,000 aP; en el Perú está Pikimachay en 14,000 aP; en Brasil, Do Meio en 12,000 aP, y en el sur de Argentina, el sitio de los Toldos en 12,600 aP (Fig. 2).

Estas fechas plantean las preguntas siguientes: ¿Cuándo se realizó la entrada por Bering? ¿Quiénes eran estos primeros habitantes? Nos aventuramos a decir que posiblemente estos primeros pobladores llegaron entre 65,000 y 55,000 aP o quizá algo más tarde entre 50,000 y 45,000 aP, y que los descendientes de esta primera oleada de migración —pues debieron ser varias— los tenemos distribuidos a lo largo del continente en la forma expuesta.

Bibliografía

LORENZO, José Luis.
1967   *La etapa lítica en México*, México, Departamento de Prehistoria, núm. 20, INAH.
1974   "Poblamiento del continente americano", *Historia de México*, Barcelona, Salvat Editores, v. I, p. 27-54.
1975   "Los primeros pobladores", *Del nomadismo a los centros ceremoniales*, México, Departamento de Investigaciones Históricas, INAH, p. 15-59, (México: panorama histórico y cultural: IV).
1976   "Los orígenes mexicanos", *Historia general de México*, México, El Colegio de México, v. I, p. 83-123.
1980   "La tierra y su poblamiento", *Historia universal 85 y 86*, Barcelona, Salvat Editores, p. 243-275.
1984   "Los orígenes americanos", *Historia de América. Sección indígena* (en prensa), Caracas, Instituto Panamericano de Geografía e Historia.

4. Los primeros hombres en el territorio que hoy ocupa la República Mexicana

Lorena Mirambell, INAH

Presencia humana en forma de restos culturales diversos la tenemos en México desde hace más de 30,000 años, según se ha comprobado con investigaciones efectuadas en sitios prehistóricos correspondientes al Pleistoceno Superior y fechados por la técnica del radiocarbono (C14).

Aunque en México, y en términos generales en el continente americano, por causas y razones que no vamos a analizar, se ha descuidado el estudio de los restos óseos de los primeros pobladores, aquí nos limitaremos a mencionar el por qué es interesante y de gran importancia el estudio de esos materiales, que por otro lado sólo en raras ocasiones aparecen en asociación directa con los evidentes restos de las actividades que esos primeros hombres realizaron.

Hablar únicamente y en forma aislada de los primeros habitantes de México es imposible, puesto que su poblamiento está estrechamente ligado al del continente americano, y consideramos que lo primero es buscar la antigüedad real de los restos óseos humanos de la parte norte del continente —Alaska, Canadá, Estados Unidos y por supuesto México— por medio de fechamientos y después sus afinidades intra y extracontinentales en el pasado, así como sus semejanzas y diferencias con los grupos indígenas que aún existen, para establecer patrones de "microevolución" continental (Genovés,

et al., 1982).

Por otro lado, la información relacionada con el hallazgo de restos óseos humanos es escasa y en comparación se cuenta con una mucho más amplia respecto a la evidencia de presencia humana indicada por restos tales como artefactos y herramientas elaborados en piedra o hueso, restos de hogares y otros.

Como sabemos, el poblamiento de América se efectuó a través del estrecho de Bering hace aproximadamente 45,000 a 50,000 años. Fueron diversas las oleadas migratorias procedentes del noreste asiático y entre ellas había claras diferencias biológicas, aunque también es probable que algunas de las diferencias que se advierten en los restos óseos localizados hasta el momento, se deban a alteraciones de adaptación en el Nuevo Mundo.

Los estudios de los restos óseos humanos localizados en México y atribuidos a los primeros pobladores son escasos e incompletos, dado que se limitan a la osteometría y a la anatomía comparada (Genovés, *op. cit.*).

El primer hallazgo registrado de este tipo se realizó en el año de 1884, en el sitio conocido como El Peñón de los Baños, México, D.F. El descubrimiento de los restos de un individuo adulto fue accidental al estar cavando una roca caliza. Desafortunadamente no hay información precisa, ni confiable en relación al estrato geológico en el que se hallaban.

También a fines del siglo pasado, en 1893, en la localidad de Xico, próxima a Chalco, Estado de México, fue encontrada la mandíbula de un infante, de alrededor de 8 años de edad y posiblemente de sexo masculino. Se descubrió a cierta profundidad y cercana a un cráneo de équido fósil, por lo que se le otorga una antigüedad considerable.

Ya en pleno siglo XX, concretamente en 1947, tenemos el tan discutido hallazgo del llamado "Hombre de Tepexpan" que consiste en un cráneo —un mesocráneo— y un esqueleto postcraneal muy fragmentado, al que le faltan casi todas las vértebras, las costillas y la mayor parte de la cintura pélvica. Respecto a la dentadura se observa la pérdida en vida de algunas piezas, y en las existentes, un intenso desgaste por uso. Perteneció a un individuo de sexo femenino joven (algunos investigadores consideran que es de sexo masculino, de alrededor de 55 a 65 años) y desafortunadamente no se tiene un fechamiento seguro. Hay quienes lo sitúan a fines del Pleistoceno Superior, o sea con una edad de más de 10,000 años, y otros consideran que tiene alrededor de 7,000, lo que a nuestro juicio es lo más aceptable.

Posteriormente se han efectuado algunos hallazgos más, entre ellos los de Santa María Aztahuacán, México, D.F., en el año de 1953, y son los restos de tres individuos: dos esqueletos incompletos de adultos juveniles, uno masculino y otro femenino, y el tercero, muy fragmentado, fue al parecer un entierro secundario. El femenino presenta un cráneo alargado —un dolicocráneo— y corresponde a un individuo de estatura media; el masculino es un cráneo de longitud media —un mesocráneo— con la mandíbula ligeramente robusta y el mentón de forma cuadrangular. Las piezas dentarias de ambos presentan un desgaste excesivo. Se le ha dado una fecha tentativa de *circa* 9,000 aP (Romano, 1974).

En 1955, en San Vicente Chicoloapan, Estado de México, fue localizada una calota incompleta y cuatro piezas dentarias sueltas que debieron pertenecer a un adulto juvenil de sexo masculino. El hallazgo presenta mineralización y se le ha dado una antigüedad de 5,500 aP mediante estudios de hidratación de obsidiana. Por lo incompleto del cráneo sólo pudieron determinársele algunos índices, pero se advierte que era de cabeza alargada —un dolicocráneo.

En 1957 se localizaron en forma accidental los restos de un esqueleto incompleto, conocidos como El Peñón II, ya que se tenía otro de la misma zona, El Peñón I, que se mencionó anteriormente.

En la misma zona se descubrió en 1959, el llamado Peñón III, que son restos de un adulto juvenil de sexo femenino. El cráneo presenta buen estado de conservación, faltándole sólo los incisivos central y lateral izquierdo, el incisivo central, el canino y el primer molar derechos y parte de la apófisis cigomática derecha. Es un cráneo alargado —un dolicocráneo— cuya mandíbula también presenta buen estado de conservación con todas las piezas dentarias, excepto el incisivo lateral derecho. En general, la dentición presenta un desgaste excesivo. Al esqueleto postcraneal, muy fragmentado, le faltan algunos huesos como los fémures, las tibias y el peroné derecho. Se le fecha entre 7,000 y 5,000 aP (Romano, *op. cit.*).

Producto de excavaciones en la Cueva del Tecolote, Huapalcalco, estado de Hidalgo y en uno de los estratos de ocupación precerámica denominado precisamente "Tecolote", fechado entre 9,000 y 7,000 aP, se localizaron dos esqueletos de sexo masculino muy fragmentados. Debido a lo destruido que se encontraban, sólo fue posible reconstruir un cráneo —un dolicocráneo—; el otro fue imposible por estar incompleto y muy fragmentado. Con base en la longitud del fémur derecho, hueso largo encontrado completo, se calculó la estatura aproximada de este individuo, siendo de talla media para el sexo masculino (aproximadamente 1.63 metros). Uno de estos entierros tenía una ofrenda consistente en la mandíbula de un perro y cerca de otro de los esqueletos se encontraron cinco más, las que también se consideraron como ofrendas. Este hallazgo se ha fechado también entre 9,000 y 7,000 aP.

En 1961, al excavar en Tepexpan, Estado de México, se localizó la osamenta de un mamut, un colmillo superior izquierdo humano, al cual se le ha dado una antigüedad de 9,000 aP con base en el estrato geológico en el que se localizó, además de la asociación con el animal mencionado.

En los alrededores del cerro de Tlapacoya, Estado de México, en el año de 1968 se encontró un cráneo humano incompleto. Se trata de un hallazgo accidental, pues fue entregado a un grupo de arqueólogos que en aquellas fechas realizaban excavaciones en el área. Consiste en una pieza interesante por las características morfológicas que presenta: le falta toda la porción facial, una gran parte de la base, la mitad izquierda y borde superior del agujero occipital y perteneció a un adulto de sexo masculino. Es un dolicocráneo, que por sus medidas e índices se ha podido relacionar con otros tales como el localizado en la Cueva del Tecolote, estado de Hidalgo —ya mencionado—, y con otros dolicoides más recientes como los pericúes de Baja California y los laguneros de la cueva de la Paila, Coahuila. Fuera ya de las fronteras de México puede relacionarse con los cráneos de la cueva superior de Chou-Kou-tien (Romano, *op. cit.*). Esto es a nivel especulativo y, aunque los datos morfológicos son escasos, permiten hacer una conexión entre la población precerámica mexicana y la asiática del Paleolítico Superior de esa localidad. Inicialmente se pensó que este cráneo era de gran antigüedad —de más de 20,000 años—, pero después de numerosos estudios se considera que tiene una antigüedad semejante a la de otro cráneo también localizado en Tlapacoya, en 1969, durante excavaciones sistemáticas y fechado por radiocarbono en 9,920 ± 220 aP. Este último es sólo una calota incompleta, lo que dificulta su estudio osteométrico.

En la cueva del Texcal, estado de Puebla, y durante las excavaciones realizadas en los años de 1964 y 1965, fueron encontrados 13 esqueletos incompletos, a los que se les ha dado una edad entre 7,000 y 4,500 aP. De estos hallazgos quizá el más importante sea el esqueleto, muy fragmentado, de un adulto de 35 a 55 años, de sexo masculino, y del que sólo se ha reconstruido el cráneo —un mesocráneo.

Procedentes de las cuevas El Riego, Purrón y Coxcatlán, localizadas en el valle de Tehuacán, estado de Puebla, excavadas entre 1961 y 1964 y correspondientes a distintas fases culturales, tenemos: cueva El Riego y de la fase Ajuereado, la más antigua, un fragmento carbonizado del lado izquierdo de una mandíbula de adulto con dentición muy desgastada por uso. Presenta el mentón cuadrado y doble agujero mentoniano. Ha sido fechado en más de 8,000 aP.

De la fase El Riego, de la cueva Purrón procede un esqueleto casi completo de un adulto de sexo femenino, en mal estado de conservación. Se trata de un mesocráneo y en un fragmento de mandíbula se aprecian los alveolos reabsorbidos. Por los estudios realizados se considera que debió pertenecer a un individuo de talla grande, de aproximadamente 1.67 metros de estatura. Al respecto consideramos que es demasiado alto y está fuera del intervalo de otros esqueletos estudiados. Se advierte osteoartritis en algunos huesos y una fractura en el radio izquierdo. Se ha fechado también hacia 8,000 aP.

De la cueva Coxcatlán El Riego, tenemos dos esqueletos infantiles incompletos, de cinco años y seis meses de edad estimada, respectivamente. Estos cráneos parecen haber estado sometidos a la acción del fuego. Se les ha fechado entre 8,500 y 7,000 aP.

De la misma fase y cueva se recuperaron tres esqueletos incompletos, dos de adulto y uno infantil. Uno de estos enterramientos fue encontrado en una fosa asociado a los otros dos y perteneció a un

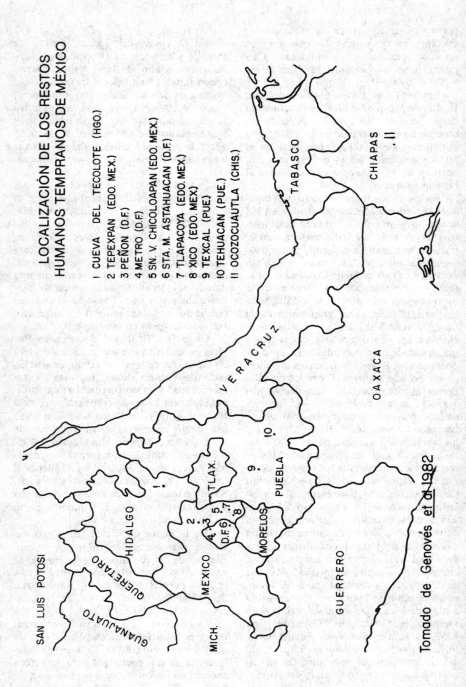

LOCALIZACIÓN DE LOS RESTOS
HUMANOS TEMPRANOS DE MÉXICO

1 CUEVA DEL TECOLOTE (HGO.)
2 TEPEXPAN (EDO. MEX.)
3 PEÑON (D.F.)
4 METRO (D.F)
5 SN. V. CHICOLOAPAN (EDO. MEX.)
6 STA. M. ASTAHUACAN (D.F.)
7 TLAPACOYA (EDO. MEX.)
8 XICO (EDO. MEX)
9 TEXCAL (PUE.)
10 TEHUACAN (PUE.)
11 OCOZOCUAUTLA (CHIS.)

Tomado de Genovés et al 1982

34

individuo de sexo masculino que falleció en edad senil —unos 76 años o más—; presenta un cráneo de longitud media —un mesocráneo—. El otro es de un adulto de entre 35 y 55 años de edad, de sexo femenino. El cráneo, reconstruido casi en su totalidad —un mesocráneo—, presenta los alveolos reabsorbidos, lo que indica que los dientes fueron perdidos en vida; en las piezas existentes se observa un desgaste excesivo. Al parecer era de estatura media, 1.59 metros. El estudio general de los restos ha proporcionado abundante información, como la indicación de una vieja fractura con proceso infeccioso, osteoartritis y fracturas vertebrales.

El tercer esqueleto de este entierro múltiple corresponde a un niño de unos seis meses de edad. Los tres esqueletos están fechados entre 8,500 y 7,000 aP.

De la misma fase, proviene cueva El Riego, un esqueleto fragmentado de sexo femenino, en mal estado de conservación y con huellas de haber estado sometido a la acción del fuego. Tiene la misma antigüedad que los anteriores.

De la cueva Purrón, fase Coxcatlán, provienen dos esqueletos, uno de adulto de sexo masculino al que le falta el miembro inferior izquierdo y el húmero. Difiere de los otros restos encontrados en el valle de Tehuacán pues el cráneo es ligeramente alargado y bajo —dolicocráneo—, con arcos superciliares fuertes y continuos, y las mastoides grandes y abultadas. Presenta un fuerte desgaste dental en forma oblicua. Con base en la longitud del fémur se calculó la estatura, 1.69 metros aproximadamente, o sea un individuo de talla media. Se advierte esteoartritis en algunas vértebras y dos fracturas soldadas (Romano, op. cit.). El segundo entierro, también de un hombre adulto, consiste en una mandíbula, cinco piezas dentarias superiores y algunos fragmentos de esqueleto postcraneal. Las piezas dentarias presentan un gran desgaste y en uno de los molares inferiores se advierte caries. La mandíbula es robusta y

una vértebra presenta osteoartritis (Romano, op. cit.). Este hallazgo tiene una antigüedad entre 7,000 y 5,000 años aP. y los fechamientos se obtuvieron con la técnica del radiocarbono.

En la cueva Purrón, fase Abejas, fue localizado el esqueleto incompleto de un adulto que consiste en fragmentos de cuboides, calcáneo, peroné, costillas y vértebras, que está fechado entre 5,500 y 4,450 aP., también por la técnica del radiocarbono.

Durante la construcción del Sistema de Transporte Colectivo (Metro) en la ciudad de México, en la calle de Balderas (entre la calle Independencia y la avenida Juárez) se localizó accidentalmente a 3.10 metros de profundidad el cráneo incompleto de un adulto. Con base en correlaciones estratigráficas se le ha fechado entre 12,000 y 9,000 años aP. Los estudios de este cráneo aún continúan.

Finalmente, está el hallazgo realizado durante las excavaciones en la cueva de Los Grifos, Ocozocoautla, Chiapas; se trata de un segundo molar, fechado por radiocarbono en 9,490 ± 150 aP.

Como se puede notar, son aún escasos los restos óseos que están fechados por métodos como el radiocarbono; a algunos sólo se les puede asignar una antigüedad relativa, además de lo pobre de los estudios realizados, concretamente estudios osteométricos y de anatomía comparada.

Sin embargo, y con base en los estudios realizados, se puede afirmar que los primeros habitantes llegaron a América durante el Pleistoceno Superior, pero aún resulta aventurado sostener que están relacionados con algún grupo, por ejemplo con los de la Cueva Superior de Chou-Kou-tien o con los hallazgos de Tzeyan. Ha habido investigadores interesados en demostrarlo en o mantener la hipótesis de un centro en Siberia, en Chukotka, en el área del estrecho de Bering, que explique el origen de las características óseas más sobresalientes en los restos más tempranos, por ejemplo los de Tehuacán. Estudios recientes demuestran que al parecer las poblaciones holocénicas de Asia están poco relacionadas y no contribuyeron al grupo genético del Nuevo Mundo. No debe desconocerse que los estudios realizados son de gran valor científico, pero todavía se carece de una integración tanto en México, como fuera y es necesario un estudio interdisciplinario de antropología física, prehistoria, biología humana, ecología y otros en su sentido más amplio (Genovés, *et al*. 1982).

Bibliografía

GENOVÉS, Santiago *et al*.
1982   "El Hombre Temprano en México: Panorama General", *Actas del X Congreso Internacional de Ciencias Prehistóricas y Protohistóricas,* México, 1981, p. 370-399.
ROMANO, Arturo.
1974   "Restos óseos humanos precerámicos de México", *Antropología Física. Epoca prehispánica,* México, INAH, (México, panorama histórico y cultural).

5. La etapa lítica

Lorena Mirambell, INAH.

Después de haber discutido el problema del poblamiento del continente americano, se concluye que en México los primeros habitantes se establecieron hace más de 30,000 años.

Los estudios prehistóricos son aún pobres debido a la monumentalidad de otros restos arqueológicos que atraen el trabajo de la mayor parte de los especialistas. No obstante lo escaso y poco espectacular de los restos prehistóricos, éstos son de gran interés. Actualmente, se han podido organizar en forma sistemática los conocimientos obtenidos, o sea que con el conocimiento de los restos culturales más antiguos, los correspondientes a la que se ha denominado Etapa Lítica, se determina que los artefactos fueron elaborados básicamente en piedra.

La organización que se presenta (Lorenzo, 1967) tiene como base un criterio tecnológico, ya que para la etapa que se estudia, el económico y el social no son claramente apreciables en los restos materiales que han quedado y sólo se pueden apoyar en forma amplia en la de "cazadores recolectores nómadas o seminómadas".

Aunque se le denomina "Etapa Lítica", ello no significa la ausencia de artefactos elaborados con otros materiales como hueso, asta, madera, etcétera, que por ser perecederos sólo llegan hasta nosotros en pocas ocasiones, si se tiene la suerte de que las condiciones en las que quedaron enterrados, como ciertos tipos de suelo, humedad o sequedad sean las óptimas para la conservación, y no contribuyan a su destrucción.

Si se considera, con base en investigaciones recientes, que los primeros pobladores llegaron a Mesoamérica hace más de 30,000 años y que el paso a la etapa cultural siguiente, cuando el hombre comienza a producir alimentos, o sea la caracterizada por una agricultura incipiente, fue entre 7,000 y 6,000 años aP*, se puede afirmar sin temor a equivocación que la Etapa Lítica tuvo lugar de 30,000 a 7,000 años aP. Es decir, tuvo una duración aproximada de 23,000 años.

En un periodo tan largo es lógico que hubiesen grandes cambios, o sea una clara evolución cultural. Basándose en los restos de cultura material correspondientes a la etapa en cuestión se advierten diferencias dentro del proceso evolutivo, a la vez que notorios cambios regionales (Lorenzo, 1976).

---

* Todas las fechas se dan en años antes del presente (aP), considerando éste como 1950, para estar de acuerdo con la cronología que se establece por radiocarbono.

No obstante lo limitada que es aún la información prehistórica y a pesar de que muchos sitios no han sido fechados directamente por la técnica del radiocarbono, se han logrado establecer divisiones internas denominadas "horizontes", formados con base en las características tecnológicas y morfológicas del material cultural y en algunos casos en la cronología.

Dentro de la Etapa Lítica, Lorenzo (1967) ha establecido los siguientes horizontes:

Arqueolítico.

Se ha fechado aproximadamente entre 30,000 y 14,000 años aP. Debe anotarse que esta división cronológica, al igual que otras no son rígidas.

Durante este largo periodo se observa la presencia de un instrumental lítico de grandes dimensiones, realizado sobre lascas, así como algunos cantos rodados que se modificaron unifacial (tajadores) o bifacialmente (tajaderas)* a fin de obtener un borde cortante o rayante. Estos artefactos son por lo regular muy burdos, elaborados con la técnica de percusión directa o indirecta y usando como materia prima la disponible localmente. Sin embargo, en ocasiones algunas rocas no presentan las características requeridas para la talla, como las de fractura concoidal.

Dado que es un periodo tan largo, están presentes artefactos de tamaño mediano (4 a 8 centímetros de longitud máxima) trabajados por percusión, que presentan un cierto bifacialismo en los bordes, obtenido por lasqueo alterno, como los denticulados, raspadores, raederas y artefactos con muesca. Los verdaderos artefactos bifaciales, que presentan un

claro retoque por ambas caras, ya sea en forma total o parcial, son escasos, aunque con los encontrados es suficiente para demostrar que ya tenían conocimiento de este tipo de talla.

Desde un punto de vista morfológico formal, los artefactos no cuentan con características suficientes para establecer una tipología, excepto las mencionadas.

En cuanto al aspecto económico de los grupos de este horizonte, no había especialización alguna, se utilizaba todo lo aprovechable dependiendo de regiones, estaciones y quizá hasta había épocas en las que la recolección era más importante que la cacería o viceversa, sin poder afirmarlo en forma categórica.

Posiblemente la unidad social (una familia doméstica o un grupo a nivel de banda), estaba normada por sistemas de apropiación directa. Su vida de cazadores recolectores nómadas dependía de la abundancia de productos útiles de las zonas por las que deambulaban.

Las localidades conocidas hasta el momento que quedan dentro de este horizonte son: Laguna de Chapala, Baja California Norte; Cedral, San Luis Potosí; Chapala-Zocoalco, Jalisco; Tlapacoya, Estado de México; Caulapan, Puebla; Loltún, Yucatán, y Teopisca-Aguacatenango, Chiapas (Lorenzo, 1967, 1987; Mirambell, 1974).

Cenolítico.

Este horizonte está fechado entre 14,000 y 7,000 años aP. Para mayor comprensión, se ha dividido en dos: Inferior y Superior; el primero va de 14,000 a 9,000 aP y el segundo de 9,000 a 7,000.

Durante el Cenolítico Inferior aparecen las puntas de proyectil elaboradas en piedra, aunque sin lugar a duda también las hubo de hueso y madera; pero estos materiales en raras ocasiones perduran. Realmente durante este horizonte las puntas de proyectil manifiestan su presencia en forma regular, aunque ya se encuentran desde el horizonte anterior, o sea en con-

---

* A estos artefactos también se les conoce como "*choppers*" y "*chopping tools*", respectivamente.

textos arqueolíticos.

Las puntas características son foliáceas, bifaciales con acanaladuras tanto en la cara dorsal como en la ventral, acanaladuras producidas por uno o varios levantamientos de lascas por percusión, desde la base o extremidad próxima hasta cerca de un tercio o la mitad del largo total de la pieza, para producir un adelgazamiento que facilite el enmangado.

Las más antiguas son las conocidas como puntas "Clovis", de gran tamaño —entre 4 y 12 centímetros de longitud total—, algo gruesas y la acanaladura producida por el levantamiento de una, hasta dos y tres lascas. También hay raederas, raspadores, lascas simples retocadas y algunas navajas prismáticas obtenidas de núcleos poliédricos.

Desde el punto de vista tecnológico, la talla de artefactos líticos ya no es sólo por percusión como durante el horizonte anterior; empieza a aparecer la técnica del retoque por presión; así como el uso de percutores blandos (madera, hueso, asta). En términos generales se advierte un esmerado terminado de las piezas.

Durante el Cenolítico Superior, se encuentran piezas de piedra tallada tanto por percusión como por presión con evidentes rotoques marginales, lo que le da un cuidadoso acabado. Proliferan las puntas de proyectil con pedúnculo y aletas que dan lugar al establecimiento, con bases morfológicas, de numerosos "tipos".

También empiezan a aparecer los instrumentos de molienda como muelas planas (metates planos). Se advierten los principios de la técnica del pulido de la piedra y no sólo en los artefactos citados, sino también en otros tales como morteros (molcajetes) y hachas. Los objetos presentes cuentan con una gran complejidad tecnológica.

Dado que el Cenolítico Superior se ubica dentro del Holoceno o Reciente (el cual por un acuerdo de los especialistas en esa materia se inició hace 10,000 años) y la fauna pleistocénica está prácticamente en vías de desaparición, la recolección toma un auge proporcional. Aunque los grupos siguen siendo cazadores, se afirma que durante esta etapa se dan los primeros pasos para la domesticación de las plantas entre las cuales se pueden citar: calabaza, chayote, chile, amaranto, maíz y quizá frijol. Con relación a la caza, continúa con animales de tamaño medio y pequeño, como venados, conejos y tuzas, entre muchos más. Se sigue viviendo en cuevas o en campamentos al aire libre, por lo regular próximos a fuentes de agua: ríos, lagunas, manantiales.

Son numerosos los sitios correspondientes a este horizonte tanto en su etapa Inferior como Superior. De la primera podemos citar: Laguna de Chapala, Baja California Norte; San Joaquín, Baja California Sur; El Plomo, Sásabe, La Playa, El Bajío, Huásabas, Pozo Valdés, Los Janos, Cerro Izábal, Ranchos Pimas y Aigame, Tastiota, Las Peñitas y Cerro Guaymas, Sonora; Rancho Colorado y Samalayucan, Chihuahua; La Chuparrosa, Coahuila; Puntita Negra y La Calzada, Nuevo León; Sitio Weicker, Durango; Cueva del Diablo, Tamaulipas; San Sebastián Teponahuastlán, Zacoalco y San Marcos, Jalisco; Tecolote, Hidalgo; San Bartolo Atepehuacan, Estado de México; San Juan Chaucingo, Tlaxcala; El Riego y Coxcatlán, Puebla; Cueva Blanca y Guilá Naquitz, Oaxaca; los Grifos, Chiapas, así como las culturas Las Palmas, Baja California Sur; el Complejo Cazador, Chihuahua, y el Complejo Ciénegas, Coahuila.

Corresponden al Cenolítico Superior: San Isidro, Nuevo León; San Nicolás, Querétaro; el centro de Veracruz; Tecolote, Hidalgo, Santa Isabel Iztapan I y II, Estado de México; El Riego, Las Abejas y Coxcatlán, Puebla; Tecpan, Guerrero; Guilá Naquitz y Cueva Blanca, Oaxaca; Los Grifos, Santa Marta, Aguacatenango y Chantuto, Chiapas, y los Complejos San Dieguito, Baja California Norte; Cochise, en Baja California Norte, Sonora y Norte de Chihuahua; Periodo Forrajero, Chihuahua; Cultura las Nieves, Chihuahua y Coahuila; Los Complejos Jara y Mairán; Coahuila; Culturas

ARQUEOLÍTICO

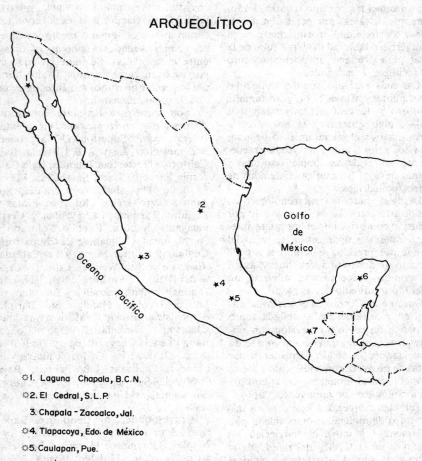

○1. Laguna Chapala, B.C.N.

○2. El Cedral, S.L.P.

3. Chapala - Zacoalco, Jal.

○4. Tlapacoya, Edo. de México

○5. Caulapan, Pue.

○6. Loltún, Yuc.

7. Teopisca - Aguacatenango, Chis.

○Fechados por C14

Tomado de Lorenzo 1987

CENOLÍTICO INFERIOR

I Cult. Las Palmas, B.C.S. II Complejo Cazador, Chi.
III Complejo Cienegas, Coah.

1. El Plomo, Son.
2. Sásabe, Son.
3. Rcho. Colorado, Chih.
4. Samalayucan, Chih.
5. La Playa, Son.
6. El Bajío, Son.
7. Huásabas, Son.
8. Laguna Chapala, B.C.N.
9. Pozo Valdéz, Son.
10. La Chuparrosa, Coah.
11. Los Janos, Son.
12. Cerro Izábal, Son.
13. Rcho. Pimas y Aigame, Son.
14. Tostiota, Son.
15. Las Peñitas, Son.
16. San Joaquín, B.C.S.

17. Cerro Prieto, Son.
18. Cerro Guaymas, Son.
19. Puntita Negra, N.L.
★20. La Calzada, N.L.
21. Sitio Weicker, Dgo.
★22. Cueva del Diablo, Tamps.
23. Sn. Sebastián Teponahuastian, Jal.
24. Zacoalco y Sn. Marcos, Jal.
25. Tecolote, Hgo.
★26. Sn. Bartolo Atepehuacan, D.F.
★27. Sn. Juan Chaucingo, Tlax.
★28. El Riego, Pue.
★29. Coxcatlán, Pue.
★30. Cueva Blanca, Oax.
★31. Guilá Naquits, Oax.
★32. Los Grifos, Chis.

★Sitios fechados por C14

Tomado de Lorenzo 1987.

CENOLÍTICO SUPERIOR

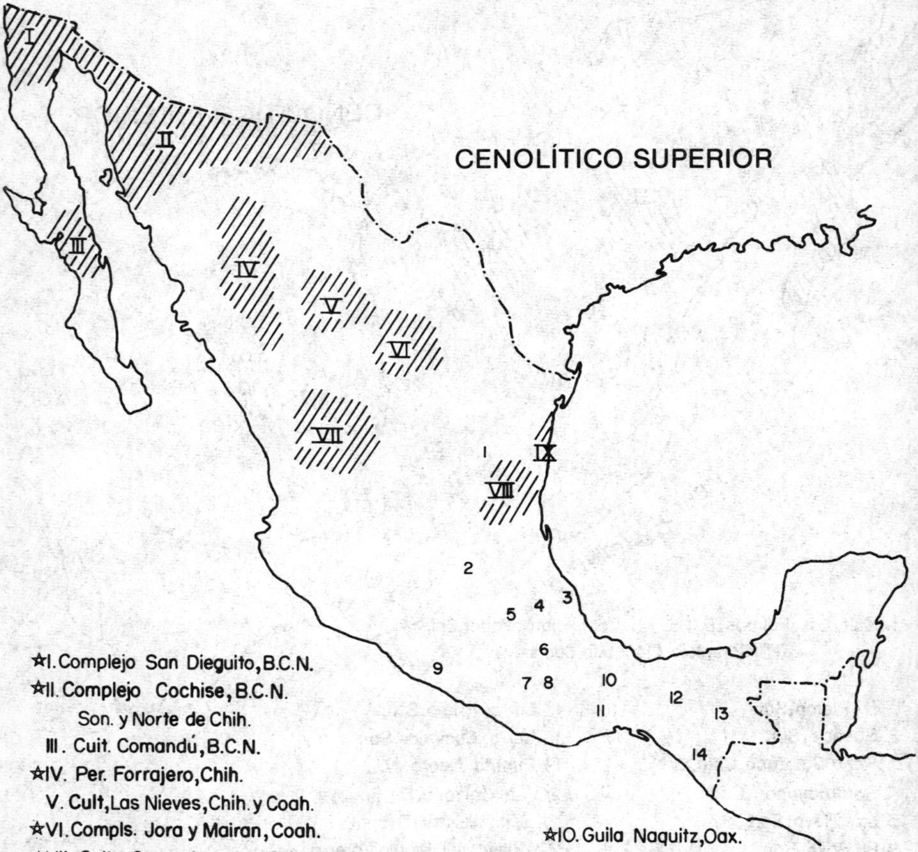

☆I. Complejo San Dieguito, B.C.N.
☆II. Complejo Cochise, B.C.N.
     Son. y Norte de Chih.
 III. Cuit. Comandú, B.C.N.
☆IV. Per. Forrajero, Chih.
  V. Cult, Las Nieves, Chih. y Coah.
☆VI. Compls. Jora y Mairan, Coah.
☆VII. Cults. Caracoles y las Chivas, Dgo. y Zacs.
☆VIII. Compls. Nogales, Ocampo y la Perra, Tamps.
 IX. Compls. costero, Tamps.
☆I. San Isidro, N.L.
 2. Sn. Nicolás, Qrtro.
☆3. Centro de Veracruz
 4. Tecolote, Hgo.
☆5. Sta. Isabel Iztapan I y II, Edo de México
☆6. El Riego, Pue.
☆7. Abejas, Pue.
☆8. Coxcatlán, Pue.
☆9. Tecpan, Gro

☆10. Guila Naquitz, Oax.
☆11. Cueva Blanca, Oax.
☆12. Los Grifos y Sta Marta, Chis.
☆13. Aguacatenango, Chis.
☆14. Chantuto, Chis.

☆Sitios fechados por C14

Tomado de Lorenzo 1987

42

PROTONEOLÍTICO

Golfo de México

Oceano Pacífico

1. Cueva de la Golondrina, Chih.
★2. Compl. Repelo, Tamps.
★3. Compl. Nogales, Tamps.
★4. Compl. La Perra, Tamps.
★5. Guadiana, Dgo.
★6. Matanchel, Nay.
7. Sn. Nicolás, Qrtro.
★8. C. de Veracruz, Ver.
9. El Tecolote, Hgo.
10. Chicoloapan, Edo. de México.
★11. Tlapacoya II, IV y XVIII, Edo. de México.
★12. Texcal, Pue.
★13. Coxcatlan, Pue.
★14. Abejas, Pue.

★15. Tecpan, Gro.
★16. Yanhuitlan, Oax.
★17. Cueva Blanca, Oax.
★18. Guilá Naquitz, Oax.
★19. Sta. Marta, Chis.
★20. Chantuto, Chis.

0   200   400   600   800   1000
KILOMETROS

★Fechados por C14.

Tomado de Lorenzo 1987.

43

Caracoles y Las Chivas, Durango y Zacatecas; Complejos Nogales, Ocampo y La Perra y el complejo costero, Tamaulipas (Lorenzo, *op. cit.*; Mirambell *op. cit.*).

De este horizonte son también los concheros localizados en las costas del Pacífico y el Golfo de México. Estos grupos que durante cierto tiempo dependieron de los productos marinos, plantean problemas culturales aún no bien aclarados.

Finalmente debe anotarse que el paso de un horizonte a otro, por ejemplo del Arqueolítico al Cenolítico, no se efectuó con la simplicidad presentada y que los límites marcados entre uno y otro nunca fueron rígidos; hubo largos períodos de transición. En un territorio de dimensiones como las de Mesoamérica resulta difícil marcar un horizonte en forma drástica pues los cambios tecnológicos y culturales debieron empezar a formarse en uno o varios lugares. Estos cambios irían propagándose en diversas formas debido, entre otras cosas, a los diferentes ambientes y estadios culturales; todo ello aunado a la topografía del terreno y a la facilidad o dificultad para la obtención de materias primas. En conjunto, esto hizo imposible un desarrollo uniforme y significó que en algunas partes se llegara al descubrimiento de la agricultura o de la cerámica, hori-

zonte siguiente, y en otras, se permaneciera dentro de la Etapa Lítica hasta el siglo XVIII.

Al horizonte siguiente se le ha llamado Protoneolítico (Lorenzo, *op. cit.*) y se caracteriza por la presencia de una agricultura incipiente, aunque la dieta básica siga dependiendo en gran parte de la caza y la recolección. El modo de vida tiende a cambiar, pues la necesidad de cuidar los campos de cultivo obliga a un cierto sedentarismo al menos durante unos cuantos meses, dando lugar así al establecimiento de las primeras aldeas y, consecuentemente con ello, a un modo de vida distinto que con el transcurso de los siglos daría lugar a las grandes urbes prehispánicas.

Los sitios correspondientes a este horizonte son: Cueva de la Golondrina, Chihuahua; Complejos Repelo, Nogales y La Perra, Tamaulipas; Guadiana, Durango; Matanche, Nayarit; San Nicolás, Querétaro; centro de Veracruz; El Tecolote, Hidalgo; Chicoloapan, Tlapacoya II, IV y XVIII; Estado de México; Coxcatlán y Abejas, Puebla; Tecpan, Guerrero; Yanhuitlán, Cueva Blanca y Guilá Naquitz, Oaxaca; Santa Marta y Chantuto, Chiapas.

Bibliografía

LORENZO, José Luis.
1967   *La Etapa Lítica en México,* México, Departamento de Prehistoria, núm. 20, INAH.
1976   "Los orígenes mexicanos", *Historia general de México,* México, El Colegio de México, v. I, p. 83-123.
1987   "La Etapa Lítica en México", *Antropología,* Boletín Oficial del Instituto Nacional de Antropología e Historia, Nueva Epoca, núm. 12, p. 16-20.
MIRAMBELL, Lorena
1974   "La Etapa Lítica en México", *Historia de México,* Barcelona, Salvat Editores, v. I, p. 55-75.

6. La domesticación de las plantas alimenticias. El origen de la agricultura.

Emily McClung de Tapia, UNAM.

Mesoamérica fue uno de los centros independientes de cultivo y domesticación de plantas en la prehistoria, siendo el maíz (*Zea mays*), frijol (*Phaseolus spp.*), calabaza (*Cucurbita spp.*), chile (*Capsicum spp.*), tomate (*Physalis sp*), y aguacate (*Persea americana*) las plantas de mayor antigüedad según las evidencias arqueológicas.

La domesticación de animales, exceptuando al perro y al guajolote, asociadas con vegetales, no fue un aspecto de mayor importancia en Mesoamérica, como sucedió en distintas partes del Viejo Mundo. Esto se debió principalmente a la ausencia de tipos de fauna fácilmente adaptables a la trashumancia o a la carga.

Los datos arqueológicos y arqueobotánicos recuperados hasta la fecha —relevantes para el estudio del origen de la agricultura mesoamericana—, proceden de los siguientes sitios (Flannery 1985:253): a) las cuevas ubicadas en la Sierra de Tamaulipas (MacNeish 1958); b) la Sierra Madre, en el área de Ocampo, Tamaulipas (Mangelsdorf, Willey y MacNeish 1964); c) el Valle de Tehuacán, Puebla (Byers 1967); d) el sitio abierto de Zohapilco (Tlapacoya) en el sur de la Cuenca de México (Niederberger 1976; 1979); y e) las cuevas en el Valle de Oaxaca, especialmente Guilá Naquitz (Flannery 1976; 1985, 1986) (Ver Mapa 1).

El origen de la agricultura representa la culminación de una serie de procesos interrelacionados en los que se conjugaron factores biológicos, ecológicos y de tipo socioeconómico, entre otros. Por un lado, algunas plantas silvestres sufrieron cambios genéticos cuyo resultado fue una mayor disposición a la cosecha. La tolerancia de algunas plantas comestibles condujo a su cuidado, y al brindarles más atención se obtuvo un mayor rendimiento. Los antiguos recolectores observaban sus ciclos de desarrollo utilizándolas para su cosecha en el momento más adecuado, antes de que maduraran y se dispersaran las semillas. Por otro lado, los cazadores-recolectores programaban indudablemente las actividades de subsistencia de acuerdo con la disponibilidad estacional de los recursos de su preferencia, tanto de fauna como de flora.

Aunque algunos autores han considerado la domesticación de las plantas como un paso "revolucionario" por sus consecuencias para la evolución de la organización socioeconómica humana, es indudable que fue más bien un proceso gradual que se realizó a través de muchos milenios. Además, todo indica que la domesticación de plantas alimenticias estuvo íntimamente relacionada con la disponibilidad local y regional de recursos vegetales, así como con la naturaleza de la economía de subsistencia local. Por lo

GENEROS	Valle de Tehuacán	Valle de Oaxaca	Tamaulipas	Cuenca de México
Setaria sp. (cola de zorra)	aprox. 7000 a.C. (poss. domesticado para 6000 a.C.		aprox. 3500 a.C.	
Zea mexicana (teosinte)		aprox. 7400-6700 a.C. (polen)		aprox. 5000 a.C. (granos)
Zea mays (maiz)	aprox. 5050 a.C. (olotes)			aprox. 5200-2000 a.C. (polen)
Cucurbita pepo (calabaza)	aprox. 5200 a.C.	aprox. 8000 a.C.	aprox. 7000 a.C.	
C. mixta	aprox. 5000 a.C.			
C. moschata	aprox. 4500 a.C. (?)			
Cucurbita sp.				aprox. 5200-2000 a.C.
Phaseolus sp. (ayocote silvestre)		aprox. 8700-6700 a.C.	aprox. 7000-5500 a.C.	
P. coccineus (ayocote)	aprox. 200 a.C.			
P. vulgaris (frijol)	aprox. 4000 a.C. (?) 3010 a.C.		aprox. 4000-2300 a.C.	
P. acutifolius (tepary)	aprox. 3010 a.C.			
Persea americana (aguacate)	aprox. 7200 a.C.			
Capsicum annum (chile)	aprox. 6500 a.C. (silvestre) aprox. 4121 a.C. (domest.)			
Amaranthus sp. (amaranto)	aprox. 5400 a.C.			aprox. 5200-2000 a.C. (también Cheno Ams)
Chenopodium sp.				aprox. 5200-2000 a.C. (también Cheno Ams)
Lagenaria sp.	aprox. 5050 a.C.	aprox. 7000 a.C.	aprox. 7000 a.C.	
Sechium sp. (chayote)				aprox. 5200-2000 a.C.

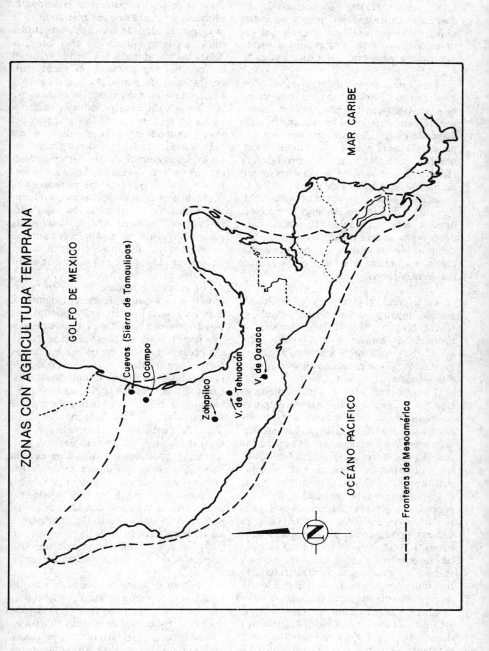

ZONAS CON AGRICULTURA TEMPRANA

GOLFO DE MEXICO

MAR CARIBE

Cuevas (Sierra de Tamaulipas)

Ocampo

Zohapilco

V. de Tehuacán

V. de Oaxaca

OCÉANO PACÍFICO

– – – Fronteras de Mesoamérica

tanto, ciertas plantas aparecen en la secuencia arqueológica mesoamericana más temprano en algunos lugares que en otros, debido a su disponibilidad local, en primera instancia, y por difusión en la segunda.

Hay que aclarar que el término "domesticación" implica una serie de cambios genéticos en las plantas, los cuales generalmente afectan a los mecanismos de dispersión y fertilización, creando una dependencia de la planta a los cuidados del hombre para asegurar su reproducción efectiva. Estos cambios se manifiestan en un mayor rendimiento de granos o fruto, es decir, en una mayor productividad. El "cultivo" de plantas no necesariamente implica su domesticación. Es posible cuidar y explotar determinadas especies para asegurar su rendimiento, sin provocar cambios genéticos en ellas y, por lo tanto, sin domesticarlas.

A su vez, "agricultura", implica el establecimiento de un sistema de subsistencia humana, en la cual domina la producción y consumo de alimentos agrícolas. No obstante, muchos de estos productos no son propiamente domesticados sino sólo cultivados.

El cultivo de plantas y su domesticación no necesariamente origina cambios en la organización social de los grupos que los adoptan. Sin embargo, la evidencia arqueobotánica sugiere que los cazadores-recolectores incorporaron gradualmente los cultivos como base de subsistencia, sustituyendo el componente animal en su dieta por una mayor cantidad de recursos vegetales. Algunas evidencias de esta transición provienen de los sitios del Valle de Tehuacán, en donde hace aproximadamente 10,000 años a.C. se dio el cambio de un patrón de subsistencia basado en la caza de megafauna por microbandas trashumantes a una mayor dependencia de plantas silvestres en combinación con la caza de fauna de menor tamaño (por ejemplo, venado y conejo). El aumento demográfico se refleja entonces, a través del tiempo, en un aumento en el número y tamaño de los campamentos estacionales ubicados en zonas que se caracterizan por la disponibilidad de recursos comestibles durante ciertas épocas del año. En ellas había mayor abundancia de los recursos preferidos, que permitía mayores concentraciones de población. La transición hacia una mayor dependencia alimentaria en plantas cultivadas va aunada, en general, a un incremento de la población del valle, agrupaciones más grandes y a una mayor duración del periodo de ocupación de los campamentos. Este patrón semisedentario se transforma en el establecimiento de aldeas agrícolas permanentes, ya dependientes de la agricultura como fuente principal de subsistencia. No obstante, la caza de animales y la recolección de plantas silvestres no desaparecen, aunque su importancia disminuye frente al mayor énfasis en la producción de alimentos vegetales.

El cuadro 1 resume la evidencia arqueobotánica que representa actualmente la más antigua imagen de las plantas que posteriormente serían los cultivos de mayor importancia en Mesoamérica. No se conocen aún los sitios originales de las formas cultivadas o domesticadas de las plantas en cuestión, aunque en algunos casos se pueden señalar posibles regiones, basándose en la distribución natural de formas silvestres más cercanas a ellas. El Valle de Tehuacán es una fuente importante de datos sobre los cambios socioculturales y económicos asociados con la introducción de agricultura en una área, pero no significa que el origen de la agricultura haya ocurrido en esta región. En gran parte se debe a la cantidad de restos provenientes de esta región, a su aridez y a las excelentes condiciones de preservación, pero no a su importancia cultural con respecto a otras regiones mesoamericanas.

La transición de pequeñas bandas de cazadores recolectores hacia el sedentarismo, correlacionada con (pero no causada por) la introducción de plantas cultivadas y domesticadas, también ocurrió en zonas áridas como las cuevas de Tamaulipas y el

Valle de Oaxaca. Desafortunadamente pocas investigaciones proporcionan datos adecuados sobre estos procesos en Mesoamérica, y la concentración de éstos, procedentes de zonas áridas, tiende más a reflejar las condiciones de preservación prevalecientes en tales áreas que su importancia real.

Bibliografía

BYERS, Douglas (ed.)
1967   The Prehistory of the Tehuacan Valley, v. I, Environment and Subsistence, Austin, University of Texas Press.
FLANNERY, Kent V. (ed.)
1976   The Early Mesoamerican Village, New York, Academic Press.
1985   "Los orígenes de la agricultura en México: las teorías y la evidencias", Teresa Rojas Rabiela y William T. Sanders (eds.), Historia de la Agricultura, Epoca prehispánica-Siglo XVI, México, INAH, p. 237-265.
1986   Guila Naquitz: Archaic Foraging and Early Agriculture in Oaxaca, México, New York, Academic Press.
MACNEISH, Richard S.
1958   "Preliminary archaelogical investigations in the Sierra de Tamaulipas", Transactions of the American Philosophical Society, núm. 48 (6).
MANGELSDORF, Paul C. et al.
1964   "Origins of Agriculture in Middle America", West (ed.), Handbook of Middle American Indians, Natural Environment and Early Cultures, Austin, University of Texas Press, v. I, p. 427-445.
NIEDERBERGER, Christine
1976   Zohapilco: cinco milenios de ocupación humana en un sitio lacustre de la Cuenca de México, México, INAH, (Colección Científica núm. 30).
1979   "Early Sedentary Economy in the Basin of Mexico", Science, núm. 203, p. 131-142.
SMITH, C. Earle Jr.
1987   "Current archaeological evidence for the beginning of American agriculture", Linda Manzanilla (ed.), Studies in the Neolithic Revolution and the Urban Revolution. The V. Gordon Childe Colloquium, Oxford, BAR International Series, p. 81-102.

7. El Preclásico. La atapa aldeana

Mari Carmen Serra, UNAM

Entre los años 6000 a 1000 a.c., en Mesoamérica surgieron en forma independiente modos de vida nuevos, fundados en la domesticación de gramíneas, otras plantas comestibles y la creación de aldeas permanentes.

América Media es una zona muy diversificada, donde colindan medios naturales de grandes contrastes entre los que sobresalen la selva tropical lluviosa que cubre Chiapas, Tabasco, Quintana Roo, Guatemala y Honduras; las costas marinas de Baja California, Nayarit, Guerrero; las estepas y zonas montañosas con sus tres regiones clave, Tamaulipas, Valle de Tehuacán en Puebla y la región de Oaxaca.

La domesticación de plantas nativas que recolectaban las antiguas bandas nómadas se convirtieron después en tempranos experimentos de cultivo que agregaron un bajo porcentaje agrícola a la dieta obtenida mediante la caza, la pesca y la recolección. Conforme a los estudios botánicos realizados, las primeras gramíneas y especies cultivadas debieron ser el amaranto, la calabaza y el frijol.

Las primeras etapas que conformaron el desarrollo incipiente de la agricultura hicieron que las bandas se organizaran después en ·familias semisedentarias que empezaron a poblar lugares más abiertos, con habitaciones cada vez más permanentes.

Pronto el mayor conocimiento acerca de los cultivos y de los recursos naturales del medio, así como de las estaciones y los ciclos agrícolas de ciertas especies —elementos que iniciaron la relación hombre-vegetal—, lograron finalmente que se estableciera un modo de vida sedentario.

La agricultura fue una revolución en la producción alimentaria que dio mayor seguridad a la vida de aquellos grupos humanos, afianzó el sedentarismo, facilitó el crecimiento de la población y propició el desarrollo de una vida aldeana con una serie de culturas originales que se apegaron a su propia tradición.

Fue esa permanencia en un mismo lugar la que permitió el desarrollo de una tecnología, a partir de la cual los arqueólogos pudieron establecer fechas posibles de antigüedad y estilos propios y distintivos de una tradición cultural.

La presencia de cerámica constituye un testimonio de la ocupación sedentaria en la costa hacia el fin del año 3000 a.C. Sobresalen dos de los más antiguos complejos culturales plenamente cerámicos en la América Media: Altamira y la Victoria en sus respectivas fases culturales Barra y Ocós.

Altamira, situado en el litoral de Chiapas y la Victoria, en la costa de Guatemala, proporcionaron evidencias fehacientes de grupos artesanos de alfareros en pleno dominio de su arte. Hacia 1500 a.C. el complejo Barra se caracteriza por recipientes globosos de base plana, cubiertos de engobe rojo y modelados con finas acanaladuras verticales, oblicuas o en espiral; platos y ollas calabaza. Algunos investigadores sostienen que la presencia de este complejo cerámico puede explicarse por mecanismos de difusión cultural, como el comercio marítimo costero o migraciones a lo largo de la costa de Mesoamérica provenientes de América del Sur, en particular de los sitios de la cultura Machalilla y Valdivia.

Las fases culturales Barra y Ocós son muy similares en cuanto a las formas cerámicas, aunque se distingue la decoración de Ocós por la impresión de tejidos de cuerda y concha "en mecedora".

Los instrumentos de molienda ligados al maíz parecen escasos en Barra-Ocós, lo que posiblemente se deba más bien al cultivo de tubérculos como la mandioca, jícama y batata, aunados al consumo de calabaza, frijol, aguacate y productos marinos y silvestres.

Existen pocos datos acerca de la vivienda. Las habitaciones se hacían con material perecedero y se construían sobre pequeñas elevaciones artificiales del terreno.

En la región de las estepas tropicales desde 6500 a 5000 a.C. en las fases culturales de Tamaulipas, Tehuacán y Oaxaca, los vestigios arqueológicos evidencian cultivos tempranos de frijol, calabaza y chile, a los que se añadieron en etapas posteriores el zapote y las más antiguas mazorcas de maíz cultivado. En esta etapa que abarca de 5000 a 3000 a.C. los campamentos eran semipermanentes, pues los cultivos se realizaban durante las fértiles temporadas de lluvias.

En el campamento de Gheo Shih (4000 a 3500 a.C.), al borde del río Mitla de Oaxaca, se halló un interesante reparto zonal de las actividades: un lugar para los instrumentos de molienda y otro para las puntas de proyectil y raspadores, además de un taller de manufactura de adornos colgantes, perforados y hechos de cantos rodados. En dicho campamento apareció ya un espacio destinado posiblemente a alguna actividad ritual, pues se trataba de una zona desprovista de artefactos y rodeada por hileras de piedra.

En Tehuacán, durante la fase Abejas, hacia los años 3400 a 2300 a.C. la alimentación de los grupos asentados se componía en su mayor parte de productos cultivados. A ellos se agrega la primera variedad híbrida de maíz cultivado que permite la creación de reservas alimenticias utilizables durante la temporada seca. La instauración de los graneros establece la presencia de un "excedente" que es la base del mundo aldeano.

Durante esta fase Abejas se pudieron identificar vestigios de una casa semisubterránea de contorno oval, con postes y soportes para sostener la viga del techo. Se hallaron asociados instrumentos de molienda hechos de piedra. Constan de grandes patas ovaladas y manos largas hechas sobre canto rodado.

En la sierra de Tamaulipas, durante la fase La Perra (3000 a 2200 a.C.) aparecen obras textiles hechas de fibras de maguey y yuca, resaltando el tejido de esteras.

Las más antiguas agrupaciones permanentes que se conocen provienen del Valle de Oaxaca. Pertenecen a la fase cultural Tierras Largas (1400 a 1500 a.C.). Las excavaciones realizadas en esta región permitieron identificar algunos tipos de vivienda. Se encontró una aldea con 6 y 12 casas construidas con postes, y en torno a ellas, varias sepulturas y pozos troncocónicos, manos de moler y ollas.

El segundo tipo de agrupamiento representa el universo político y económico de la época, con un centro social importante. La aglomeración comprendía entre 15 y 30 casas en cuyo centro estaban agrupadas varias estructuras públicas de función indeterminada, con orientación norte-sur y una armazón de postes en el interior.

En Tierras Largas las formas cerámicas predominantes son los cajetes de base plana o convexa de color terroso, algunos de ellos decorados con hematita especular. La presencia en esta zona de tiestos típicos de la fase Ocós evidencia relaciones comerciales con la costa del Pacífico.

En las zonas montañosas centrales, entre el VI y I milenios a.C., sobresale Zohapilco en la parte sur de la Cuenca de México, a la orilla del antiguo lago de Chalco. El sitio muestra evidencias de una larga secuencia cultural. De 5500 a 3500 a.c. la fase Playa es incipientemente agrícola: abundan en ella fragmentos de madera labrada, palos para trampas y para plantar con un extremo endurecido a base de fuego. Para cortar los árboles se utilizaban gruesos tajadores de andesita local, y para trabajar la madera, cuchillos, raederas y artefactos como muesca hechos de andesita, basalto y obsidiana. También se hallaron testimonios escasos de puntas de proyectil y como la obsidiana no era local, debió ser un producto del comercio interregional.

De 2500 a 2000 a.c., restos arqueológicos muestran que en Zohapilco había prácticas agrícolas de protección y selección de maíz. Aparece durante esta época una mayor cantidad de manos para moler maíz y hay evidencias hortícolas de amaranto y calabaza. Para este tipo de labores los habitantes de Zohapilco utilizaban tajadores, raederas, raspadores y navajas prismáticas, así como instrumentos de moliendra pesados y recipientes de toba volcánica. En Zohapilco se halló también una pequeña figurilla de fuste cilíndrico, posiblemente dedicada a ritos de fertilidad.

Hacia 1300 a.C. surge todo un mundo aldeano en la llamada fase Nevada, a orillas del lago de Chalco, caracterizada por una alfarería abundante parecida a la de la fase Tierras Largas de Oaxaca. Aparecen ollas, cajetes, recipientes y figurillas afines con los rasgos culturales de aquellas regiones. La fase Nevada del altiplano denota importantes avances tecnológicos, organización sociopolítica, prácticas rituales y creencias cosmogónicas. Ya hay dirigentes políticos y religiosos dedicados a la administración de excedentes agrícolas o a la organización ritual, mientras que un mundo de artesanos aportan todo el apoyo técnico.

Hacia 1200 a.C. surge la primera alta civilización de Mesoamérica, la de los olmecas, y se establece a partir de estas fechas y hasta 900 a.C. un patrón cultural mesoamericano.

En la llanura costera del Golfo surgen sitios como La Venta, San Lorenzo, Tres Zapotes y Laguna de los Cerros. En la Cuenca de México sobresalen Ayotla, Zohapilco-Tlapacoya, mientras que en Oaxaca surge la fase San José y en la costa pacífica de Chiapas y Guatemala surge la fase cultural Cuadros.

La alfarería consta de platos de base plana, botellones y cajetes pulidos de color negro sobre bayo, bien cubiertos de un engobe blanco o rojo. Se emplean barros finos a base de caolín, decorados con motivos estilizados de ojos, garra y tallos vegetales. Aparecen máscaras, figurillas de barro cocido o de serpentina y jadeíta. El tema iconográfico central siempre reiterado es el del jaguar, representado la mayoría de las veces por colmillos, mandíbulas, ojos de almendra y garras, con sus variaciones de hombre-jaguar, niño-jaguar, o jaguar-ave-serpiente. El jaguar parece representar el poder político de jerarcas o magos, pues se le considera el dispensador de la fertilidad y ya como parte de una teogonía naciente. Para algunos investigadores el jaguar aparece unido a deidades como Xipe, dios de la primavera, y a Quetzalcóatl.

En el Altiplano Central y durante este periodo, Tlapacoya se convierte en un foco político y religioso olmeca. Las ofrendas son refinadas y la pequeña estatuaria muestra una breve visión de rituales y modos de vida, como la deformación frontoccipital de personajes masculinos, rapados y adornados con turbante o tocado. Algunos llevaban máscara o adornos pectorales, otros participaban en el juego de la pelota, con atavíos decorados a veces con motivos vegetales.

El incremento de la población, los ritos cada vez más elaborados y la artesanía de gran calidad subrayan la potencia económica y la cohesión política de

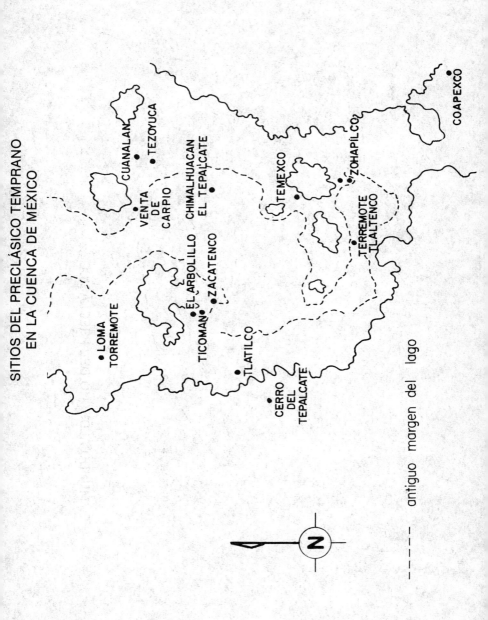

SITIOS DEL PRECLÁSICO TEMPRANO
EN LA CUENCA DE MÉXICO

CUANALAN
• TEZOYUCA

VENTA
DE
CARPIO

CHIMALHUACAN
EL TEPALCATE

LOMA
TORREMOTE

EL ARBOLILLO
ZACATENCO

TICOMAN

TLATILCO

CERRO
DEL
TEPALCATE

TEMEXCO

ZOHAPILCO

TERREMOTE
TLALTENCO

COAPEXCO

N

- - - - antiguo margen del lago

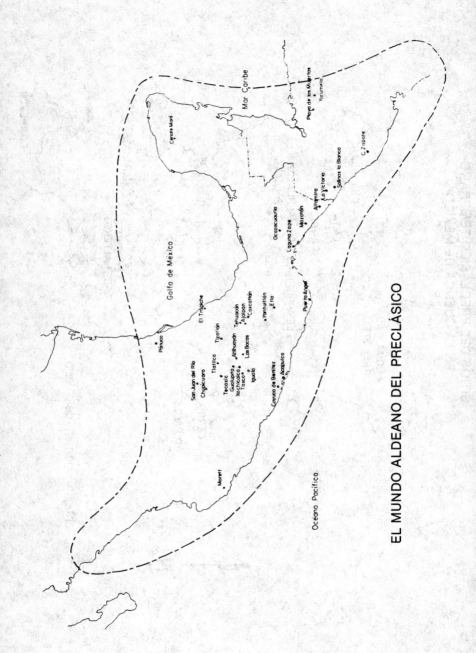

EL MUNDO ALDEANO DEL PRECLÁSICO

los sitios del Altiplano Central. Todo esto llevará al surgimiento de los primeros centros ceremoniales, que fue el origen de las grandes culturas mesoamericanas.

Bibliografía

CERVANTES, María Antonieta.
1975   "Los grupos aldeanos de la cuenca de México", *Del nomadismo a los centros ceremoniales,* México, Departamento de Investigaciones Históricas, INAH, (México, panorama histórico y cultural: VI).
NIEDERBERGER, Cristina.
1978   "Inicios de la vida aldeana en la América Media", *Historia de México,* México, Salvat de Ediciones, v. I, p. 93-120.
PIÑA CHAN, Román.
1955   *Las culturas preclásicas de la Cuenca de México,* México, Fondo de Cultura Económica.

8. La etapa de centros ceremoniales

Mari Carmen Serra, UNAM

Durante el periodo Formativo que va desde 2500 a 100 a.C., la agricultura se convierte en la actividad fundamental de los pueblos mesoamericanos.

El maíz era el alimento fundamental, complementado con otros como el frijol, amaranto, tuna, nopal, epazote, papa, chile, calabaza y otros recursos obtenidos de otros medios, como las zonas boscosas o lacustres que proveían a la comunidad con caza y pesca.

Aún no se sabe con precisión si las técnicas agrícolas fueron causa o consecuencia del crecimiento poblacional de las aldeas, pero definitivamente ambos factores estaban estrechamente ligados.

Pronto la agricultura requirió de sistemas específicos como respuestas a su creciente desarrollo. Se inventaron sistemas de riego mediante diversos métodos, como el terraceado de los campos y se fabricaron algunas herramientas de labranza como las azadas, aunque el instrumento básico para la subsistencia no experimentó cambios demasiado drásticos.

Hacia 1200 a 200 a.C. la actividad agrícola se había intensificado, la población había aumentado notablemente y las actividades agrícolas producían un excedente; esto, aunado a otros factores de crecimiento y organización del trabajo, permitió que se gestara un nuevo grupo social dedicado al control y distribución del excedente de producción. Con la nueva organización social, algunas aldeas crecieron y se desarrollaron más que otras y por ende se erigieron en centros rectores de otras aldeas más pequeñas y dispersas; aparece así una etapa nueva conocida como etapa de centros ceremoniales, que tuvo durante el Preclásico tardío su mayor apogeo.

En los centros ceremoniales se concentraban las actividades religiosas, redistributivas, administrativas, de intercambio y artesanales como la lapidaria, pero sin dejar de ser comunidades agrícolas como las aldeas que las mantenían.

El nuevo centro rector tenía por lo menos tres grupos sociales en las aldeas o en los centros mismos, y otro grupo formado por gente que no participaba directamente en la producción sino en el culto religioso y en trabajos directivos.

Se estableció así una sociedad formada por sacerdotes, jefes, artesanos-comerciantes y campesinos unidos al centro también por tradición, vida y lengua comunes.

Los nuevos centros se construyeron con basamentos y plataformas alrededor de plazas; por ejemplo en Chiapa de Corzo, el centro se construye con plataforma de tierra y revestimiento de piedra, así como con basamentos escalonados. Entre Veracruz y Tabasco, en La Venta, se construye un centro ceremonial con una pirámide irregular de cono truncado. En

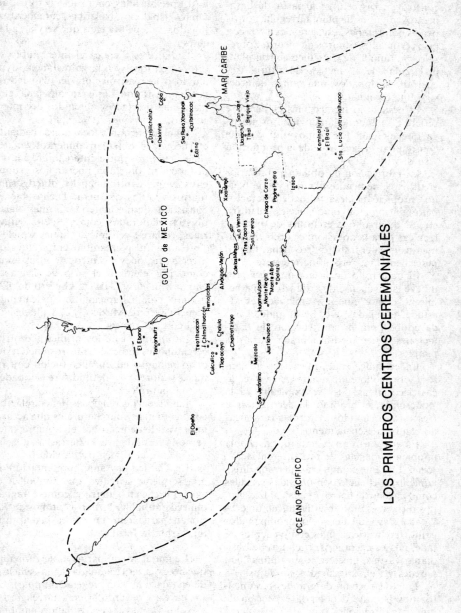

LOS PRIMEROS CENTROS CEREMONIALES

MAR CARIBE

GOLFO de MEXICO

OCEANO PACIFICO

Dzibilchaltún
Oxkintok
Cobá
Sto Rosa Xtampak
Dzibinocac
Edzná
Uaxactún
San José
Tikal
Baryuá Viejo
Kaminaljuyú
El Baúl
Sta Lucía Cottumalhuapo
Xcalango
Chiapa de Corzo
Padre Piedra
Izapa
La Venta
Ceiba Maza
Tres Zapotes
San Lorenzo
Alvarado-Veján
Remojadas
Huamelulpan
Monte Negro
Monte Albán
Dainzú
Teotihuacán
Chimalhuacán
Cholula
Cuicuilco
Tlapacoya
Chalcatzingo
Mezcala
Juxtlahuaca
El Ebano
Tancanhuitz
San Jerónimo
El Openo

59

el Altiplano Central surgen el Cerro de Tepalcate, Cuicuilco y Tlapacoya, que construyen sus centros a partir de basamentos, algunos de planta irregular, otros ovales con rampas, escaleras, cuartos con pisos estucados y muros de piedra. Sobresale la pirámide de Cuicuilco con su planta circular de 17 metros de altura, tres cuerpos escalonados, una rampa de acceso y una escalinata.

El desarrollo técnico más evidente se refiere a toda aquella actividad productiva que ejercían los grupos elitistas que controlaban el excedente de la producción y su distribución.

La fabricación de objetos suntuarios y edificios, dedicados al culto y al gobierno, propició el desarrollo de artefactos para pulir objetos como cinceles, taladros, etc. Se desarrolló la escultura de piedra y técnicas para la abrasión; es decir, instrumentos para el trabajo de concha, hueso, jade, hematita, serpentina, etcétera.

El desarrollo de la arquitectura promueve la invención de artefactos de albañilería como cinceles, aplanadores de estuco, plomadas, etc. Se difunde el uso de adobe para la construcción de habitaciones y de piedra labrada para los templos.

La cerámica muestra ciertos adelantos, sobre todo en lo que respecta a técnicas decorativas pues se empleaba ya la policromía, el bruñido, la decoración al fresco, aun cuando las formas cerámicas no cambian esencialmente.

En las costumbres mortuorias había también evidencias de una diferenciación social. La gente común era enterrada directamente en el suelo con ofrendas sencillas como vasijas de barro y metales. Los grupos dirigentes eran inhumados en una cavidad excavada en el suelo, acompañados con ofrendas ricas, tales como cuentas de jade, guajes decorados, cuchillos de obsidiana, vasijas, etcétera, o en tumbas con paredes y techos formados con lajas.

La construcción de grandes basamentos nos permite deducir la existencia de una organización compleja de fuerza de trabajo, quizá tributada al centro cere-monial por las aldeas vecinas. Conforme a esta organización, debieron existir personas especializadas como instructores, alfareros, lapidarios, bailarines, curanderos, y jugadores de pelota etc., que servían a las élites.

Durante esta época el intercambio se bifurcó en local y a larga distancia, ayudando a la reafirmación del grupo dirigente puesto que éste se ataviaba con materiales preciados, obtenidos por intercambio.

En el intercambio local quizá mediante el trueque, se obtenían alimentos y materiales, mientras que el intercambio a larga distancia involucraba poco a los grupos elitistas que controlaban los objetos suntuarios venidos de fuera. Dichos bienes consistían desde materias primas hasta objetos elaborados como espejos, figurillas, collares, cerámica, plumas y pieles.

Había un intercambio entre élites de diversas regiones y centros de otras áreas como por ejemplo el sitio de Tlapacoya con Puebla y Oaxaca; el cerro del Tepalcate con Chupícuaro; Chalcatzingo con el Golfo de México, y el Valle de Toluca con la Cuenca.

La aparición de los primeros centros ceremoniales indica la transformación del culto religioso en una institución con rituales y dioses bien definidos relacionados con la naturaleza.

Las creencias religiosas tienen relación con las fuerzas sobrenaturales que actúan imprevisiblemente sobre el hombre, tales como la fertilidad de la tierra, el agua, la vegetación, el alimento y la vida.

En Tlatilco hay una representación de una serpiente acuática que simboliza el agua que cae en la tierra y, como el jaguar olmeca simboliza la tierra, ambos se fusionan para crear un ofidio-jaguar que representa la fertilidad.

La mujer se equipara a la tierra-madre que necesita ser fecundada (agua-semen) y de ella nace la vida (vegetación-niño).

La clase sacerdotal crea la religión y los cultos, y va desarrollando también ciertos conocimientos como el calendario para las prácticas agrícolas y las festividades, la escritura jeroglífica y las observaciones astronómicas.

En el área maya, durante el Preclásico tardío (400 a.C. a 250 a.C.), con el intercambio se distribuyó la obsidiana a las tierras altas de Guatemala y esta zona estableció a su vez intercambio de mica, jade, piedra volcánica cuarzo y pedernal con el Petén. Las conchas y espinas de mantarraya, así como los dientes de tiburón, venían del Pacífico.

En Oaxaca, durante la llamada fase San José, el poblado de San José Mogote se convirtió en un centro aprovisionado de magnetita, concha, jade, y cerámica del Golfo. Durante el Preclásico medio, con el surgimiento de Monte Albán se trabajaron materiales de las costas para producir objetos de ornato.

Bibliografía

HABERLAND, Wolfgang
1974   *Culturas de la América indígena. Mesoamérica y América Central*, México, Fondo de Cultura Económica.
PIÑA CHAN, Román
1978   "Las culturas preclásicas del México antiguo", *Historia de México*, México, Salvat de Ediciones, v. I, P. 136-184.
VARIOS
1975   *Del nomadismo a los centros ceremoniales*, México, Departamento de Investigaciones Históricas, INAH, (México, panorama histórico y cultural: VI).

9. Los olmecas

Lorenzo Ochoa, UNAM

La historia de los pueblos que encontraron los españoles a su llegada al territorio que ahora conocemos como México es bastante larga. Todos eran, de un modo u otro, herederos de un bagaje cultural acumulado durante varios milenios. De los pueblos que les antecedieron, quizá el que marcó las pautas más reconocibles aunque no las únicas, fue el de los olmecas, sobresaliente por su estilo artístico que no admite confusiones para su identificación.

Aunque se conocen sus formas y expresiones materiales, *los orígenes* de esa cultura son todavía objeto de fuertes debates. Sin embargo, poco a poco se han ido desentrañando algunos de los antecedentes de su remoto pasado. En verdad, el término *olmeca* tan sólo sirve para designar un grupo portador de un particular estilo artístico, pero no una identidad etnolingüística. Y aquí cabe una aclaración, *no debe confundirse a esos olmecas con los designados con el mismo nombre en las fuentes históricas del siglo XVI, aunque también procedían de la costa del Golfo de México.*

Ahora bien, todo tiende a señalar que los ancestros de quienes iban a conformar la cultura olmeca procedían del norte de Sudamérica, acaso de Colombia y Ecuador. Aquellos primeros grupos pudieron haber penetrado hacia el territorio que ahora se denomina Mesoamérica, vía la costa del Pacífico de Guatemala y Chiapas. Las ocupaciones indican que fue allá en donde se gestaron algunas de las características que han hecho posible identificar sus antecedentes.

Tales grupos, que bien podríamos denominar proto-olmecas, dejaron sus huellas en cerámica fechadas alrededor de los años 1500 a 1400 a.C. De aquellas partes de la costa, algunos probablemente avanzaron tanto al interior del actual estado de Chiapas como hacia el Istmo de Tehuantepec. De esta manera pudo haber comenzado una primera separación de grupos: mientras unos remontaron la cuenca del Grijalva rumbo a la costa del Golfo de México, otros tal vez la alcanzaron a través del Istmo. Pero de este último punto, algunos más pudieron penetrar hacia el Valle de Oaxaca; posteriormente pasarían a lugares de los actuales estados de Puebla, Morelos, Guerrero y de la Cuenca de México.

Aquellos proto-olmecas, quizá numéricamente pocos, deben haberse fusionado con los habitantes locales sin dejar más huellas que algunas formas cerámicas como los tecomates, la decoración de mecedora y la cocción diferencial, conocidas de antiguo por ellos. Con el tiempo, al darse diferentes relaciones con los grupos de la costa del Golfo, otros conceptos serían incorporados a su cultura material e ideológica.

Por el contrario, los que penetraron

hacia la costa del Golfo se integraron de tal modo con las poblaciones locales que, al correr de los años, devendrían en las expresiones que reconocemos ahora como olmecas. No obstante, se conservaron ciertas formas cerámicas y técnicas decorativas semejantes a las ya señaladas, que erróneamente se tienen como olmecas. Aquellos grupos parece que arribaron a la costa del Golfo alrededor de los años 1350 a 1300 A.C.; unos cien años más tarde es posible que hubieran desarrollado buena parte de las características de la cultura olmeca. Para entonces, ya se habían extendido por un amplio territorio localizado entre los actuales estados de Veracruz y Tabasco.

Poco más tarde, de manera más homogénea ocuparían desde la llanura costera hasta las primeras estribaciones de la sierra y desde la cuenca del río Papaloapan hasta la del río Santana, al sur del Blasillo-Tonalá. Ese territorio se conoce como área olmeca metropolitana o, área nuclear olmeca, pues en ella se han reconocido los sitios más importantes de dicha cultura. Sin embargo, sus manifestaciones e influencias se dejan sentir desde el centro de Veracruz hasta la cuenca del Usumacinta. Con menor importancia, sus huellas se encuentran tan lejos como la Huaxteca por el norte, sin que sea dado hablar de una extensión de lo olmeca; una apreciación válida por cuanto corresponde a sus manifestaciones en el área maya.

Por otro lado, fuera del área metropolitana, su presencia llegaría tan lejos como Centroamérica, Chiapas, Oaxaca, Puebla, Morelos, Guerrero y la Cuenca de México; sin embargo, piezas como un hacha encontrada en Etzatlán, Jalisco, no significa una extensión de portadores de dicha cultura.

En cuanto al área nuclear, los sitios más sobresalientes son San Lorenzo, aparentemente el más antiguo; Laguna de los Cerros, Potrero Nuevo, San Martín, Las Limas y Tres Zapotes, entre otros varios lugares de Veracruz, y sin olvidar el más importante de Tabasco: La Venta. Todos ellos enclavados en el trópico cálido-húmedo, caracterizado por la selva exhuberante y una amplia red hidrológica. Por lo anterior, y dadas las escasas alturas, apenas interrumpidas por el macizo montañoso de Los Tuxtlas, y a causa de la pobreza del drenaje, se forman numerosos pantanos. Pero ese paisaje no debe verse como un reto que debieron vencer los portadores de la cultura olmeca para alcanzar su desarrollo, sino como una circunstancia que de manera sobresaliente fue aprovechada dados los conocimientos y experiencias que tenían para explotar ese tipo de medios; sin soslayar que ese paisaje necesariamente incidió en su ideología.

En efecto, el jaguar, abundante entonces en la región y peligro constante para sus habitantes, fue deificado. De hecho, de acuerdo con ciertas interpretaciones, pudo haber sido considerado como el ancestro común; una especie de animal totémico. Acaso por ello su presencia se torna obsesiva en la plástica olmeca. El jaguar quizá fue conceptualizado como el origen; representaba la tierra y el inframundo, como poco después la serpiente sería incorporada a su ideología, identificándola tal vez con el agua que corre. Dos conceptos básicos en su pensamiento que posteriormente serían fusionados para dar lugar a un ser fantástico que reunía los atributos y simbolismos de ambos animales: tierra y agua; fertilidad.

De esta suerte, los olmecas se consideran como los fundadores de la primera cultura reconocible por una serie de logros alcanzados tanto en el arte y su ideología religiosa como en los conocimientos. Sus expresiones artísticas casi siempre estuvieron supeditadas a sus conceptos religiosos, independientemente de otros simbolismos que con toda seguridad llevaban implícitos. Estelas, altares, cabezas colosales, animales humanizados y diversas representaciones de indiscutible calidad estética tenían una fuerte carga ideológica. Pero esa habilidad espectacular alcanzada en la talla de los grandes monumentos, no se puede considerar superior a la lograda en la escultura me-

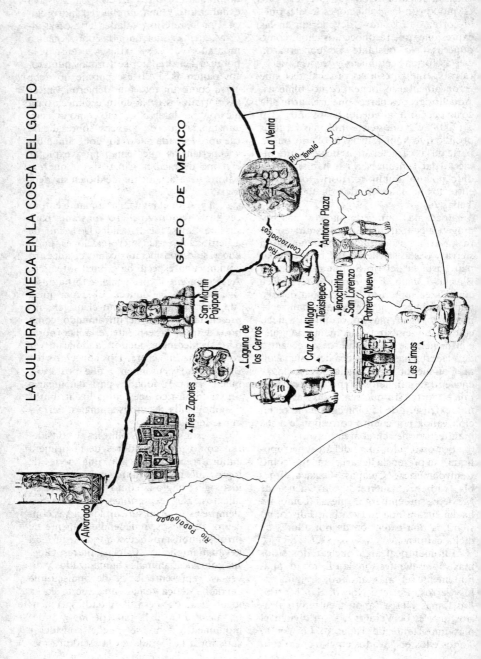

LA CULTURA OLMECA EN LA COSTA DEL GOLFO

GOLFO DE MEXICO

▲La Venta

Río Tonalá

Río Coatzacoalcos

Antonio Plaza

San Martín Pajapan

Laguna de los Cerros

Cruz del Milagro

Texistepec

Tenochtitlan
San Lorenzo
Potrero Nuevo

Las Limas

▲Tres Zapotes

▲Alvarado

Río Papaloapan

64

nor, especialmente la hecha en jadeíta y serpentina.

En serpentina tallaron mosaicos para representar mascarones de jaguar con rasgos muy estilizados. A manera de ofrenda, tales obras eran colocadas a gran profundidad en los centros político-religiosos. Asimismo, con la jadeíta hicieron gala de una destreza jamás igualada por otro pueblo prehispánico. Aquí cabe señalar que tanto en la escultura mayor y menor como en la cerámica, e incluso en el arte rupestre encontrado fuera del área nuclear, aparecen ciertos rasgos que sirven para identificar las representaciones olmecas: cejas flamígeras, la mancha del jaguar, ojos de forma almendrada, hendidura en V arriba de la frente, garras, colmillos y la comisura de los labios hacia abajo, entre otras.

Por otra parte, aunque se antoja aleatorio, a través de las representaciones humanas se ha querido distinguir ciertas características físicas que corresponden a dos tipos de individuos. Uno habría sido de estatura baja, obeso, de cuello corto, cabeza redonda, nariz ancha y labios gruesos; el otro reproduce individuos longilíneos, de nariz ligeramente aguileña, cabeza alargada y labios más finos. Este último tipo podría corresponder a representaciones más tardías, acaso de un grupo que llegó y se fusionó con el primero. Asimismo, de acuerdo con las representaciones, los olmecas acostumbraban deformarse la cabeza y mutilarse los dientes; los hombres se rapaban totalmente o sólo se dejaban algunos mechones. Ocasionalmente portaban una especie de casco, turbante, tocados complicados y máscaras. Usaban taparrabos y capas, y completaban su arreglo con collares hechos de cuentas de barro, conchas y piedra verde, así como con orejeras, ajorcas y brazaletes.

Pero esas representaciones no sólo sirven para imaginar cómo eran los olmecas y conocer algo de su atuendo y costumbres. En efecto, los materiales con que tallaron sus esculturas procedía de lugares muy alejados, y puede pensarse que para obtenerlos debían tener una compleja organización social, política y económica. Otras expresiones que nos han llegado reflejan altos desarrollos en diferentes campos. Así, la orientación del sitio de La Venta en un eje norte-sur, con una desviación de 8° al oeste del norte magnético, da una idea de su conocimientos de astronomía. También allá en La Venta concibieron el concepto de la plaza, ese espacio abierto que fue fundamental para el posterior desarrollo de la urbanística mesoamericana. Asimismo, algunas esculturas indican que poseían un código de comunicación, que conocían el calendario y la numeración. De ello dan cuenta el monumento 13 de La Venta y la tardía estela C de Tres Zapotes. Otros monumentos son ejemplos clásicos del desarrollo de sus conceptos religiosos y en ellos la imagen del jaguar jugó un papel de primera importancia.

Después de varios siglos de desarrollo y de haber alcanzado sus máximas expresiones, la cultura olmeca paulatinamente fue siendo asimilada y transformada por otros grupos que arribaron al área metropolitana. Tal es el caso de La Venta, en donde entre los años 600 y 400 a.C., plasmaron en las esculturas, junto con personajes y rasgos típicamente olmecas, un tipo físicamente diferente, que en poco tiempo se impuso en las representaciones. Esto mismo sucedió en otros lugares e incluso se tallaron escenas de la conquista del grupo olmeca, como se aprecia en la Estela de Alvarado.

De acuerdo con las evidencias, a partir de los últimos siglos anteriores al inicio de la era cristiana, los olmecas fueron perdiendo muchos de sus típicos rasgos y ocuparon gran parte del sur de Veracruz. Otros más emigraron hasta El Salvador, Guatemala y Chiapas; algunos salieron rumbo a las tierras bajas centrales del área maya, vía el Medio Usumacinta, en donde se ha detectado su presencia. Otros más llegarían a Guerrero, Morelos y la Cuenca de México; lugares conocidos con los que, de antiguo, guardaban relaciones de intercambio. Siglos después, los olmecas pasaron a ser solamente parte importante de la historia de los pueblos del México antiguo. Algunas de las expresiones se guardaron como reliquias y, a veces, fueron depositadas como ofrendas en épocas posteriores, tal como sucedió en sitios del área maya o en el Templo Mayor de Tenochtitlan.

Bibliografía

BERNAL, Ignacio
1968   *El mundo olmeca*, México, Editorial Porrúa.
FUENTE, Beatriz de la
1977   *Los hombres de piedra. Escultura monumental olmeca*, México, Instituto de Investigaciones Estéticas, UNAM
PIÑA CHAN, Román y Luis Covarrubias
1964   *El pueblo del jaguar: los olmecas arqueológicos*, México, Museo Nacional de Antropología.

10. El nacimiento de la escritura

Maricela Ayala Falcón, UNAM

Se ha dicho que el hombre es el único animal que cuenta con la posibilidad de comunicarse con sus semejantes por medio de un lenguaje que le permite transmitir sus experiencias y conocimientos, entendiéndose por lenguaje *cualquier medio que se emplee para expresar ideas.*

Existen por lo menos tres clases de lenguaje: hablado, escrito y mímico. En lo referente al escrito, los estudiosos del tema aún no han acordado cuándo un código cifrado puede o no clasificarse como escritura.

El sistema más ampliamente usado —no por el número de usuarios sino por su difusión— es el alfabeto, del que no hay todavía una total certeza sobre su origen a pesar del reducido número de escritura de las que puede provenir —aunque parezca increíble.

Aunque la comunicación escrita es básica para cualquier cultura, no todas las sociedades han sido capaces de inventar una escritura propia. Al evolucionar, el hombre ha creado diferentes formas de comunicación por medio de imágenes (dibujos, signos) pero no todas ellas son "escrituras".

En realidad, la comunicación visual por medio de imágenes es ilimitada, y existen registros de este tipo en todo el mundo. Entre las formas más antiguas y simples de comunicar ideas por medios visibles están las pinturas, por ejemplo las rupestres a las que se considera "antecedentes de la escritura", "escrituras embrionarias" o "preescrituras". Como parte de éstas tenemos los dibujos y pinturas del Paleolítico Superior encontradas en Europa y en el norte de Africa. Por sus características se denominan pictogramas (o iconogramas) y constituyen el estado más primitivo de representación de los pensamientos. Su contenido se refiere generalmente a la inscripción de temas que les eran familiares.

La siguiente etapa es de las denominadas escrituras de registro, o pictóricas-directas. Mediante la agrupación de dibujos sinópticos, que imitan a los naturales, se emiten los mensajes; en este grupo se encuentran aquellos registros procedentes de Norteamérica. El siguiente paso es de los pictogramas-ideogramas en que la relación entre objeto representado por el signo y la idea significada es indirecta, está sugerida (ideogramas). Se llega a la creación del pictograma con sentido universal y aparecen los ideogramas, signos que representan ideas, cualidades o acciones; aquí el sentido de la oración se deduce por la yuxtaposición de los distintos elementos. En este grupo se encuentran la escritura china y las primeras etapas de la sumerio-acadia y la egipcia.

Durante estas fases la escritura es independiente del lenguaje, pero dicha situación cambia al aparecer los primeros fonogramas. En ellos el signo representa un sonido y de esta manera se enlazan con el lenguaje hablado. Los fonogramas pueden ser de tres clases: a) un número indefinido de sonidos y especialmente una palabra completa (mono o polisilábicos), b) un solo sonido o sílaba (silabarios), y c) el alfabeto.

Pero la evolución no siempre sigue el mismo camino, a veces hay retrocesos o bien pueden coexistir las diferentes etapas. De ahí el problema de definir y descifrar a las escrituras.

Si aceptamos que "escritura" es la utilización de un sistema de trazos para anotar el discurso, nos encontramos con que en Mesoamérica hubo otras más antiguas, además de las aceptadas: la maya y la mexicana, cuya invención posiblemente propició la difusión de esta idea, es decir, la de crear sistemas propios de escritura.

Por lo que se sabe hasta el momento, existen en Mesoamérica dos clases de registros: los iconográficos y los que podemos denominar "textos escritos". Aquí también los pictogramas e iconogramas precedieron a la escritura, pero no tenemos ningún sitio en donde la evolución se haya dado completa.

Las inscripciones más antiguas conocidas proceden de la cultura olmeca y corresponden a la etapa pictográfica, figuras humanas y de animales, e ideográfica; algunos signos esquematizados; bandas cruzadas que pueden significar un rango, la llamada U (por su forma) y que se asocia con el cielo, líquido para indicar sacrificio, las fauces del jaguar para indicar la entrada al inframundo, es decir, las cuevas. Pero estos signos no están escritos yuxtapuestos, sino que se localizan dentro de las figuras talladas y sólo podemos interpretarlos dentro de su contexto. Los únicos monumentos procedentes de esta zona con textos calendáricos y gráficos, el 13 de La Venta, el E de Tres Zapotes y la estela C del mismo sitio (con una fecha equivalente a 31 a.C.), son demasiado tardíos para corresponder a la cultura olmeca y por sus características se ha pensado

que pueden asociarse a la zona maya.

Aunque por su antigüedad la cultura olmeca influyó con sus avances culturales casi en toda Mesoamérica, hubo algunos lugares en que los grupos coloniales y "olmecoides" tomaron la delantera. Entre estos logros están la creación de la escritura, la numeración y el calendario.

Las inscripciones más tempranas conocidas, en las que se observa un sistema calendárico plenamente desarrollado y que sirven de marco temporal para el registro de eventos escritos, son las estelas 12 y 13 de Monte Albán, Oaxaca. Fueron localizadas en asociación al edificio llamado Los Danzantes en su fase I (500 a.C., aproximadamente), y todo parece indicar que los dos monumentos conforman un solo registro integrado por una fecha escrita en el sistema calendárico mesoamericano, el evento ocurrido y el sujeto que actuó en él. Los signos escritos han podido identificarse por su presencia en otros monumentos posteriores, tanto del sitio —Danzantes II, lápidas del Montículo J— como en algunos lugares cercanos: San José Mogote.

El calendario mesoamericano está formado por la combinación de dos ciclos, o años: uno consiste en 20 signos-días, combinados con 13 numerales para dar 260 días ($13 \times 20 = 260$); se le conoce con distintos nombres, pero los más comunes son *tonalpohualli* o *tzolkín* (que es inventado). El otro se compone de 18 ciclos de 20 días cada uno y 5 días más ($18 \times 20 + 5 = 365$); es el año solar llamado *xíhuitl, tun,* o *haab*.

Antes de proseguir con el tema cabe aclarar las diferentes clases de registros que hubo en Mesoamérica. Por las fuentes coloniales sabemos que los mesoamericanos "se valían de sus signos y libros para anotar todas sus cosas": religión, calendario para señalar las fechas religiosas y hacer augurios; astronomía, ligada a la religión por las posiciones que los dioses astros ocupaban; historia, incluyendo sus hechos bélicos; tributos que debían pagar los pueblos sojuzgados; geografía, mapas en que se marcaban los territorios; etcétera. De hecho, todas estas "cosas" podemos reducirlas a dos temas básicos que no están desligados entre sí: religión e historia, y es desde esta perspectiva que podemos comprender las inscripciones mesoamericanas.

Ya Alfonso Caso había señalado que las Lápidas del Montículo J, de Monte Albán, conmemoraban las conquistas de otros sitios. Los jeroglíficos o glifos (signos mínimos que conforman la escritura) en ellas escritos se pueden reconocer desde la época anterior y, con algunos cambios (unos desaparecen y otros nuevos se incorporan), continuaron utilizándose para sus anotaciones, algunas de carácter histórico y otras religiosas.

Lo fundamentalmente importante del sistema es que la idea de crear escrituras se transmitió al resto de Mesoamérica. Su calendario fue copiado íntegro en toda la macroárea, conservándose algunos de sus signos en regiones distantes como Xochicalco. En otros casos lo que permaneció fue la idea, aunque la forma se adaptó; por ejemplo el glifo del año que en Oaxaca se escribió con la cabeza del dios de la lluvia (Cocijo), posteriormente fue cambiada por la de Tláloc (mixtecos, mexicanos), o bien por la simbolización del dios de la lluvia (mayas).

Sin embargo, no todas las culturas mesoamericanas lograron crear "escrituras", es decir, no llegaron a la creación de "signos" que se identificaran como palabras. No podemos perder de vista el hecho de que el conocimiento de la escritura en Mesoamérica, y en el mundo hasta hace poco, era privilegio de unos cuantos, de la clase gobernante y del sacerdocio que en ocasiones eran el mismo grupo.

En el mundo antiguo la escritura siempre estuvo muy relacionada con la religión y, consecuentemente, con el sacerdocio. Este grupo era el heredero del conocimiento y el encargado de interpretar los designios de los dioses mediante la adivinación, ya fuera por la observación de los astros o de otros fenómenos naturales, para lo cual necesitaban de todo su tiempo y con esto justificaban el que ellos fueran los encargados de la distribución de las tierras, su administración y el empleo de la mano de obra. A ellos les tocaba interpretar los deseos de los dioses y decidir cuándo había que realizar determinados rituales y los sacrificios que se deberían llevar a cabo. Con este conocimiento la pequeña parte de la población que sabía leer y escribir afianzó su posición privilegiada, resultando además un excesivo respeto por la sabiduría del pasado.

El deseo de los gobernantes por perpetuar su paso por la tierra, demostrar su origen divino y relatar la historia de su reinado al consignar aquellos eventos en que habían actuado atendiendo a los deseos de los dioses (eventos astronómicos), dieron origen a los registros históricos. Si a ello agregamos la conciencia que tuvieron algunos pueblos, como el maya, sobre la repetición cíclica de los acontecimientos, ya fuera en determinadas fechas o en el momento en que se repetía un evento astronómico, el resultado es la necesidad de conocer con precisión la fecha del suceso para contrarrestar los efectos nocivos que esto pudiera acarrear.

Posiblemente los primeros en adoptar, y adaptar, el sistema calendárico de Monte Albán fueron los mayas que habitaban el área vecina, la costa del Pacífico de Chiapas y Guatemala, pero le dieron un viraje y lograron desarrollar un sistema más complejo y preciso. Utilizando el mismo sistema numérico en que los puntos indican el valor de 1 y las barras el de 5, desarrollaron un sistema posicional en que los ciclos (y por lo tanto los números) aumentan su valor de 20 en 20, con una alteración: el valor del tercer ciclo no es 400, sino que por estar apoyado en el sistema calendárico equivale a 360 (18 × 20), y así se continúa la proyección vigesimal *ad infinitum* (360 × 20 = 7 200, 7 200 × 20 = 144 000. . .).

Más tarde los mayas inventaron los signos para indicar cada ciclo (estela 29 de Tikal, 292 d.C.) y no tardaron mucho en crear su propia escritura que, valiéndose de pictogramas e ideogramas en su origen, muestra desde sus primeras etapas la relación entre estos signos y el lenguaje hablado. Es decir, los signos corresponden a lo que se ha llamado "logogramas". Así, para escribir la acción de sentarse en el trono, "entronización", dibujaron la mitad inferior de un cuerpo humano en el acto de sentarse; el nombre del sujeto, ligado a la acción, se escribió con signos que lo identificaban, "pájaro", "escudo", "serpiente", "jaguar", etcétera. Lo interesante de estas inscripciones tempranas es que los títulos están escritos fonéticamente (en su aspecto fonético la escritura maya es silábica).

El descubrimiento del contenido histórico en los monumentos mayas (no en sus libros o códices) ha permitido grandes avances en su desciframiento, como son el establecer cuál puede ser la lengua representada, su estructura gramatical y el contenido de sus mensajes de tipo religioso, histórico, astronómico y astrológico. Pero de sus mensajes se han podido derivar otras clases de información: genealógica y política. La interpretación de sus mensajes tiene aplicación a otras disciplinas afines, como la arqueología, la antropología social, la lingüística, la historia y la propia epigrafía, pero ya no la maya sino la de Mesoamérica.

Las inscripciones de otras áreas han comenzado a verse con un nuevo enfoque, y textos que no tenían un sentido aparente ahora pueden ser reestudiados. Con ello no quiero decir que la escritura maya se haya difundido. De hecho lo que tenemos son tres sistemas de registros, que son:

a) uno que sí contiene signos gráficos (como las escrituras zapoteca y maya) y que incluiría la escritura mixteca (comprendiendo el estilo Nuiñe y los códices de este grupo), las inscripciones de Xochicalco y la mexicana (incluyendo códices y monumentos);

b) otro que solamente registra pictogramas-ideogramas (como los monumentos olmecas) en el que estarían las estelas de Izapa y los grabados del Tajín, y

c) un tercero que combina fechas e ico-

nogramas pero carece de signos propios de escritura; aquí podríamos incluir los códices del llamado grupo Borgia (que parecen proceder de la zona Puebla-Tlaxcala), las pinturas de la zona tlaxcalteca (Cacaxtla y Tizatlán), los monumentos de Teotenango y los pocos que se conocen de Tula. Las pinturas y monumentos teotihuacanos son un caso particular. Estos distintos sistemas tuvieron un desarrollo paralelo en tiempo y quizá algún día entenderemos el porqué de su distribución geográfica.

Se sabe que desde una época temprana los habitantes de la zona mixteca comenzaron a dejar consignadas sus fechas al valerse del mismo sistema calendárico de Monte Albán (tumba de Yucuñudahui, 290 d.C.), pero se desconoce qué pasó después ya que los siguientes registros conocidos de este grupo corresponden a una fecha aproximada al 800-900 d.C. Son algunos monumentos esculpidos procedentes de la región y con un estilo propio, aunque con origen en los signos zapotecos (Nuiñe), los códices del grupo mixteco ya con sus propios glifos calendáricos para los días y el año (y que contienen las genealogías de los gobernantes), así como estelas y dinteles localizados en Monte Albán en que se combinan ambos sistemas de escritura: el zapoteco y el mixteco. Posiblemente la situación geográfica del área mixteca y las relaciones que sostuvo con grupos del área central —Teotihuacan, valle de Tehuacán y Cholula— así como con la zona zapoteca, influyeron en el desarrollo y caracterización de su propia escritura.

En el área central tenemos como gran centro religioso y comercial a Teotihuacan, pero esta ciudad parece no haber dado ninguna importancia a los registros históricos. Alfonso Caso intentó demostrar que en Teotihuacan se conoció el *tonalpohualli*, pero prácticamente todos los glifos que él identificó como fechas parecen corresponder a nombres de dioses. El arte teotihuacano es fundamentalmente religioso y de ahí que los glifos representa-

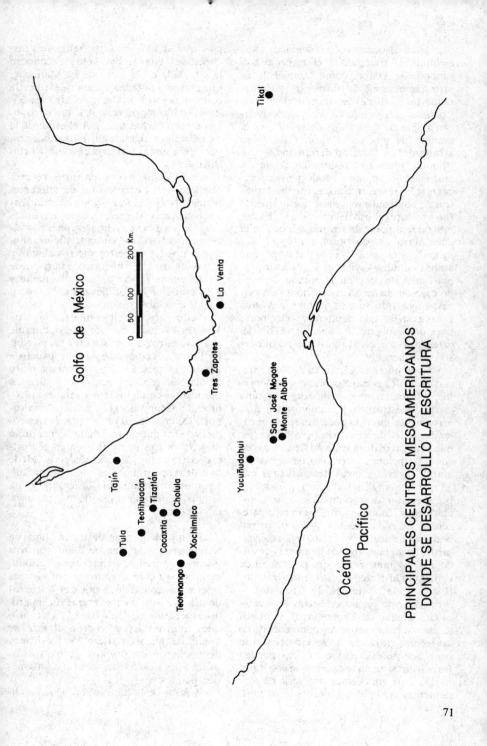

PRINCIPALES CENTROS MESOAMERICANOS
DONDE SE DESARROLLÓ LA ESCRITURA

Golfo de México

Tikal

La Venta

Tres Zapotes

San José Mogote
Monte Albán

Yucuñudahui

Tajín

Teotihuacán
Tizatlán
Cacaxtla
Cholula

Tula

Teotenango
Xochimilco

Océano Pacífico

0 50 100 200 Km.

dos estén asociados con deidades; por ejemplo, el triángulo y el trapecio son símbolo de Tláloc, como también lo es otro que él llamó 5 "turquesa" para denotar la bigotera del mismo dios. Las "bandas entrelazadas" parecen identificar al jaguar y el "ojo de reptil" es el nombre de una diosa. Los glifos "ojo arrancado" y "líquido derramándose" o "líquido precioso" se asocian al sacrificio. Hasta el momento todo parece indicar que las representaciones teotihuacanas son de contenido religioso, por lo que no fue necesario el uso del calendario. Es notable que a pesar de sus relaciones con la zona maya y la zapoteca, no hayan sido influidos por el concepto histórico que ambas culturas tuvieron, y quizá su propia forma de concebir al mundo, haciendo caso omiso de las inscripciones históricas, haya sido la que influyó en otras áreas con las que mantenían relaciones, para que éstas no se hubieran valido del calendario o la escritura sino hasta que cesó su influencia.

No es sino hasta la caída de Teotihuacan que sitios como Xochicalco, en Morelos, y Cholula, en Puebla, adquieren una cierta preeminencia y comienzan a desarrollar sus inscripciones. Adoptan el calendario de Monte Albán pero parece ser que es a través de la zona mixteca, pues en sus inscripciones se reconocen signos de ambos lugares y otros desarrollados por ellos mismos (glifo del año representado por un cuadrado con un nudo o lazo; Xochicalco y Teotenango). También aparecen en sus monumentos rasgos de origen maya (Xochicalco y Cacaxtla), especialmente en algunas figuras humanas, dejando algunos monumentos que parecen ser de contenido histórico por los temas tratados (Piedra Seler, murales de Cacaxtla), y otros de tema religioso (estelas de Xochicalco, lápidas de Teotenango). Algunos de estos monumentos presentan, además de las fechas, glifos que no se han descifrado pero que por sus características pueden formar.un sistema incipiente de escritura.

De Tula conocemos una serie de monumentos esculpidos adosados a los edificios que son de carácter religioso. Inscripciones con fechas sólo se conocen la cincelada en el cerro de La Malinche, que presenta la fecha 1 caña, identificada como el nombre de Quetzalcóatl y asociada a la fecha 8 pedernal. Además se conocen otras 7 fechas que, por el estilo de la numeración y algunos glifos calendáricos, parecen apuntar una relación con Xochicalco.

De El Tajín se conocen varios relieves que han sido interpretados de diferentes formas. No presentan signos calendáricos y las imágenes parecen asociarse a asuntos religiosos o a ciertos rituales, pues hay escenas de sacrificios y autosacrificios, aunque es posible que estos sucesos aludan a temas de carácter histórico como puede ser la entronización de un gobernante y los sacrificios que se llevaban a cabo en esa clase de acontecimientos.

Todo parece indicar que fue la zona Mixteca-Puebla la que dio origen, durante el Postclásico, a la costumbre de escribir en libros o códices hechos de papel de amate o en piel. En ellos se anotaba tanto la historia (códices mixtecos y algunos mexicanos) como los temas religiosos (códices del Grupo Borgia y algunos mexicanos). De la zona maya se conocen tres códices de los que no hay duda acerca de su origen; los tres se escribieron en el Postclásico (aunque de uno de ellos, el de Dresde, se piensa que es copia de uno anterior escrito durante el Clásico). Se les ha asignado como lugar de origen la península yucateca.

Es difícil precisar de quién tomaron los mexicanos la idea de dejar registros históricos y religiosos escritos en monumentos y en códices, aunque por algunas referencias coloniales y por ciertos rasgos de sus registros, parece ser que fue un grupo procedente de la mixteca, los tlailatoques, quienes les enseñaron el arte de pintar las historias. Pero los mexicanos desarrollaron sus propios signos, y éstos incluso llegaron a tener una función fonética-silábica.

A pesar de la destrucción de sus códices y monumentos, algunos se salvaron y son de contenido religioso, histórico y administrativo.

El celo misionero nos privó de la mayor parte de la historia de los pueblos prehispánicos; el saqueo nos está privando de lo que se conservó. El desciframiento de lo que nos queda apenas comienza.

Bibliografía

AYALA, Maricela
1983   "El origen de la escritura jeroglífica maya", *Antropología e historia de los mixe-zoques y mayas. Homenaje a Frans Blom*, México, Centro de Estudios Mayas, UNAM/Bringham Young University.
MARCUS, Joyce
1979   "Los orígenes de la escritura americana", *Ciencia y desarrollo*, CONACYT, México, núm. 24, enero-febrero, p. 32-52.
1980   "La escritura zapoteca", *Investigación y Ciencia,* Barcelona, núm. 43, abril, p. 28-44.

11. El mundo clásico mesoamericano.

Linda Manzanilla, UNAM

El horizonte Clásico mesoamericano ha sido tradicionalmente analizado a través de la comparación de dos tipos de Estado: uno que imperó en el altiplano central de México, cuya capital fue Teotihuacan, y otro que se desarrolló en las tierras bajas mayas y que, lejos de estar unificado, constaba de una confederación de centros relativamente autónomos. Naturalmente existen otros casos en el mundo Clásico que imprimieron un sello característico a su proceso. Por ejemplo, hablamos del caso de Monte Albán, capital del mundo zapoteca del Valle de Oaxaca.

Las características comunes a varias regiones mesoamericanas del Clásico (1 a 900 d.C.) son las siguientes:

Aparición de la sociedad urbana.

Más allá de la vida aldeana sedentaria y aquella ligada a los primeros centros ceremoniales —formas que son características del horizonte Formativo—, surge una nueva forma de vida que podemos denominar urbana. Esta se lleva a cabo en grandes asentamientos cuyos centros cívicos y ceremoniales fueron cuidadosamente planificados y orientados. En ellos se obtienen numerosos servicios, entre ellos el acceso a artesanías especializadas y de amplia difusión. Una de ellas —la producción de navajillas prismáticas de obsidiana—,

artesanía controlada por Teotihuacan, es un excelente indicador de las relaciones entre los diversos centros urbanos del Clásico.

Los primeros centros urbanos presentan una gran diferenciación social interna, basada no solamente en el acceso a determinados bienes, sino en el oficio. Generalmente la pirámide social está dominada por el sacerdocio y —en caso de que exista— por el gobernante y su familia.

Los centros urbanos son asentamientos donde se realizan funciones que no están representadas en centros menores, villas y aldeas, siendo que en éstos últimos se llevan a cabo la mayor parte de las labores de producción de bienes de subsistencia.

Importancia del templo.

A diferencia del Postclásico, dominado por las actividades del palacio, el Clásico representa el auge del régimen teocrático. El sacerdocio tiene en sus manos no sólo las actividades de culto, sino posiblemente también la organización de la producción y distribución de bienes, así como el control del intercambio a larga distancia, a través de emisarios.

La arquitectura monumental del Clásico está dominada por las estructuras ceremoniales, mismas que presentan rasgos estilísticos regionales. Los templos son

74

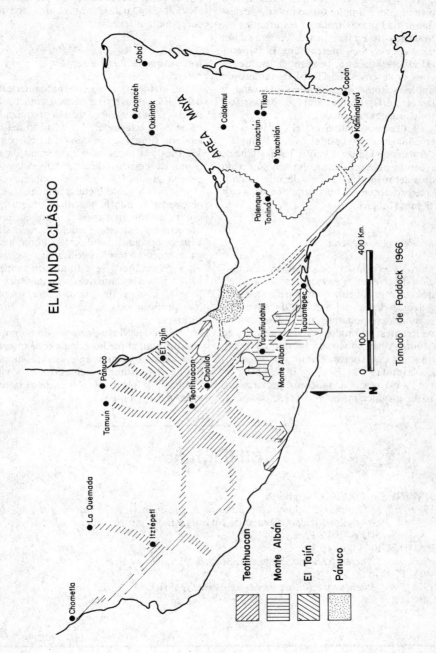

EL MUNDO CLÁSICO

AREA MAYA

Cobá
Acancéh
Oxkintok
Calakmul
Uaxactún
Tikal
Yaxchilán
Copán
Kaminaljuyú
Palenque
Toniná

Pánuco
El Tajín
Teotihuacan
Cholula
Yucuñudahui
Monte Albán
Tucuantepec

Tamuín

La Quemada
Itztépetl

Chometla

Teotihuacan
Monte Albán
El Tajín
Pánuco

400 Km.

100

0

Tomado de Paddock 1966

N

construidos sobre enormes basamentos piramidales, simulando los planos celestiales. Las plazas frente a las grandes estructuras sirven de sitios de congregación para el culto y el intercambio. El tablero-talud teotihuacano, la arquitectura de nichos de la costa del Golfo, el tablero de doble escapulario del Valle de Oaxaca, y las crestorías de los templos mayas, son todos rasgos regionales.

La religión politeísta del Clásico parece estar dominada por el dios de la lluvia y del trueno (Tláloc, Cocijo, Tajín y Chac). Además podemos citar, entre otros, a un dios del fuego y una diosa de la fertilidad, que provienen del horizonte Formativo de tiempos anteriores.

Producción artesanal.

Durante el Clásico observamos la aparición de artesanías especializadas, algunas de ellas producidas en forma masiva. Además de la elaboración de navajillas prismáticas, podemos mencionar ciertos recipientes cerámicos, como cuencos, en Monte Albán, o vasos trípodes, en Teotihuacan, que fueron elaborados en grandes cantidades.

La existencia de talleres especializados en la producción de objetos específicos, por lo menos en el centro de México y en el Valle de Oaxaca, implica una división compleja del trabajo.

Intercambio a larga distancia.

Es indudable que el mundo mesoamericano del Clásico estuvo en estrecho contacto. La teocracia parece haber sido la organizadora de estas relaciones. La difusión del calendario ritual (de 260 días) y del cívico (de 365 días), la numeración vigesimal, la astronomía y ciertas ideas cosmogónicas son prueba de ello. Pero además contamos con el amplio flujo de bienes, principalmente de prestigio, que la teocracia organizaba por medio de emisarios. La presencia de materiales alóctonos en determinado sitio sirve como indicador de intercambio a larga distancia. No sólo la obsidiana y ciertos tipos de cerámica se difundieron ampliamente por Mesoamérica, sino también la jadeíta, la serpentina, la turquesa, las plumas preciosas, las pieles de felinos y otros recursos.

Además de las relaciones de parentesco, que eran el medio principal de integración social de tiempos anteriores, el mundo del Clásico estaba articulado por la vida urbana y la participación en la vida religiosa de los centros.

Bibliografía

JIMENEZ MORENO, Wigberto
1959   "Síntesis de la historia pretolteca de Mesoamérica'', *Esplendor del México Antiguo*, México, Centro de Investigaciones Antropológicas de México, v. II, p. 1019-1108.
PADDOCK, John (ed.)
1966   *Ancient Oaxaca*, Stanford, Stanford University Press.
WOLF, Eric
1972   *Pueblos y culturas de Mesoamérica*, México, Editorial Era.

12. El altiplano central de México en la época del esplendor teotihuacano

Linda Manzanilla, UNAM

PATRON DE ASENTAMIENTO

Durante el esplendor teotihuacano, según los estudios de Sanders, Parsons y Blanton, Teotihuacan es el asentamiento principal en la Cuenca de México ya que concentra del 50 al 60% de la población. Tiene además el dominio político y económico de toda la región. Reviste el carácter de ciudad ya que, como René Millon ha señalado, los elementos que la definen son: la existencia de barrios, especialmente de artesanos (entre los que destacan los talladores de obsidiana), de comerciantes (en el sector este de la ciudad) y de zapotecas (en el sector suroeste); la existencia de complejos residenciales que albergan a diversos grupos que posiblemente estuviesen emparentados y compartieran un oficio común; elementos de planificación urbana (construcción con base en una traza ortogonal, con calles y avenidas en ángulos rectos y rectificación del curso del río San Juan para conseguirla, sistemas de drenaje y de aprovisionamiento de agua potable), y una extensión de 20 kilómetros cuadrados que pudo albergar una población de varias decenas de miles de habitantes.

En el resto de la Cuenca de México, el grupo de Sanders propone que existían 10 centros provinciales, 17 aldeas grandes, 77 aldeas pequeñas, 149 villorrios y 9 recintos ceremoniales aislados. Se ha destacado que el asentamiento predominante en el resto de la Cuenca de México es de tipo rural. Sobre los centros provinciales, se ha propuesto que dos de los más importantes hayan sido Azcapotzalco y El Portezuelo, aun cuando esto queda a nivel hipotético ya que se trata de centros importantes de fase Coyotlatelco, posteriores al auge de Teotihuacan.

RECURSOS

Según Sanders, la Cuenca de México podría subdividirse en 8 regiones:

1. *El lago*, de 1 a 3 metros de profundidad. Los de Chalco y Xochimilco contarían con agua dulce, y los de Xaltocan, Zumpango y sobre todo el de Texcoco, con agua salina. De ellos se obtenían varios recursos, como el tule para la construcción y la cestería; aves acuáticas cazadas con redes, trampas o lanzas; peces de agua dulce, ranas, acociles, larvas de insectos, tortugas y otros animales; algas y otros vegetales. Además, a través de estos lagos existía una extensa red de comunicación acuática entre las comunidades ribereñas.

2. *Playa lacustre salina*, que es una franja de suelo salino pobremente drenado, manifiesta en los lagos de Texcoco, Xaltocan y Zumpango. Hasta hace poco tiempo existían comunidades salineras, particularmente en el de Texcoco.

REGIÓN SIMBIÓTICA DEL CENTRO DE MÉXICO

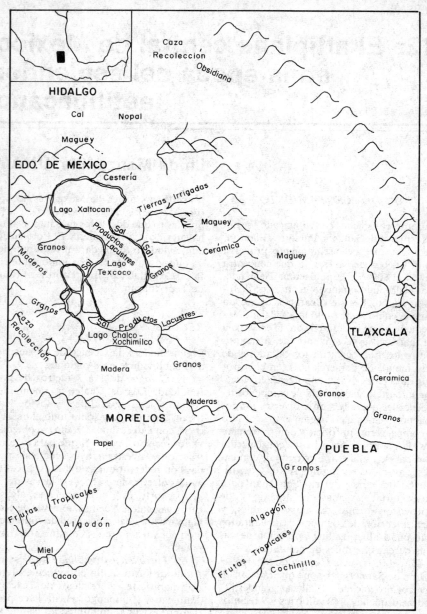

Tomado de Sanders y Price 1968

3. *Suelo profundo de aluvión*, entre los 2,240 y 2,300 metros sobre el nivel del mar, a lo largo de diversos ríos. Esta zona estaba destinada a la producción agrícola.

4. *Suelo poco profundo*, especialmente al norte de la Cuenca de México, en el que seguramente el cultivo era de temporal y quizá se plantasen cactáceas y agaves.

5. *Aluvión elevado*, entre 2,450 y 2,600 metros sobre el nivel del mar, especialmente cerca de Amecameca en el paso natural al Valle de Morelos, de donde posiblemente proviniesen los recursos de tierra caliente que se citan al final de este escrito.

6. *"Piedemonte" bajo*, un terreno inclinado por debajo de los 2,350 metros sobre el nivel del mar, en el que se establecieron muchos asentamientos rurales.

7. *"Piedemonte" alto*, una región de transición en la que aumenta el ángulo de pendiente.

8. *La sierra*, de 2,700 metros de altura (hasta las cimas nevadas), en cuyas zonas boscosas se cazaban animales como el venado y se obtenía madera para construcciones y como combustible.

Sanders propone que los recursos de tipo agrícola estuviesen organizados de la siguiente manera:

a) El Valle de Teotihuacan contaría con la llanura aluvial y la falda de los cerros adyacentes a la ciudad, que serían cultivados por gente de la misma urbe. Las zonas donde era posible cultivar con riego eran la de Teotihuacan-Papalotla (en especial la zona de los manantiales) y alrededor de la cordillera de Patlachique. Sin embargo, aún no contamos con indicadores claros de sistemas de riego teotihuacanos.

La zona norte del valle posee suelos muy fértiles y se pudo cultivar por inundación de barrancas artificiales.

b) A lo largo de los ríos Tepotzotlán y Cuauhtitlán, existía probablemente una alineación de villas, aprovechando quizá un sistema semejante al de Teotihuacan-Papalotla. Se ha propuesto que los arroyos hayan sido utilizados como canales de riego.

c) En la ribera oeste del lago de Texcoco se ha supuesto que existía un área de gran potencial hidráulico, ya que se puede observar la yuxtaposición de grandes superficies de terrenos inclinados y áreas pequeñas de tierra aluvial plana a la orilla del lago, que serían irrigadas por desagüe proveniente de las zonas altas.

d) Los sectores noroeste y sureste de la Cuenca de México estarían ocupados por población dispersa que residía principalmente en villorrios y villas pequeñas. Esta población resultaría de la colonización de la gente de la ciudad de Teotihuacan para obtener productos básicos, tanto de origen lacustre como forestal e inerte (arcilla, obsidiana, caliza, etcétera).

Las plantas cultivadas por los teotihuacanos eran tres variedades de maíz, el frijol negro, el ayocote, varias especies de calabaza, el chile, el tomate, la alegría, los quelites y la tuna. Recolectaban papa silvestre, tule, verdolaga y huizache.

La Cuenca de México es una región eminentemente volcánica, por lo que las comunidades teotihuacanas contaban con basalto, andesita y tezontle. En la porción noreste del Valle de Teotihuacan, así como en la Sierra de las Navajas de Pachuca, existía obsidiana gris y verde, respectivamente.

La caliza utilizada para la elaboración de estuco provenía muy probablemente de la región de Tula, en la que se ha excavado el sitio teotihuacano de Chingu.

Los animales más aprovechados por los teotihuacanos eran el venado cola blanca, el conejo y la liebre, además del perro y en menor cantidad el guajolote. Por lo tanto, el énfasis en recursos faunísticos de tipo terrestre en la ciudad indica que los recursos del lago eran consumidos por las poblaciones rurales.

De regiones externas a la Cuenca de México provenían el algodón, el amate y el aguacate, así como la jadeíta, la turquesa, la serpentina, las plumas de aves preciosas y otros recursos.

Bibliografía

SANDERS, William T. y Bárbara PRICE
1968   *Mesoamerica. The Evolution of a Civilization*, New York, Random House.
SANDERS, William T.; Anton KOVAR; Thomas CHARLTON y Richard A. DIEHL
1970   *The Natural Environment, Contemporary Occupation and 16th Century Population of the Valley*, The Teotihuacan Valley Project, Final Report, v. I, University Park, The Pennsylvania State University, Dept. of Anthropology (Occacional Papers in Anthropology no. 3).
SANDERS, William T.; Jeffrey R. PARSONS y Robert S. SANTLEY
1979   *The Basin of Mexico. Ecological Process in the Evolution of a Civilization*, New York, Academic Press (Studies in Archaeology).

13.   La ciudad de Teotihuacan

Linda Manzanilla, UNAM

La ciudad de Teotihuacan llega a su conformación típica durante la fase Tlamimilolpan. Los elementos de planificación urbana que la distinguen son:

Existencia de calles y ejes:

La Calle de los Muertos es el eje principal de la ciudad, en sentido norte-sur. Millon plantea la existencia de un eje este-oeste que empieza en el centro de la Ciudadela y corre al este por más de 3 kilómetros, y al oeste del Gran Conjunto por más de 2 kilómetros. Ambos dividirían a la ciudad en cuatro cuadrantes, por lo que la Ciudadela, estando en la parte central, tendría gran importancia.

Sobre los cuadrantes, es interesante comprobar aquí la hipótesis de George Kubler (en Millon, 1968b: 109) respecto a las representaciones de una vasija teotihuacana hallada en Calpulalpan. Contiene la figura de Tláloc (que en su hipótesis sería el símbolo de Teotihuacan), con cuatro acompañantes (símbolo de los cuatro cuadrantes o de cuatro grupos sociales). Tres de ellos tienen el mismo tocado y están acompañados por animales: una serpiente, un ave y un coyote. El cuarto es el único que tiene el ojo anillado de Tláloc, un tocado diferente y está acompañado por un glifo casi idéntico al de su tocado. Esto podría significar que uno de los cuadran-

tes fuese considerado más importante por ser el más antiguo o el foco del grupo de mayor prestigio.

En cuanto a las calles, la mayoría de las construcciones estaban dispuestas a lo largo de ellas; todas corren paralela y perpendicularmente a los ejes principales y están trazadas a intervalos regulares. En las laderas de los cerros, a varios kilómetros del centro de la ciudad, hay restos de construcciones alineadas con la retícula (Millon, 1967: 41).

Abastecimiento de agua y red de drenaje.

Al parecer existía un servicio de agua potable y un sistema de alcantarillado que derivaba sus gastos de una caja a 200 metros al noroeste de la Pirámide de la Luna. El agua proveniente del arroyo descendía del sector entre el Cerro Coronillas y el Cerro Gordo. Según Mooser (1968: 36), existe la posibilidad de que una pequeña presa en el sitio de Las Palmas, asignada al siglo pasado, oculte una presa derivadora de época teotihuacana.

Otro elemento sería la canalización del río San Juan, para conformarse con la retícula de la ciudad, y del río San Lorenzo, cuyo cauce con meandros se restringió a una línea recta por sus crecidas repentinas y desastrosas (*Ibid.*).

El sistema de drenaje interno incluía

una vasta red de canales subterráneos que confluían en un canal central que corría a lo largo de la avenida principal y descargaba en el río San Juan (Sanders, 1964: 124).

Construcciones administrativas y públicas.

A lo largo de la Calle de los Muertos se disponen construcciones ceremoniales y administrativas, aun cuando es difícil definir la función de éstas con los datos que se tienen actualmente.

Al norte y sur del Templo de Quetzalcóatl han sido excavados recientemente dos conjuntos residenciales que podrían tener alguna función de centro político una vez cubierto el templo de la época Miccaotli. Armillas (en Millon, 1968b: 110) ha sugerido que fue en algún tiempo el centro religioso y administrativo de la ciudad, y quizá también la residencia de quienes la gobernaban. Sin embargo, estas estructuras difieren muy poco de otras a lo largo de la Calle de los Muertos, y entre éstas y las construcciones residenciales ubicadas alrededor de la parte central la gama existente no permite hablar de diferencias cualitativas importantes.

Respecto al Gran Conjunto, ubicado enfrente de la Ciudadela, al otro lado de la Calle de los Muertos, se trata de la estructura más grande de la ciudad y cubre un área mayor que la de la Ciudadela. Consiste en dos alas (al norte y sur) con entradas al nivel de la Calle de los Muertos, al oriente y occidente; las alas rodean un enorme espacio abierto. La hipótesis de Millon (1967: 83) es que la plaza pudo albergar al mercado más grande de la ciudad, ya que se encuentra en la parte central de ésta, y que pudo ser la institución capaz de integrar a la sociedad teotihuacana.

Construcciones residenciales.

Alrededor del área central de la ciudad se dispone una serie de estructuras residenciales, como serían: Tlamimilolpa, Xolal-

lolpan, Atetelco, Tepantitla, Tetitla y Zacuala, pertenecientes a la época Tlamimilolpa y Atetelco, de la época Xolalpan. Las construcciones generalmente consisten de varios cuartos a diversos niveles, rodeando patios abiertos; tienen santuarios domésticos y todo el conjunto está circundado por un muro externo. El hecho interesante es la existencia de una unidad de construcción de 57 metros que se usaba en múltiplos y submúltiplos. Así, Millon (1970: 1080) propone que había tres tipos de conjuntos que podían albergar a 100, 50 y 20 personas, respectivamente.

Estos conjuntos podrían haber sido ocupados por grupos corporativos con oficios comunes, ya que se ha observado que los artesanos dedicados a diferentes manufacturas vivían en vecindades separadas (Millon, 1968b).

Otro hecho que se observa en estos conjuntos es el diseño de los mismos para lograr privacidad. Cada construcción estaba aislada de la calle y los muros externos carecían de ventanas. Los patios internos no estaban techados y así se lograba tener luz y aire, además de agua pluvial para el interior del conjunto (Millon, 1967: 43).

Barrios y sectores de trabajo artesanal.

En Teotihuacan existen áreas hacia los límites de la ciudad del Clásico que no presentan rastros de las construcciones de concreto y estuco. Millon (1971: 225) propone que se trata de sectores destinados a las clases menos favorecidas de la sociedad teotihuacana.

Con relación al trabajo artesanal, en superficie han sido localizadas 500 concentraciones de materiales y desechos que han sido considerados por Millon como talleres. La mayor parte eran de obsidiana y pronto se presentó una especialización incluso en el tipo de artefacto que era elaborado: algunos talleres hacían navajillas prismáticas mientras que otros se dedicaban al trabajo bifacial (Millon, 1968b:

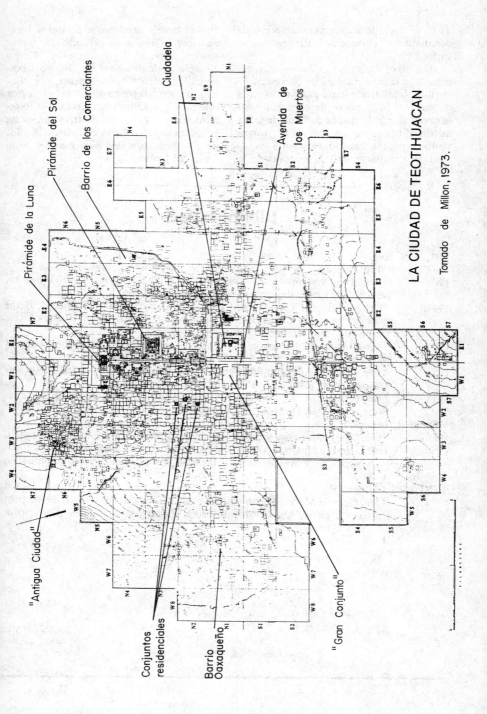

Pirámide de la Luna

Pirámide del Sol

Barrio de los Comerciantes

Ciudadela

Avenida de los Muertos

"Antigua Ciudad"

Conjuntos residenciales

Barrio Oaxaqueño

"Gran Conjunto"

LA CIUDAD DE TEOTIHUACAN

Tomado de Millon, 1973.

116). El área de mayor concentración de obsidiana está al oeste de la Pirámide de la Luna.

Los otros "talleres" hallados están dedicados a la manufactura de cerámica, figurillas, lapidaria, piedra pulida y objetos de pizarra. Muy pocos de ellos han sido excavados, por lo que su función de taller queda aún por ser corroborada, ya que también podría tratarse de basureros.

Por otra parte, existen sectores de la ciudad donde predomina cerámica foránea, por lo que se ha pensado que representan barrios de extranjeros. Como ejemplo podemos citar el "Barrio oaxaqueño" al suroeste de la ciudad, y el "Barrio de los comerciantes" en el sector oriental. Este último ha sido excavado recientemente por Evelyn Rattray, quien ha encontrado estructuras circulares de adobe y tumbas con cerámica maya y de la costa del Golfo.

Bibliografía

MILLON, René
1967   "Teotihuacan", *Scientific American* v. 216, núm. 6, June, p. 38-48.
1968   "Irrigation Systems in the Valley of Teotihuacan", *American Antiquity*, New York, Kraus Reprint, v. XXIII, 1957: 160-166.
1968b   "Urbanization at Teotihuacan: The Teotihuacan Mapping Project", *Actas y Memorias del 37 Congreso Internacional de Americanistas*, Buenos Aires, Depto. de Publicaciones Científicas Argentinas, v. I.
1970   "Teotihuacan: Completion of Map of Giant Ancient City in the Valley of Mexico", *Science* v. 170, 4 de diciembre, p. 1077-1082.
1971   "The Teotihuacan Mapping Project", en Graham, John A. (ed.): *Ancient Mesoamerica*, Palo Alto, Peek Publications, p. 220-227.
1973   *The Teotihuacan Map*, Part One: Text, Austin y Londres, University of Texas Press. (The Dan Danciger Publication Series).
MOOSER, Federico
1968   "Geología, naturaleza y desarrollo del Valle de Teotihuacan", en Lorenzo, José L. (ed.): *Materiales para la arqueología de Teotihuacan*, México, Instituto Nacional de Antropología e Historia, (Serie Investigaciones núm. 17), p. 29-37.
SANDERS, William T.
1964   "The Central Mexico Symbiotic Region: A Study in Prehistoric Settlement Patterns", en Willey, Gordon R. (ed.): *Prehistoric Settlement Patterns in the New World, p. 115-127.*

14. Los valles centrales de Oaxaca en el Clásico

Linda Manzanilla, UNAM

Los valles centrales de Oaxaca se encuentran ubicados en terreno montañoso, boscoso y poco poblado. La agricultura está limitada a ciertas zonas con pendientes menos abrupta, en las partes bajas de los valles. En el resto del área, se cultivan campos aislados por medio de la técnica de roza.

De estos valles, el de la ciudad de Oaxaca es el más grande e importante. Forma la cuenca superior del río Atoyac. Éste, con su tributario, el río Salado, cruza los valles amplios donde se encuentra actualmente la ciudad de Oaxaca de Juárez.

I. Agricultura

En los sectores planos del valle, la actividad principal es la agricultura. Sin embargo, el recurso crítico es el agua. Ésta escasea ya que la precipitación pluvial media es menor que la evapotranspiración potencial por cada mes del año. Por lo tanto, la irrigación se vuelve necesaria aun cuando no puede ser alimentada únicamente por los flujos perennes de agua que yacen en terrenos muy bajos, sino que es necesario recurrir a diversas fuentes pequeñas de agua.

Las técnicas agrícolas practicadas en el Valle de Oaxaca son las siguientes:

1. *Cultivo seco.* Es aquel en el que la lluvia es el único medio que aporta humedad al campo. Debido a que la precipitación pluvial media es apenas suficiente para permitir una cosecha de verano, se han implementado técnicas para conservar el agua en el suelo, permitiendo la infiltración alrededor de las plantas y confinando el trabajo agrícola a los hoyos poco profundos que se excavan para cada semilla. También se construyen barreras en aquellas partes de la pendiente donde se concentra el flujo, para evitar que el suelo se erosione y el agua fluya pendiente abajo.

2. *Cultivo de inundación.* Se trata del control de cursos naturales de carácter temporal. En el Valle de Oaxaca, la mayoría de estos cursos de agua provienen de inundaciones veraniegas efímeras. El principio en que se basa esta técnica es la dispersión artificial del agua de inundación en un área más grande de lo que habitualmente irriga. Esto incluye tanto el drenado de campos bajos como la canalización de agua a campos alejados del río. Este tipo de cultivo es el más difundido en el valle y cubre el rango más amplio de ambientes.

3. *Cultivo de humedad.* Esta técnica requiere de un nivel freático de 0.25 a un metro bajo la superficie. El principio en que se basa es que las cosechas pueden estar extrayendo agua continuamente de la zona de alto contenido de humedad que yace inmediatamente arriba del manto freático, por acción capilar. La "tierra de

VALLES CENTRALES DE OAXACA EN EL CLÁSICO

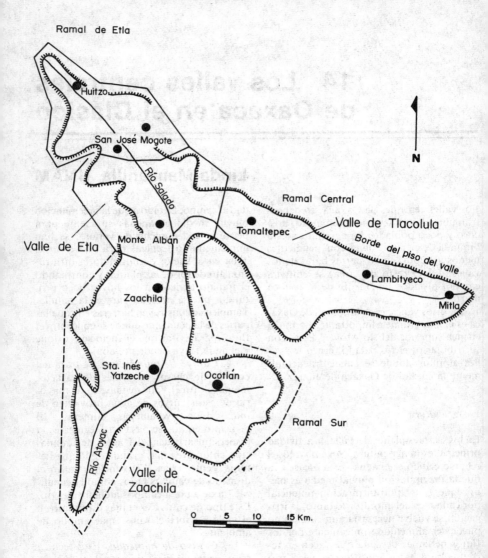

Ramal de Etla

Huitzo

San José Mogote

Río Salado

Ramal Central

Valle de Tlacolula

Tomaltepec

Borde del piso del valle

Valle de Etla

Monte Albán

Lambityeco

Mitla

Zaachila

Sta. Inés
Yatzeche

Ocotlán

Ramal Sur

Río Atoyac

Valle de
Zaachila

N

0   5   10   15 Km.

humedad" tiene una distribución limitada y produce alto rendimiento agrícola.

4. *Riego de pozo.* En sitios donde hay niveles freáticos altos se practica el riego a brazo o el riego de pozo. En el primer caso, la distribución de agua la hace el agricultor; en el segundo, los surcos dirigen el flujo de agua.

5. *Riego por canales.* Con excepción del río Mixtepec, los cursos de agua en el Valle de Oaxaca son tan bajos que el riego por canales es limitado. El agua se usa directamente sin que primero sea almacenada en un depósito.

La mayor parte del fondo del valle está destinada al cultivo de maíz. En las zonas con fuerte pendiente aún se usa el bastón plantador (Kirkby, 1973).

II. *Cronología*

Las fases de desarrollo prehispánico que se conocen para los valles centrales de Oaxaca son las siguientes:

Monte Albán V	950 a 1500 d.C.	Postclásico
Monte Albán IV	600 a 900 d.C.	
Monte Albán IIIb	400 a 600 d.C.	Clásico
Monte Albán IIIa	100 a 400 d.C.	
Monte Albán II	200 a.C. a 100 d.C.	
Monte Albán Ic	circa 300 a.C.	
Monte Albán Ia	500 a 400 a.C.	
Rosario	700/650 a 500 a.C.	Preclásico
Guadalupe	900 a 800 a.C.	
San José	1150 a 1000 a.C.	
Tierras Largas	1400 a 1150 a.C.	
Martínez	circa 2000 a.C.	
Blanca	3300 a 2800 a.C.	
Jícaras	5000 a 4000 a.C.	Arcaico
Naquitz	8900 a 6700 a.C.	

III. *Grupos humanos.*

La separación entre las lenguas protozapoteca y protomixteca, ambas de la familia *otomangue*, ocurrió antes de 1000 a.C. Para el Preclásico, los grupos zapotecos se habían implantado en el Valle de Oaxaca y pronto establecieron relaciones con los grupos olmecas de la costa del Golfo. En el Preclásico tardío, se observa el desarrollo paulatino de un estado zapoteco, que culmina con el establecimiento de una capital central en Monte Albán. Pronto se observará un vínculo estrecho entre dicha ciudad y Teotihuacan. Después de la caída de Monte Albán, el estado zapoteco se expandió más allá de sus fronteras originales, aunque pronto se paralizó. La presencia de los mixtecos se dejó sentir en el Valle de Oaxaca, fenómeno que trajo consigo el establecimiento de alianzas matrimoniales reales y fragmentación política en cacicazgos. Durante el Postclásico tardío, los mexicas emprendieron varias campañas militares contra la Mixteca, y con Ahuízotl penetraron hasta el Valle de Oaxaca y el Istmo de Tehuantepec, estableciendo un control de sujeción sobre los grupos zapotecos.

Bibliografía

BERNAL, Ignacio
1978   "El Valle de Oaxaca hasta la caída de Monte Albán", *Historia de México*, Salvat Mexicana de Ediciones, v. II, p. 365-406.
KIRKBY, Anne V.T.
1973   *The Use of Land and Water Resources in the Past and Present Valley of Oaxaca, Mexico*, Ann Arbor, University of Michigan, (Memories núm. 5).

15.   La ciudad de Monte Albán

Linda Manzanilla, UNAM

El Valle de Oaxaca, formado por el cauce del río Atoyac y sus afluentes, está dividido en tres ramales: el de Etla, hacia el norte; el de Zaachila, hacia el sur, y el de Tlacolula, al oriente.

Antes del surgimiento de Monte Albán existió una gran aldea, denominada San José Mogote, que fungía como centro de producción artesanal especializada y de intercambio de bienes procedentes de diversas comunidades a su alrededor. Éstas últimas se dedicaban a la producción agrícola, a la alfarería, a la extracción de sal o al aprovechamiento de recursos que proporcionaban las zonas boscosas.

Las razones que motivaron a los grupos oaxaqueños a elegir la cima y las laderas de un cerro de difícil acceso para construir Monte Albán han sido controvertidas. Esta elección no parece tener relación alguna con el control de zonas agrícolas particularmente productivas, ya que éstas se encontraban en otros puntos del valle. Por otra parte, la carencia de agua en el sitio fue un grave problema que enfrentaron sus moradores.

Por estas razones, la opinión de ciertos investigadores se ha inclinado en favor de la hipótesis de que el surgimiento de Monte Albán, hacia 500 a.C., está ligado al establecimiento de una confederación de los diversos sitios del valle. De hecho, Monte Albán yace en una posición central respecto a los tres ramales, que lo convierte en un pivote político.

Durante la fase denominada Monte Albán I (500 a 200 a.C.), se observan varios fenómenos interrelacionados. Por un lado, Monte Albán empieza a concentrar a la mitad de la población del valle en las terrazas habitacionales de las laderas del cerro. Se han observado tres áreas densamente pobladas, al este, oeste y sur de la plaza principal, hecho que ha sugerido la existencia de tres barrios, quizá relacionados con los tres ramales del valle.

Por otra parte, se ha detectado la existencia de cuatro centros administrativos secundarios, espaciados uniformemente en el Valle de Oaxaca, que quizá fungieron como cabeceras de distrito. Además por primera vez aparecen los comales y, por ende, las tortillas, alimento de fácil transporte. Se ha observado también que la producción cerámica tiene un carácter masivo y está elaborada por especialistas que caerán progresivamente bajo el control de los centros administrativos.

Durante esta fase se erigen más de 300 lápidas grabadas con las representaciones de los famosos "danzantes". Se ha especulado sobre el carácter de estas imágenes. Siendo que la desnudez era un medio para humillar a cautivos de guerra, se ha llegado a pensar que los "danzantes" fuesen personas capturadas, mutiladas o muertas.

Para la fase Monte Albán II (200 a.C. a

100 d.C.) posiblemente hubo una retracción del área ocupada en el Valle de Oaxaca, al ser abandonados varios centros del somonte. Por otra parte, ésta fue la única fase en que Monte Albán emprendió algunas campañas fuera del valle, como lo demuestra el puesto militar cerca de Cuicatlán.

La extensión del centro de Monte Albán se torna más grande al ocuparse ciertos sectores del cerro vecino de El Gallo. Además, se construyen los grandes muros defensivos del sitio, que se extienden al norte, noroeste y oeste de Monte Albán. En el sector norte, este muro cruza una gran barranca, formando así un represamiento de 2.25 hectáreas de superficie. En la cima del cerro se nivela y estuca la Gran Plaza.

Si bien el estilo de los "danzantes" desaparece, subsiste la decoración de fachadas con grandes lajas incisas. La Estructura J, considerada por algunos como una construcción con fines astronómicos, muestra 40 lápidas conmemorativas de conquistas. Algunos sitios identificados corresponden a centros que yacen fuera del Valle de Oaxaca.

Monte Albán III es la fase de mayor población y construcción arquitectónica en la capital zapoteca. Las colinas de Atzompa y Monte Albán Chico fueron colonizadas por primera vez.

Monte Albán IIIa (100 a 400 d.C.) representa la fase de contacto estrecho con la gran ciudad de Teotihuacan. En la plataforma sur observamos lápidas grabadas con altos personajes teotihuacanos que llevan copal y van desarmados (a diferencia de las representaciones similares del área maya) a visitar a un señor zapoteca. Además contamos con ofrendas, cerámica y algunos ejemplos de tablero-talud que subrayan la presencia teotihuacana en Monte Albán.

Desde esta fase se observa un interés especial en establecer genealogías reales zapotecas a través de representaciones en las que se destaca el motivo que Alfonso Caso denominó "fauces del cielo".

Los rasgos arquitectónicos típicamente zapotecos —especialmente el tablero de doble escapulario— hacen su aparición por estas fechas. La producción cerámica está altamente estandarizada, especialmente en lo que respecta a los cuencos. Este hecho ha sido interpretado como una muestra del control de los centros administrativos sobre la manufactura de la alfarería. La elaboración de urnas funerarias con representaciones calendáricas es una característica zapoteca.

Durante esta época, las capitales de distrito fueron Xoxocotlan, Zaachila, Cuilapan y Sante Inés Yatzeche. Según algunos autores ya se puede hablar de cultura zapoteca y del inicio de una tradición continua, desde el principio de la fase III.

La fase Monte Albán IIIb (400 a 600 d.C) muestra un sistema regional más centralizado y enfocado directamente sobre Monte Albán. La capital zapoteca cuenta ahora con 30,000 personas, su máxima población, como respuesta a un aumento demográfico masivo en la porción central del valle.

Se han localizado 14 sectores en la capital, mismos que podrían tener connotaciones de barrio, la mayor parte de los cuales parece estar asociada con la producción artesanal (manufactura de manos y metates, cerámica, hachuelas, artefactos de obsidiana, concha, sílex y cuarcita).

En el sector norte de la Gran Plaza se construye en ese entonces un gran complejo arquitectónico de carácter palaciego, con áreas columnadas y un patio hundido. Se ha señalado que posiblemente se trate de la residencia del gobernante de Monte Albán.

En contraposición a la fase anterior, durante esta fase el mundo zapoteca se aísla del exterior, y la Mixteca se separa de la tradición del Valle de Oaxaca.

Se han contado 39 deidades en el panteón zapoteca. De las fuentes del siglo XVI que nos hablan de la religión zapoteca podemos destacar algunos elementos importantes relacionados con las fuerzas de la naturaleza. Quizá el fenómeno sobrenatural más impactante para los zapotecos fue el relámpago. El rayo mismo era denominado *cocijo* y el trueno *xoo cocijo*, "el mo-

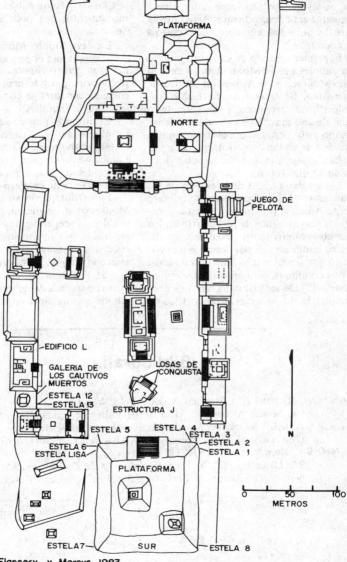

CENTRO DE MONTE ALBÁN

MONTICULO X

PLATAFORMA

NORTE

JUEGO DE PELOTA

EDIFICIO L

GALERIA DE
LOS CAUTIVOS
MUERTOS

LOSAS DE
CONQUISTA

ESTELA 12
ESTELA 13

ESTRUCTURA J

ESTELA 5   ESTELA 4
ESTELA 3

ESTELA 2
ESTELA 1

ESTELA 6
ESTELA LISA

N

PLATAFORMA

0   50   100
METROS

ESTELA 7   SUR   ESTELA 8

Tomado de Flannery y Marcus 1983.

vimiento del relámpago''. De estas ideas se ha llegado a extender la noción de *cocijo* a un dios de la lluvia semejante a Tláloc.

Otro elemento importante era las nubes, de las que los zapotecos mismos pensaban que eran descendientes. Actualmente entre los zapotecas aún continúa el culto a los ancestros.

El primer ejemplo de escritura jeroglífica zapoteca es el Monumento 3 de San José Mogote, y pertenece al horizonte Formativo. Se refiere a una fecha probable (''uno terremoto'') del calendario ritual de 260 días. Este calendario, denominado *piye*, estaba dividido en cuatro periodos de 65 días (*cocijo*), que a su vez estaban integrados por cinco subdivisiones de 13 días (*cocii*).

Las estelas 12 y 13 de la galería de los ''danzantes'', pertenecientes a la fase Monte Albán I, presentan los textos jeroglíficos más antiguos de Monte Albán. En ellas observamos tanto jeroglíficos calendáricos como no calendáricos. Se ha propuesto que ambas estelas sean un solo texto en dos columnas, tal como se observa en la estela 15. De ser así, la lectura nos proporcionaría el año y mes, cuatro glifos de

evento y los nombres del día y mes correspondientes. Como dijimos anteriormente, existen también representaciones de sitios conquistados. Desde el inicio del horizonte Clásico (Monte Albán III), observamos monumentos que podrían referirse a genealogías reales.

La fase Monte Albán IV (600 a 900 d.C.) representa el periodo de declinación del gran centro zapoteca: se abandona la plaza principal y la ocupación (4000 personas solamente) se confina al sector interno de la muralla.

El sitio más grande dentro del valle será ahora Jalieza, capital regional con 16,000 habitantes. Otros sitios, como Lambityeco, empiezan a cobrar importancia debido a la explotación de ciertos recursos (en este caso específico, de la sal).

La pérdida de la autoridad central de Monte Albán origina un patrón de centros políticos independientes y competitivos, separados por territorios despoblados. El colapso de Monte Albán ha sido atribuido al hecho de que, sin la presencia competitiva de Teotihuacan, existía una razón de menos para mantener una población tan grande en una cima improductiva.

Bibliografía

BLANTON, Richard E. y Stephen A. KOWALEWSKI
1981   ''4. Monte Alban and After in the Valley of Oaxaca'', en Sabloff, Jeremy A. (ed.): *Supplement to the Handbook of Middle American Indians*, Austin, University of Texas Press, v. 1, Archaeology, p. 96-116.
FLANNERY, Kent y Joyce MARCUS (eds.)
1983   *The Cloud People. Divergent Evolution of the Zapotec and Mixtec Civilizations*, New York, Academic Press (A School of American Research Book).

16. El Golfo durante el Clásico

Lorenzo Ochoa, UNAM

El área en donde se desarrollaron las culturas huaxteca y de Veracruz Central forma parte de la llanura de la costa del Golfo de México, que se extiende desde el norte de Tampico, Tamaulipas, hasta el borde en donde hacen frontera los estados de Tabasco y Campeche. Las zonas ocupadas por los grupos prehispánicos se caracterizan por encontrarse dentro de las tierras bajas, si bien es cierto que, con frecuencia, se asentaron en algunos puntos de la sierra. Toda esa área es irrigada por una amplia red hidrológica formada por importantes ríos como el Pánuco, Tuxpan, Cazones, Tecolutla, Nautla, Papaloapan, Coatzacoalcos, Grijalva y Usumacinta, entre otros muchos que, alimentados por corrientes secundarias, forman grandes pantanos y numerosas lagunas a lo largo de la costa. Esta aparente homogeneidad geográfica del área es interrumpida por algunos macizos montañosos como los de Otontepec, Tantima, Chiconquiaco y los Tuxtlas, así como por zonas semiáridas que en conjunto jugaron un importante papel en el desenvolvimiento y concepción culturales.

Ahora bien, aunque el máximo desarrollo del área corresponde al periodo Clásico, algunos lugares comenzaron a ser ocupados hace unos 7,000 años por lo menos, para entonces sólo es posible identificarlos como grupos de recolectores, cazadores y pescadores que se asentaban cerca de la desembocadura de los ríos y en las lagunas, como sucedió hacia la zona de los ríos Tecolutla-Nautla y tal vez en la cuenca baja del Pánuco. Tuvieron que transcurrir varios milenios antes de que los habitantes de la costa del Golfo comenzaran a definir las expresiones culturales a partir de las cuales es factible reconocerlos: arquitectura, escultura, cerámica, conocimientos e ideología en general. Así, en el periodo Preclásico sobresale la cultura olmeca, en el Clásico las llamadas culturas de Veracruz Central y huaxteca, y en el Postclásico sobresaldrían los totonacos en el Centro de Veracruz, en tanto que en el norte continuaría la cultura huaxteca con diferentes logros y concepciones bastante distintas a las del periodo anterior.

Por otra parte, mientras que los grupos que en el periodo Clásico se asentaron en el Centro de Veracruz presentan claras diferencias en sus desarrollos, formas de expresión y estilos artísticos, en la Huaxteca (de norte a sur y de oriente a poniente) las manifestaciones culturales reflejan mayor homogeneidad.

En cuanto al área ocupada por los grupos del Centro de Veracruz, puede considerarse que se extendía desde la costa del Golfo hasta las primeras estribaciones de la sierra y de la cuenca del río Papaloapan a la de Cazones. En ese territorio se ha reconocido un estilo artístico integrado por varias tradiciones culturales que, aun

93

cuando empezaron a revelarse varios siglos antes de la era cristiana, alcanzan su apogeo durante el Clásico. Aunque es posible apreciar diferencias entre esas tradiciones, paradójicamente los conocimientos actuales no permiten establecer límites regionales; en cambio, con frecuencia se presentan marcados traslapes interzonales. A pesar de ello, podría hacerse referencia a la zona del Cerro de las Mesas. Ahí, durante el Clásico, se da un estilo escultórico en lápidas y estelas de gran calidad estética que ha sido ligado con expresiones de la costa del Pacífico de Chiapas y Guatemala. También es posible hacer referencia a la zona de Remojadas-Tlalixcoyan-Apachital, reconocible por su excepcional escultura menor hecha de barro, en la que sobresalen las caritas sonrientes. Éstas, aunque aparentemente se comienzan a fabricar desde el Protoclásico, alcanzan su máximo apogeo hacia finales del Clásico temprano y Clásico tardío, en gran medida relacionadas con el culto a la muerte y a los muertos.

En estas esculturas y en otros aspectos se aprecian claros nexos con Teotihuacan, tanto en lo técnico —especialmente en aquellas manufacturadas con las extremidades articuladas—, como en lo ideológico. Para el Clásico tardío no deben olvidarse las esculturas menores hechas de barro y fabricadas en molde de la zona de Nopiloa. Asimismo, no deben olvidarse las grandes esculturas, también hechas en barro, del periodo Clásico tardío-Epiclásico, que probablemente se continuarán hasta el Postclásico allá en la Mixtequilla. Mención especial debe hacerse del norte de Veracruz Central por su característico estilo arquitectónico a base de nichos y cornisas voladas y la escultura en bajo relieve que alcanza un lugar sobresaliente durante el Clásico tardío y Epiclásico.

Estas consideraciones geográfico-culturales no podrían aplicarse a los llamados "juguetes" con ruedas ni a la trilogía de yugos-palmas-hachas, toda vez que su difusión no se restringe a los límites señalados para Veracruz Central. En efecto, en el caso de los "juguetes" con

ruedas, su presencia se deja sentir hasta Centroamérica por el sur y el área de Pánuco por la costa del Golfo de México, aunque su probable origen esté en la zona de Remojadas con una cronología que iría del Clásico al Postclásico tardío.

En cuanto a los yugos-palmas-hachas, su distribución en la costa del Golfo alcanza desde el área de Tampico-Pánuco a la cuenca del medio y bajo Usumacinta. Hacia el norte y centro de México se encuentran en la Sierra Gorda de Querétaro; por el sur en El Salvador en Centroamérica, si bien en las partes más alejadas de Veracruz Central son más comunes los yugos e incluso las hachas. Cronológicamente esta tradición fue bastante prolongada pues aparentemente se inicia en el Clásico temprano, o tal vez en el Protoclásico, y termina en el Clásico tardío.

Aunque estas zonas geográfico-culturales tuvieron vínculos artísticos, políticos, económicos y religiosos, con frecuencia resulta imposible determinarlos con claridad. Por el contrario, sus nexos con otras áreas culturales pueden reconocerse, pero resulta muy difícil cuantificar su impacto y relevancia. Xochicalco, Cholula, Teotihuacan y Cacaxtla dan cuenta de tales relaciones; a la inversa, Remojadas-Tlalixcoyan, Matacapan, Nopiloa, entre otros varios lugares de Veracruz Central, dejan ver esos nexos en la cerámica, en la arquitectura o en el culto a ciertos dioses. Tláloc y Huehuetéotl que llegan a la costa del Golfo desde el Altiplano Central; Xipe, Mictlantecuhtli y el dios Gordo que son aceptados en el centro de México, enfatizan tales relaciones. Aunque debe aclararse que Xipe podría ser originario del estado de Guerrero, según algunos investigadores.

Durante el periodo Clásico, política, económica y urbanísticamente no encontramos en el sur de Veracruz Central nada semejante a El Tajín o Yohualichan. En El Tajín, aunque la actividad constructiva se inició alrededor del año 100 d.C., su máximo esplendor incide entre los siglos VII y X. De las distintas épocas, por su importancia arquitectónica destacan el conjunto de El Tajín Chico, el Edificio de las Columnas, los Juegos de pelota Norte y Sur, el Grupo del Arroyo y la Pirámide de los Nichos, entre otros. Esta última estructura es un ejemplo único del dominio del claro-oscuro a través del juego de volúmenes; luz y sombra. Celosías, *xicalcoliuhquis* en planos remetidos, grecas escalonadas, mosaicos de piedra y la talla de relieves en los edificios dan a esta ciudad un lugar excepcional en la arquitectura mesoamericana.

En la escultura a base de bajo relieves sobresalen los Juegos de pelota Norte y Sur, así como el Edificio de las Columnas. En el segundo, las escenas plasmadas realzan la importancia relacionada con la práctica del juego de pelota y el culto a la fertilidad en el pensamiento religioso, curiosamente a través del culto al pulque. Independientemente de lo anterior, en El Tajín se han localizado huellas de lo que pudieran ser un total de once estructuras para la práctica del juego.

La relevancia política y económica de El Tajín no queda atrás. De acuerdo con algunos investigadores este sitio llegó a ser capital de un amplio territorio localizado al norte de Veracruz Central. Además de un alto pago de tributos exigido por un poder centralizado, la base de su desarrollo pudo haberse fundamentado en la adecuada explotación agrícola de tres valles aluviales: Espinal, San Pablo y Coatzintla.

Para esa misma época, la Huaxteca se extendía entre las cuencas de los ríos Pánuco en el norte y Tuxpan por el sur, y de la costa a la llanura costera de San Luis Potosí y las primeras estribaciones de la Sierra Madre Oriental. Para entonces existían centros político-religiosos muy sencillos, tal vez ocupados por grupos dirigentes, sus familias, servidores y artesanos. Exploraciones recientes en la cuenca baja del Pánuco indican una mayor concentración de población en varios de los centros allá localizados. En ciertos casos alcanzan extensiones que sobrepasan los dos kilómetros cuadrados y, algunos de ellos, probablemente detentaban el poder

sobre un amplio territorio. Sin embargo, la mayor parte de las veces los centros político religiosos fueron de corta extensión y pocos habitantes distribuidos en sus alrededores en un patrón semirrural. Pueblos y aldeas dedicados a la agricultura y la explotación del medio dependían políticamente de tales centros y eran la base de su economía. En éstos, aunque en ciertos casos las edificaciones por su disposición forman plazas, no es dado apreciar planificación de los conjuntos. Ahí destaca la sobriedad y sencillez de las construcciones, que contrastan notablemente con la compleja y monumental arquitectura del Clásico mesoamericano.

En otros aspectos culturales, como la escultura menor (modelada en barro) y mayor (tallada en piedra), y aun en la cerámica, lograron verdaderas obras de arte. Sin embargo, para fechas anteriores al Clásico tardío es imposible reconocer deidades específicas, excepto una idea general ligada estrechamente con el culto a la fertilidad: mujeres con manos sobre el vientre o con las caderas y senos muy acentuados, así como ancianos con bastón plantador. Desde finales del periodo Clásico y en el Epiclásico ya se dejarían entrever particulares atributos de dioses representados en las esculturas de piedra, en pintura mural y en las tallas de concha: Tlazoltéotl, Mixcóatl y Quetzalcóatl, entre otros.

Finalmente, debe destacarse que durante el Clásico temprano la Huaxteca aparentemente no guardó mayores relaciones con otras áreas mesoamericanas; éstas adquieren relevancia por los últimos años del Clásico tardío y el Epiclásico. Se puede apreciar que en la escultura mayor fueron especialmente estrechas con el norte de Veracruz Central. De todas maneras, desde mi punto de vista no debe verse a la Huaxteca como una área marginal a Mesoamérica, sino como una cultura que se desarrolló con sus propias características y dinámica al norte de aquella área cultural.

Por desgracia, hasta el momento se ignora el papel jugado por otros grupos et-

EL CLÁSICO EN LA COSTA DEL GOLFO

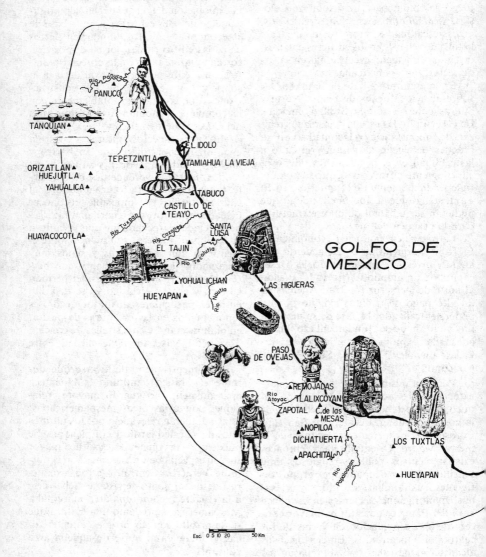

Río Pánuco

PANUCO

TANQUIAN ▲

EL IDOLO

TEPETZINTLA   TAMIAHUA LA VIEJA

ORIZATLAN ▲
HUEJUTLA ▲
YAHUALICA ▲   TABUCO

                           CASTILLO DE
                           ▲ TEAYO

Río Tuxpan   SANTA
                    LUISA

HUAYACOCOTLA ▲   Río Cazones

         EL TAJIN   Río Tecolutla   GOLFO DE
                                                MEXICO

              ▲ YOHUALICHAN   LAS HIGUERAS ▲

HUEYAPAN ▲

                                    PASO
                                    DE OVEJAS ▲

                              ▲ REMOJADAS
                          Río   TLALIXCOYAN
                          Atoyac
                              ZAPOTAL C.de las
                                       ▲ MESAS
                                    ▲ NOPILOA   LOS TUXTLAS
                                DICHATUERTA
                                    ▲ APACHITAL
                                         Río   ▲ HUEYAPAN
                                         Popol000an

Esc. 0 5 10 20   50 Km

nolingüísticos en la costa del Golfo de México. Más todavía, ni siquiera se sabe con certeza desde cuándo pudieron haber llegado allá tepehuas, otomíes y nahuas.

Acaso el concurso de estos últimos en el desarrollo de las culturas del norte de Veracruz Central no sea remoto, como los primeros lo hicieron en el Postclásico.

Bibliografía

GARCIA PAYON, José
1978   "Centro de Veracruz", *Historia de México*, Salvat Mexicana de Ediciones, v. II, p. 433-450.
1978b   "La Huasteca", *Historia de México*, Salvat Mexicana de Ediciones, v. II, p. 407-432.
OCHOA, Lorenzo
1979   *Historia prehispánica de la Huaxteca*, México, UNAM, Instituto de Investigaciones Antropológicas.

17. El Clásico en el área maya

Daniel Juárez Cossío, INAH

La cultura maya del horizonte Clásico ha sido situada temporalmente dentro del lapso comprendido entre los años 250 a 900 d.C.

El espacio geográfico en el cual se distribuyeron sus asentamientos quedó circunscrito al territorio que actualmente ocupan en la República Mexicana los estados de Yucatán, Campeche, Quintana Roo y las porciones este y noreste de Tabasco y Chiapas, respectivamente; en Guatemala, los departamentos del Petén, Alta Verapaz e Izabal, además de las porciones norte de Huehuetenango y Quiché; Belice en su totalidad y San Pedro Sula en Honduras.

La frontera meridional alcanzada por los mayas del mundo Clásico correspondería a una línea que tiene su origen aproximado en Comalcalco, Tabasco, desde donde se proyecta hacia Comitán en Chiapas y la parte central de la cuenca del Grijalva, hasta alcanzar el valle que forman las cuencas del Motagua y Ulúa en Honduras, donde se sitúan los sitios de Quiriguá y Copán.

Esta extensión geográfica comprende ecosistemas variados, agrupados por algunos autores en dos provincias fisiográficas: las llamadas Tierras Bajas y la península de Yucatán.

La cuenca del Usumacinta, que incluye las porciones norte y este de Guatemala, así como Belice con su sistema volcánico y el occidente de Honduras, conforman las Tierras Bajas. Esta área se caracteriza por formaciones calizas, cuyos plegamientos culminan en las serranías de Chiapas y Guatemala. Surcan el área las corrientes del Usumacinta, el Grijalva y el Motagua con sus respectivos tributarios, sistema hidrográfico al que se integran numerosos lagos y lagunas, destacando el Petén-Iztá, el Miramar y el Izabal.

La región es de clima cálido, cuyo índice de precipitación resulta en extremo alto pues en ocasiones rebasa los 4,000 milímetros, determinando la presencia de un bosque tropical perennifolio.

La planicie tabasqueña y las tierras que se extienden al norte de Guatemala —esto es, las porciones sur de Campeche y Quintana Roo— conforman una subprovincia de las Tierras Bajas, con suelos también de formación caliza y plegamientos moderados, además de los sedimentos arcillosos que depositan los ríos Usumacinta, Candelaria y San Pedro Mártir, a cuyo sistema se incorporan algunos lagos y pantanos que cubren las depresiones.

El índice pluviométrico de la región es superior a los 2,000 milímetros, con clima cálido. Por ello la vegetación que se prolonga desde el área central se torna más baja y menos densa conforme avanza hacia el norte, originando un bosque tropical subperennifolio.

Finalmente, la península de Yucatán

comprende una extensa llanura apenas interrumpida por una sucesión de colinas, las cuales se distribuyen irregularmente en su eje este-oeste. La zona cuenta con un escaso sistema hidrográfico en superficie, donde se distinguen cauces como el Champotón, Lagartos y Xelhá, y algunas lagunas como Chichankanab, Nohbec y Bacalar. Sin embargo y debido a la porosidad del suelo, el agua se concentra en corrientes subterráneas cuyo acceso sólo se logra mediante pozos o cenotes, los cuales quedan al descubierto al romperse la costra superficial.

El clima es de tipo cálido con una escasa precipitación, apenas 450 milímetros, determinando una vegetación característica de los bosques subtropicales subcaducifolios y caducifolios.

En este marco geográfico y estrechamente vinculado a él, los mayas del mundo clásico lograron alcanzar uno de los más complejos desarrollos culturales dentro del ámbito mesoamericano. La distinción de dicha cultura se ha logrado no sólo por la confluencia de un tronco lingüístico común, denominado por los especialistas como *macromaya*, sino por patrones particulares de difusión regional, tales como la creación de una arquitectura que introduce el empleo de la llamada bóveda maya o en "saledizo"; el desarrollo de una escritura jeroglífica articulada a la erección de monumentos conmemorativos, en cuyo contenido se revelan, además del registro cronológico, el relato historiográfico de eventos relacionados con el grupo y su ámbito de influencia más próximo, así como la elaboración de una amplia variedad de cerámicas polícromas y de pasta fina.

Entre otras más, estas manifestaciones de cultura material formalizaron durante el horizonte Clásico la respuesta de las comunidades asentadas con anterioridad en un enfrentamiento constante con el medio, por la búsqueda de espacios que permitieran garantizar la estabilización en sus formas de subsistencia y reproducción. En cuanto a diversificación y estratificación, es al mismo tiempo la expresión de las sociedades que la hicieron posible, cohesionadas a través de un rígido control centralizado (que privilegiaba las castas sacerdotales) y mediatizado en su pensamiento religioso.

Así, como manifestación de este fenómeno, la arquitectura logró afirmar sus peculiaridades estilísticas, aunque bajo una misma tradición. En terrenos accidentados, como el Petén o la cuenca del Usumacinta, se aprovechó el relieve natural, adaptando la topografía con la finalidad de enfatizar las construcciones. En terrenos planos, como Comalcalco o Pomoná, esto se logró mediante la contrucción de amplias plataformas.

Los edificios generalmente eran de planta rectangular, cuya orientación se supeditaba a la distribución del asentamiento. Las fachadas contaban con 1, 3 o 5 vanos coronados por dinteles, algunos ostentando inscripciones o representaciones antropomorfas. Los muros se construían con gruesas mamposterías de roca caliza, en cuyos interiores se alojaban 1 o 2 recintos, aunque contamos con ejemplos en diversos sitios donde se observa un número mayor.

El segundo cuerpo, separado del anterior mediante unas losas rectangulares o "cornisas", daba lugar a la típica bóveda. Esta consiste en lajas que sobresalen de cada hilada a partir de la cornisa de los paramentos opuestos, proyectándose al centro del claro y logrando así una reducción paulatina, hasta permitir el cerramiento.

Sobre la cubierta del edificio se plantaban las cresterías, consistentes en un par de muros distribuidos longitudinalmente y cuya altura por lo menos era similar a la alcanzada por los dos primeros cuerpos. Generalmente se aprovechaban los paños de todo el conjunto para colocar la ornamentación, elaborada a base de estucos modelados y decorados con pigmentos; basta recordar el conjunto de El Palacio en Palenque o el Edificio 33 de Yaxchilán.

Con base en las características arquitectónicas y sus peculiaridades estilísticas, algunos investigadores han intentado una regionalización del área maya. Entre las agrupaciones que se han logrado destaca la región central o del Petén, que agrupa sitios como Yaxhá, Naranjo, Tikal, Holmul, Uaxactún y Uolantún. Sus rasgos más sobresalientes son la presencia de esquinas remetidas en los basamentos; muros de gran masividad que limitan espacios extremadamente reducidos, y crestería macizas que se apoyan en la porción media posterior de la cubierta. Tal es el caso de los templos I y II orientados hacia la Gran Plaza de Tikal.

En la región sureste o del Motagua surgieron sitios como Copán y Quiriguá, tipificados por el empleo, —tanto en mamposterías como en bóvedas—, de sillares bien labrados, de mascarones que representan al dios Chaac distribuidos en las esquinas de los edificios; además se lograron espacios interiores más amplios.

En la región del Usumacinta confluyen sitios como Yaxchilán, Piedras Negras, Bonampak y Chinikihá. A esta región suelen incorporarse Seibal, Altar de Sacrificios, Palenque, Comalcalco, Tortuguero, Jonuta, Balancán y Pomoná, aunque a partir de estudios más recientes algunos investigadores han propuesto nuevas regiones. Por ello sitios como Seibal y Altar se incluirían en la región del río de la Pasión y el resto de los señalados en la noroccidental.

La región del Usumacinta muestra influencias del Petén y ofrece además irradiaciones propias, como sucede en Palenque. En términos generales, se nota un ligero aumento en los recintos; se disponen pesados contrafuegos en su interior, que funcionan como soportes para distribuir la carga de las crestería caladas. Estas últimas descansan hacia la porción media de las cubiertas. En Palenque los recintos son tan amplios que permiten la construcción de una especie de "santuario", emplazado al centro de la parte posterior del edificio y que además cuenta con acceso y cubierta propias.

La región del río Bec, con sitios como el propio río Bec, Becán, Chicaná, Kohunlich y Xpuhil, se ve influida por algunos rasgos del Petén y la región de los Chenes. Quizá lo más sobresaliente sea el desarrollo de una especie de torre maciza, situada hacia ambos extremos de la fachada principal y eventualmente en su parte posterior, la cual recrea la fachada de los edificios de Tikal, que con su escalinata casi vertical y de huella sumamente angosta representa un conjunto de fines ornamentales. Ocasionalmente se emplean también columnillas, ya sea como soportes o bien como elementos decorativos y muy similares a los que aparecen en la región del Puuc.

En la región de los Chenes se distribuyen sitios como Hochob, Dzibilnocac, Santa Rosa Xtampak y Dzehkabtún. Recibe este nombre ya que una parte significativa de las comunidades asentadas en la región emplean la terminación *chen* en sus locativos, cuyo significado en maya-yucateco es "pozo". Como rasgos notables se advierte la casi ausencia de crestería; la realización de mamposterías a base de sillares bien tallados y el empleo de elementos decorativos que semejan la boca de un mascarón ricamente elaborado, en las portadas principales de los edificios.

Finalmente, la región Puuc o "serranía" agrupa sitios como Edzná, Uxmal Kabah, Sayil, Labná, Xlabpak y Chacmultún. En ellos alcanza su perfección el empleo de sillares sobre muros, no sólo por la calidad de su talla sino también por su ensamble, que semeja la colocación de un fino enchapado; las piedras que conforman las bóvedas presentan el canto biselado, y los "zócalos" que bordean las bases de los edificios generalmente se adornan con columnillas. Algunos vanos aparecen separados también por columnas, ya sean monolíticas o en sección, rematadas por una especie de "capiteles" cuadrangulares.

En lo que respecta a la escritura jeroglífica, algunos autores han postulado, a partir de investigaciones relativamente recientes, que ciertos indicadores en ella permiten sugerir su carácter silábico e ideográfico. En cuanto al primer aspecto, parece corresponder a un mono-

ÁREA MAYA DURANTE EL CLÁSICO

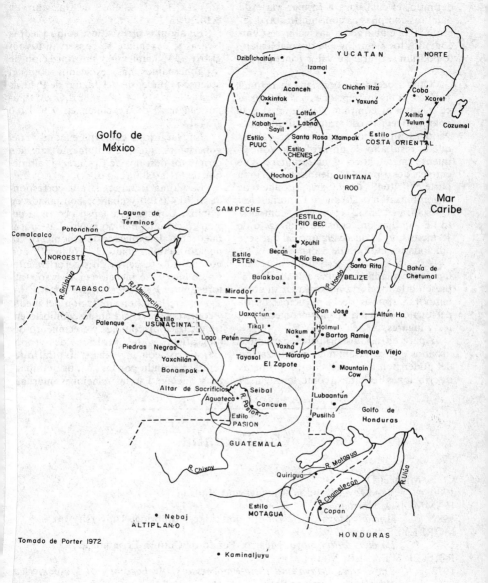

Tomado de Porter 1972

101

sílabo de la lengua maya y con significado definido, el cual pasa a formar parte de palabras compuestas con significado diferente. Sin embargo, a la fecha resultan contados los ejemplos que razonablemente podrían asegurar su valor fonético.

Otro aspecto que conviene mencionar respecto a las inscripciones jeroglíficas es el relativo al cómputo del tiempo. Este complejo registro de gran exactitud y apoyado en un sistema vigesimal no es más que el resultado de un profundo conocimiento matemático y astronómico que emplea dos tipos de calendario: por una parte el "ritual" de 260 días, producto de la combinación de 20 días y 13 numerales; y por otra el "civil" o "solar", compuesto de 365 días que constituye un ciclo de 18 meses con 20 días cada uno, al que se le adiciona un periodo de 5 días.

Así, la escritura jeroglífica estrechamente vinculada al sistema calendárico representa la memoria histórica en su corte temporal, síntesis de la participación de personajes en determinados acontecimientos y lugares.

Aparecen así los primeros conjuntos urbanos que representan la centralización del poder político y con ello las primeras inscripciones fechadas, como la estela 29 de Tikal que ostenta la fecha 8.12.14.8.15 (294 d.C.); o la estela 9 de Uaxactún en 8.14.10.13.15 (329 d.C.).

En algunos otros sitios, como Piedras Negras y Yaxchilán, se conservan los registros de nacimiento y entronización de los gobernantes más destacados, como el ascenso al poder de "el Jaguar de Piedras Negras" en 9.12.14.13.1 (688 d.C.), o "Pájaro Jaguar" de Yaxchilán en 9.16.1.0.0 (754 d.C.).

En Naranjo se consigna el nombre del gobernante que presuntamente también dirigió los destinos de El Caracol, alrededor de 9.10.0.0.0 (634 d.C.).

La última fecha registrada corresponde al 10.4.0.0.0 y aparece consignada en Toniná. Durante este lapso ocurre la desintegración del mundo maya. Las causas que tratan de explicar este fenómeno, conocido también como el "colapso", aún no han sido resueltas satisfactoriamente; sin embargo, se mencionan diversos factores, entre los que conviene destacar los siguientes: la sobreexplotación del medio y como consecuencia un desequilibrio entre recursos disponibles y crecimiento demográfico, y la intrusión de grupos extranjeros con un bagaje cultural diferente, adoptado por los grupos dominantes y que agudizó las relaciones internas.

Bibliografía

COE, Michael D.
1980   *The Maya*, London, Thames and Hudson.
HAMMOND, Norman
1982   *Ancient Maya Civilization*, Cambridge, Cambridge University Press.
MORLEY, Sylvanus G.
1975   *La civilization maya*, México, Fondo de Cultura Económica.
PORTER WEAVER, Muriel.
1972   *The Aztecs, Maya and their Predecessors. Archaeology of Mesoamerica*, New York, Seminar Press.
RUZ LHUILLIER, Alberto
1981   *El pueblo maya*, México, Salvat Mexicana de Ediciones.
THOMPSON, J. Eric S.
1984   *Grandeza y decadencia de los mayas*, México, Fondo de Cultura Económica.

18. El occidente durante el Clásico

Fernán González de la Vara, UNAM

Para entender la geografía y la arqueología del Occidente de México, hay que imaginarse esta región como un cartón moldeado para portar huevos, donde se alternan valles y sierras. En el fondo de algunos valles se encontraban extensiones lacustres importantes (Chapala, Cuitzeo, Pátzcuaro, Sayula, etc.); otros valles eran drenados por grandes ríos como el Lerma-Santiago y el Balsas. Según la altura sobre el nivel del mar, estos valles correspondían a distintas regiones ecológicas y producían diversos recursos: los valles costeros, la tierra caliente de 100 a 1000 msnm* producía algodón y cacao; la tierra templada de 1000 a 1800 msnm cuyos productos eran maíz, frijol, calabaza y frutos silvestres, y la tierra fría de 1800 a 2800 msnm donde se cultivaba el maíz y el maguey, y se explotaban los bosques y las lagunas.

La mayoría de las sierras formaban parte del Eje Neovolcánico transversal y estaban cubiertas por una densa vegetación de selvas y bosques. Estos dos factores —valles y sierras— influyeron de manera determinante en el desarrollo cultural del Occidente, los valles uniendo y las sierras aislando. Ambos crearon durante el Clásico una serie de culturas marcadamente lo-

cales que por lo general no trascendían el valle donde se encontraban, aunque compartían algunos rasgos con regiones vecinas, formando "tradiciones culturales" que incluían regiones más vastas.

Para el Clásico en el Occidente pueden considerarse tres tradiciones culturales importantes: la Tradición de Tierra Caliente, la Tradición de las Tumbas de Tiro, y la Tradición del Bajío, más una serie de "culturas híbridas" que compartían rasgos locales junto con rasgos de las tradiciones vecinas.

Las culturas de Tierra Caliente se desarrollaron a lo largo del río Balsas y sus afluentes, desde la actual presa del Infiernillo hasta la región de Mezcala en el centro de Guerrero. Durante el Clásico se desarrolló aquí una cultura más cercana a Mesoamérica que al Occidente de México; se asentaban en las riberas de los ríos donde levantaron grandes pirámides —algunas de más de 30 metros de altura— rodeadas de plazas, montículos menores y a veces juegos de pelota. Trabajaban las piedras duras con las que elaboraban azuelas, pendientes, figurillas, cuentas y otros objetos de uso suntuario. La cerámica mantuvo algunos rasgos antiguos como la decoración incisa, con motivos geométricos, y la monocromía; utilizaban los colores naranja, rojo, bayo y negro y pulían la cerámica hasta darle un acabado lustroso. Las formas más comunes eran

* msnm = metros sobre el nivel del mar.

103

las ollas de cuello corto o sin cuello, los tecomates, vasijas de silueta compuesta, vasos y platos con el borde reforzado. Se ha notado la presencia de cerámicas teotihuacanas en la región; aunque muy escasas, pueden indicar la existencia de relaciones de intercambio con el Altiplano Central.

La Tradición de las Tumbas de Tiro se desarrolló entre los años 200 y 600 d.C., en los actuales estados de Colima, Jalisco y Nayarit, ubicándose alrededor de los valles que conforman la "media luna" de Occidente, según Schöndube.

Esta tradición cultural se expresa por la presencia de las llamadas tumbas de tiro y cámara, y por las ofrendas encontradas en ellas. Las tumbas consisten de un tiro vertical, de hasta 16 metros de profundidad, que conduce a una o varias cámaras laterales donde se encuentran los restos humanos rodeados por las distintas ofrendas. Frecuentemente estas tumbas se hallan agrupadas formando "panteones"; en las culturas prehispánicas de Colombia y Ecuador se encuentran también este tipo de entierros.

Las ofrendas eran principalmente piezas cerámicas, ya fueran vasijas, figurillas, "maquetas" u ornamentos. A partir de estas ofrendas se han definido los distintos estilos cerámicos de esta tradición, a saber: Colima, Jalisco y Nayarit.

La cerámica funeraria de Colima consta de vasijas y figurillas con un cierto grado de realismo, representando calabazas, guajes, cactáceas, loros, perros y seres humanos realizando actividades cotidianas. Las vasijas son generalmente de un solo color y cuentan con un buen pulimento que les da un aspecto lustroso.

La cerámica de Jalisco se distingue por la decoración a partir de dos colores (bícroma), por el uso del pastillaje, por las caras alargadas y las narices prominentes de las figurillas, que representan principalmente seres humanos realizando actividades cotidianas. Son también características las cajas de cerámica y las maquetas que representan casas, templos, juegos y a veces pueblos enteros con todo y sus habitantes.

La cerámica de Nayarit muestra una intensa policromía tanto en las vasijas como en las maquetas y figurillas. Los colores más utilizados eran el rojo, el negro, el blanco, el amarillo, y el café, y se aplicaban formando motivos geométricos sobre la superficie de la cerámica. Las figurillas se caracterizan por los ojos muy separados y por el uso de varias narigueras y orejeras en una misma pieza.

Otros aspectos de esta tradición cultural se han conocido recientemente; las construcciones se realizaban con materiales perecederos como la palma y el bajareque, sobre una pequeña plataforma de piedras. Las maquetas nos presentan casas de planta rectangular y circular de uno o varios cuartos, situadas alrededor de plazas circulares con un montículo central; este mismo patrón se nota en algunos sitios arqueológicos conocidos como "círculos guachimontones" que tuvieron su máxima expresión a fines del periodo Clásico en la región de Teuchitlán, donde también se encuentran estructuras parecidas a juegos de pelota.

Los datos sobre la organización social y las manifestaciones ideológicas de esta tradición se han inferido del rico acervo de actitudes representadas en las figurillas: escenas de juegos y bailes, guerreros, personajes cargados en literas, escenas familiares, procesiones, etcétera.

Estas sociedades tenían una economía principalmente agrícola complementada con la caza, la pesca, la recolección de animales y plantas. Existía una incipiente estratificación social en las comunidades, y se realizaban rituales relacionados con el culto a los muertos, así como celebraciones donde se tocaban instrumentos musicales y se danzaba. La población no era numerosa y las aldeas eran pequeñas, aunque no faltaban conflictos entre ellas, como nos lo muestran las representaciones de guerreros con mazas, cascos y macanas, cubriéndose el cuerpo con una armadura de algodón (*escaupil*). La indumentaria normal era muy escasa, un faldellín para las mujeres y un taparrabo para los

EL CLÁSICO EN EL OCCIDENTE DE MÉXICO

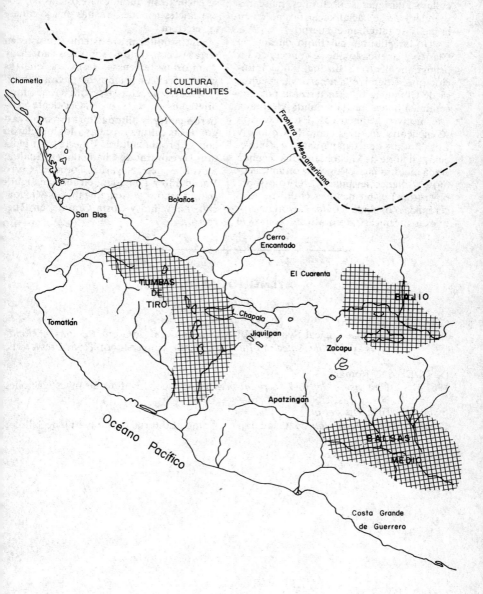

hombres. En ocasiones, se adornaban con collares, narigueras, pectorales, máscaras y orejeras, o se hacían escarificaciones en la piel y se tatuaban el cuerpo.

De las culturas del Bajío durante el Clásico es menos lo que se conoce; en un primer momento se distingue una tradición que se desarrolla a partir de la cultura de Chupícuaro, caracterizada por una cerámica policromada y pulida, decorada con motivos geométricos. Esta tradición se encuentra en sitios como El Cóporo y Los Morales, en Guanajuato, y Zinapécuaro al norte de Michoacán. Una segunda etapa muestra nuevos tipos de cerámica como el "blanco levantado", el rojo sobre bayo (que posiblemente es el origen de la cerámica conocida como Coyotlatelco), nuevas técnicas decorativas como el "cloissoné", formas que en otras regiones se encuentran durante el Postclásico, como cajetes trípodes, vasijas de asa canasta, etcétera.

La arquitectura existente consiste en terrazas construidas sobre las laderas y plataformas extensas, restos de cuartos y columnas construidos de piedra y lodo.

Aparte de estas tres tradiciones muy diferentes entre sí, en el Occidente existieron culturas híbridas que tomaron rasgos de las culturas vecinas y los mezclaron con su propia cultura. En este caso tenemos las culturas de Chametla, en Sinaloa; San Blas, en Nayarit; Totoate, Cerro Encantado y Tomatlán, en Jalisco; Jiquilpan, Zacapu y Apatzingán, en Michoacán; La Villita y Costa Grande, en Guerrero.

Bibliografía

CHADWICK, Robert
1971   "Archaeological Synthesis of Michoacan and adjacent Regions", *Handbook of Middle American Indians*, Austin, University of Texas Press, v. ii, p. 697-693.
PIÑA CHAN, Román
1967   *Una visión del México prehispánico*, México, Instituto de Investigaciones Históricas, UNAM.
SCHÖNDUBE, Otto *et al.*
1980   *Historia de Jalisco*, Guadalajara, Unidad Editorial del Gobierno de Jalisco.

19. El horizonte Clásico en el centro norte de Mesoamérica marginal

Marie-Areti Hers, UNAM

El pueblo tolteca no fue el primero en abandonar el Septentrión mesoamericano y llegar a Tula. Siglos antes, otros norteños habían emigrado a estos rumbos y junto con poblaciones locales de arraigo teotihuacano conformaron la base de la población del llamado imperio tolteca. A estos primeros inmigrantes procedentes de la Mesoamérica marginal se les ha podido identificar gracias a su cerámica Coyotlatelco que trajeron del Bajío.

Cuando en los años sesenta los arqueólogos encontraron en el Centro Norte cerámica Coyotlatelco asociada a cerámica anaranjada delgada del periodo Clásico, la manera de considerar la Mesoamérica marginal cambió drásticamente. En efecto, la presencia allí del Coyotlatelco, siglos antes de su aparición en el Centro, atestiguaba influencias y posibles migraciones del Norte hacia el Centro. Entonces empezó a tomar en consideración el papel de la Mesoamérica marginal en el desarrollo general del área cultural.

Las migraciones atestiguadas en los materiales arqueológicos podían relacionarse con las referidas en las fuentes históricas indígenas, para las cuales la historia de muchos de los pueblos que habitaban en el centro en el siglo XVI iniciaba con la salida de un lugar mítico norteño, el famoso Chicomóztoc. Se empezaba así a dar importancia a un fenómeno aún mal ponderado de la historia mesoamericana:

las fluctuaciones de su frontera septentrional que hacia principios de nuestra era alcanzó su máxima expansión y que en el siglo XIII se había acabado de contraer unos 300 kilómetros hacia el sur.

Durante mucho tiempo había prevalecido la idea de que ese movimiento colonizador hacia el norte había ocurrido a fines del Clásico —y no del Preclásico como vinieron a precisarlo los trabajos arqueológicos— y por lo tanto había tenido un desarrollo mucho más corto. Cuando se tomaba en cuenta la contracción territorial, las consecuencias a las que se prestaba atención eran meramente demográficas por la presión que hubieran podido ejercer las llegadas sucesivas de olas migratorias. Pero no se podía medir el impacto cultural que éstas tuvieron por un prejuicio que pesaba sobre dichos inmigrantes. Se suponía que se trataba de hordas bárbaras, confundidas todas bajo el término genérico y engañoso de chichimecas. Esa confusión se había cimentado desde mucho tiempo atrás, probablemente desde los tiempos de los mexicas.

Los mesoamericanos norteños que llegaron a asentarse en el Centro a lo largo de varios siglos fueron confundidos con las poblaciones nómadas de cazadores recolectores que poblaban por entonces el Septentrión, después del retiro de los agricultores y el colapso de lo que llamamos ahora la Mesoamérica marginal. El ejemplo más famoso de esa confusa interpretación de la historia concierne a los mexicas. Se suponía y se sigue diciendo aún ahora por algunos autores, que se trataba de una tribu salvaje en perpetuo movimiento. Al llegar a la Cuenca de México, en un corto lapso se había transformado milagrosamente en un pueblo dominante, constructor de pirámides, creador de la Coatlicue y de un imperio.

Ahora sabemos que los mexicas, como los otros pueblos inmigrantes citados en las fuentes, antes de su migración eran sedentarios y agricultores, habitantes de las diversas partes de la mesoamérica marginal. Así, mientras la arqueología nos devela paulatinamente el pasado de la Mesoamérica marginal, entendemos mejor la advertencia que hacían desde el siglo XVI ciertos historiadores indígenas en contra de tan funesta confusión acerca de los norteños:

Todas las dichas familias se llaman chichimecas, y aún de tal nombre se jactan y glorían, y es porque todas anduvieron peregrinando como chichimecas por las tierras antes dichas, y de allí volvieron para estas partes aunque a la verdad no se llamaban tierras de chichimecas, por donde ellos anduvieron sino Teotlalpan, Tlacochcalco, Mictlampan, que quiere decir campos llanos y espaciosos que están hacia el norte.

Llamáronse tierras de chichimecas porque por allí suelen habitar ahora los chichimecas, que son unas gentes bárbaras que se sustentan de la caza que toman, y no pueblan. . .

Culturas muy diversas han florecido en la Mesoamérica marginal durante su milenio y medio de existencia. Entre ellas, la cultura Chalchihuites es la que por ahora nos ilustra mejor el impacto sobre el Centro de las migraciones que acompañaron el colapso progresivo de la margen norteña. Su importancia se debe a que se ha podido reconocer el pueblo que la desarrolló: los tolteca-chichimecas, cofundadores de Tula, y a que este pueblo tuvo

un papel predominante por sus logros militares y políticos en una gran área de Mesoamérica una vez fundada Tula y su imperio. Al ir definiendo dicha cultura, veremos los elementos que permitieron la identificación de sus portadores.

La cultura Chalchihuites se desarrolló entre los años 1 y 900 de nuestra era a lo largo de la vertiente este de la Sierra Madre Occidental, sobre un territorio que corresponde al extremo noreste de Jalisco y el occidente de Zacatecas y Durango. Como en gran parte de la Mesoamérica marginal, la historia de los pueblos sedentarios empieza aquí abruptamente. No hubo una larga evolución local desde la recolección y el nomadismo hasta la producción agrícola y el sedentarismo, sino la instrusión en el universo de los cazadores recolectores de poblaciones mesoamericanas colonizadoras.

En sus tierras de origen —las cuales aún no se han determinado— tenían tras de sí una larga tradición de cultivo de las plantas, la organización de la vida sedentaria en aldeas y poblaciones mayores, las técnicas alfareras, el arte de construir las casas y edificios públicos, y la costumbre de deformar la cabeza de los infantes, entre varios otros rasgos que designan a la población Chalchihuites como plenamente mesoamericana desde sus inicios en el Norte.

A diferencia de lo que ocurrió en el resto de la Mesoamérica marginal, parece que aquí los colonizadores mesoamericanos no fueron bien recibidos y encontraron una fuerte resistencia por parte de los pobladores originales nómadas, de los cuales desafortunadamente desconocemos casi todo. Los recién llegados tuvieron que establecerse en lugares escarpados, levantar murallas y bastiones o procurarse un refugio cerca de sus poblaciones cuando el relieve no les permitía vivir permanentemente en lugares protegidos. En tales circunstancias, florecieron los valores guerreros y la sociedad se hizo sumamente belicosa.

Además de su utilidad contra los ataques repentinos de los nómadas, las fortificaciones se hicieron necesarias por las hostilidades que se desataron en el seno mismo de la población Chalchihuites. La situación fronteriza del territorio Chalchihuites es el origen de tal fenómeno. Sobre un frente de unos 600 kilómetros podía ser hostigado por los nómadas desde el otro lado de una frontera climática que los agricultores mesoamericanos no podían traspasar. Se propició así, en los confines septentrionales y durante el primer milenio de nuestra era, el desarrollo de un militarismo que en muchos aspectos prefigura el que caracterizó al periodo Postclásico en el resto de Mesoamérica.

El sitio Chalchihuites más famoso es precisamente una fortaleza al sur de la ciudad de Zacatecas, La Quemada, cuyo papel central se ha vuelto a reconocer después de dos décadas de estudios, durante las que se le había aislado erróneamente de su contexto regional. Se trata de un cerro amurallado enmedio de un llano sobre el cual se extiende una red de calzadas que unían entre sí las poblaciones antiguas y las comunicaban con la plaza fuerte, que era a la vez refugio estratégico y centro ceremonial de primer plano.

Entre sus construcciones monumentales que más llaman la atención, figura la gran Sala de las Columnas. Está conformada por un espacio central abierto, parecido a un *impluvium*, rodeado por un corredor cuyo techo estaba sostenido hacia el centro por columnas anchas y altas y hacia el exterior por un grueso muro sin otra abertura que el acceso al pórtico de la fachada. Esa Sala de Consejo peculiar, parcialmente abierta a las intemperies, es la forma más acabada de la arquitectura ceremonial Chalchihuites y tuvo en todo su territorio un largo desarrollo, anterior al año 900; mientras que en Tula y en la Chichén Itzá del periodo maya-tolteca esa forma es conocida bajo los nombres de Palacio Quemado y Mercado, respectivamente, y apareció sin tradición local, al tiempo de la llegada de los guerreros toltecas, del año 900 en adelante.

Al noroeste de La Quemada, las excavaciones en un asentamiento Chalchihui-

tes mucho más modesto, el Cerro del Huistle, cercano a la población actual de Huejuquilla el Alto en Jalisco, dieron a conocer unas esculturas que por su posición cronológica —entre 550 y 900— y por el motivo que representan muy esquemáticamente pueden ser consideradas como prototipos del llamado *chac mool* tolteca que aparece por primera vez en la Mesoamérica nuclear, en Tula, y persiste hasta el tiempo de los mexicas. Se trata de la imagen de un personaje recostado sobre la espalda, con los brazos y las piernas dobladas y la cabeza erguida. Como en el caso de muchos de los *chac-mool*, se encontraron arriba de una escalera, a la entrada de un templo.

Este templo y el conjunto ceremonial al cual pertenecía están asociados a por lo menos cinco *tzompantli* o empalizadas en las que estaban suspendidas cabezas humanas, exhibidas así públicamente como trofeos de guerra y ofrendas a los dioses. Restos humanos tratados de modo similar han sido encontrados también en el centro ceremonial de Alta Vista, cercano a la ciudad de Chalchihuites en Zacatecas. Del mismo modo que en el relieve que decoraba el *tzompantli* de Chichén Itzá, las cabezas estaban perforadas verticalmente por el vértex y no por las sienes como se acostumbró posteriormente en tiempos de los mexicas. Esos *tzompantli* encuentran eco en el militarismo característico de la cultura Chalchihuites y pueden ser considerados como el fruto de guerras "floridas" como acostumbraban posteriormente los mexicas y los tlaxcaltecas para procurarse víctimas de sacrificio.

El militarismo, la Sala de las Columnas con el *impluvium*, el *chac mool* y los *tzompantli*, así como también el uso temprano de la turquesa, el cobre y la decoración llamada "seudocloisonné", son elementos que hasta ahora han permitido reconocer en los portadores de la cultura Chalchihuites al pueblo guerrero que emigró al Centro y fundó Tula; o sea, a los tolteca-chichimecas históricos. La trascendencia de esos elementos culturales en

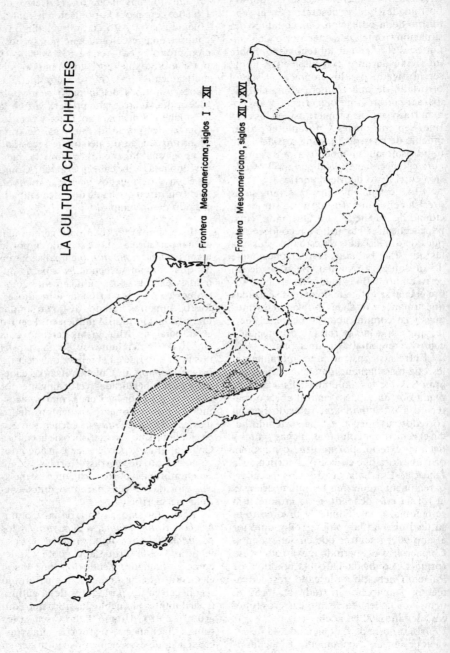

LA CULTURA CHALCHIHUITES

Frontera Mesoamericana, siglos I – XII

Frontera Mesoamericana, siglos XII y XVI

LA CULTURA CHALCHIHUITES

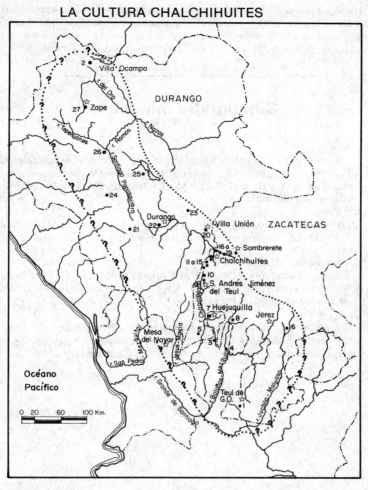

1. Teúl de González Ortega	9. Cerro de las Víboras	17. **Cerro Moctehuma**
2. Loma San Gabriel	10. Cerro Blanco	18. Vesuvio
3. Cerro del Pueblo	11. Cerro Chapín	19. Cerro de la Cruz de la Boca
4. Totoate	12. Potrero del Calichal	20. La Atalaya
5. Cerro del Afiladero	13. Alta Vista	21. Wecker
6. La Quemada	14. Cerrito de la Cofradía	22. Schroeder	25. Guatimape
7. Cerro del Huistle	15. **Cerro Pedregoso**	23. Antonio Amaro	26. Hervideros
8. La Florida	16. Gualterio	24. Sotolitos	27. Santa Anita Zape

Tomado de Hers (en prensa)   •••••• Frontera de la cultura Chalchihuites

la vida religiosa y política de los toltecas y de los pueblos sobre los cuales lograron influir, pone en evidencia la importancia de las migraciones procedentes del Norte y del colapso de la Mesoamérica marginal en el destino general de toda el área cultural que encuentra aquí una confirmación más de su unidad orgánica.

Bibliografía mínima

BRANIFF, Beatriz
1975   "Arqueología del Norte de México", en *Los pueblos y señoríos teocráticos, el periodo de las ciudades urbanas, Primera parte* (México: panorama histórico y cultural, VII), p. 217-272, México Instituto Nacional de Antropología e Historia, México.

HERS, Marie-Areti
    Los toltecas en tierras chichimecas (Cuadernos en prensa de Historia del Arte, 35) México Instituto de Investigaciones Estéticas, Universidad Nacional Autónoma de México, México.

SAHAGUN, fray Bernardino de.
1969   *Historia General de las Cosas de la Nueva España.* [1577?], 4 t. con numeración, anotaciones y apéndices de Angel María Garibay K., México, Editorial Porrúa (biblioteca Porrúa, 8-11).

WEIGAND, Phil C.
1978   "La prehistoria del estado de Zacatecas: una interpretación" *Anuario de Historia*, 1, p. 203-248. Zacatecas Departamento de Investigaciones Históricas, Universidad Autónoma de Zacatecas, Zacatecas.

20. La caída del Clásico y el Epiclásico

Yoko Sugiura, UNAM

La formación de los grandes estados que controlaban vastas regiones mesoamericanas culminó durante el Clásico, tiempo en el que florecieron culturas con marcados caracteres regionales: Teotihuacan en el Altiplano Central, Monte Albán en el Valle de Oaxaca y los centros mayas de las Tierras Bajas. Sin embargo, a partir de fines del siglo VII d.C., estas urbes quedaron devastadas en forma dramática, después de un prolongado proceso de desintegración, primero en Teotihuacan y Monte Albán, y posteriormente en las ciudades mayas de las Tierras Bajas. Esta etapa histórica, el Epiclásico, que comenzó con el colapso del mundo clásico, constituye un ínterin de singular importancia debido a que fue precisamente cuando se establecieron las bases y pautas que se desarrollarían durante el Postclásico.

El fin del Clásico ha sido caracterizado como un colapso apocalíptico y devastador. Y se han planteado causas de diversa índole, como desastres ecológicos, epidemias, invasiones militares, terremotos, decaimiento moral, conflictos internos, mal funcionamiento de las redes de intercambio y otras causas más, con tintes de fantasía. Así, aún estamos lejos de dar una explicación congruente sobre la caída del Clásico. Sin embargo, un análisis casuístico nos ayudaría a esclarecer los procesos desintegratorios de los grandes estados clásicos; por ejemplo, en el caso de Teotihuacan, independientemente de la polémica respecto al carácter fundamental de esta metrópoli, la magnitud de su escala implica un dominio incuestionable político y económico. No obstante, hacia fines del Clásico los teotihuacanos padecieron problemas cada vez más graves, que pudieron ser económicos, sociales, políticos, o de degradación ambiental (Millon, 1976:239). Así comienzan los primeros síntomas de debilitamiento.

La presencia irrefutable de elementos bélicos, como las representaciones de figuras armadas en los murales y en los objetos cerámicos de Teotihuacan, revela una agudización de la inestabilidad en la gran urbe. Sin embargo, el desplome de Teotihuacan no se atribuye simplemente a causas internas, sino también está vinculado con factores externos, concretamente presiones de algunos estados en vías de expansión que impidieron o por lo menos obstaculizaron el control y el flujo sistemático de productos alóctonos necesarios para el mantenimiento de su *statu quo*. Estas presiones provendrían de diversas regiones del Altiplano Central como Xochicalco al suroeste, Tula al noroeste y probablemente, de Cholula al sureste. Incluso El Tajín, en la costa del Golfo, podría haber contribuido al proceso de desintegración de Teotihuacan. De esta forma, la coalición de dichos estados pudo haber jugado un papel crucial para eliminar al superestado de su posición preeminente en Mesoamérica.

Las evidencias arqueológicas atestiguan que parte de la gran metrópoli fue destruida por fuego a fines de Teotihuacan III-A o Xolalpan tardío, es decir, hacia mediados del siglo VI d.C. Sin embargo, aún no está claro quiénes provocaron esta devastación. Autores como Jiménez Moreno (1970; 1976) atribuyen a los otomíes, guerreros audaces, la conflagración de la ciudad; aunque no descartan la posibilidad de que las oleadas hostiles pudiesen provenir del sur o del noroeste, implicando a los mixtecos y a los huaxtecos. Millon argumenta la plausibilidad de que los mismos sacerdotes pudieron incendiar la metrópoli teotihuacana.

Independientemente de que la destrucción fuera causada por invasores bárbaros o por los habitantes que protestaban en contra de cargas pesadas impuestas por el gobierno o por los mismos sacerdotes, lo claro es que fue un acto deliberado y sistemático. La destrucción fue ritual y política, y no se puede explicar sólo en términos de pillaje o saqueo, puesto que destruir Teotihuacan implica destruirlo como el centro político-ritual de Mesoamérica.

Por otro lado, tampoco existe un acuerdo generalizado acerca de la magnitud y el significado de dicho acto. Hay quienes plantean que el gran centro fue virtualmente devastado y que la vida continuó sin cambios drásticos en las zonas residenciales. Otros como Millon arguyen que dicha perturbación no deterioró la vida en la gran metrópoli.

Ahora bien, para entender este momento crucial, es imperativo analizar lo que sucedía en otras partes de Mesoamérica, sobre todo en el Altiplano Central, así como esclarecer el destino de los teotihuacanos después de la caída. La destrucción de la gran urbe provocó éxodo de los teotihuacanos hacia las regiones cercanas. Jiménez Moreno plantea que los pequeños grupos se dirigieron hacia el oeste, mientras que otros, más numerosos, fueron al sureste. Éstos llegaron hasta Copán, Honduras, y Santa Lucía Cozamaloapan, Gua-

temala. En el Altiplano Central, el mencionado autor identifica la presencia de los inmigrantes teotihuacanos en la zona que abarca desde Tehuacán y Coxcatlán hasta Teotitlán del Camino.

Por otro lado, las investigaciones arqueológicas han tratado de explicar las funciones de los nuevos estados en vías de expansión como Xochicalco, El Tajín, tal vez Cholula y posteriormente Tula, en el proceso de desintegración del macroestado teotihuacano. Por ejemplo, Xochicalco manifestó un notable crecimiento hacia finales del Clásico y frenó o bloqueó a Teotihuacan su acceso y control de los recursos de la región del Río Balsas. Mientras tanto en la región del Golfo, El Tajín, que una vez había recibido influencia de Teotihuacan IV, consolida su propia cultura y alcanza su explendor durante el Epiclásico, cuando extiende sus influencias en vastas zonas mesoamericanas.

Otros dos centros que probablemente presionarían a Teotihuacan son Cholula y Tula. Desafortunadamente, hoy en día aún no está claro el desarrollo y la decadencia de Cholula. A diferencia de Müller, Dumond y García Cook, autores como Sanders, Parsons y Blanton suponen que a finales del Clásico Cholula y Tula adquirieron fuerza preeminente y que un gran número de habitantes teotihuacanos emigraron hacia estos centros. En cambio, el Valle de Toluca no desarrolló grandes centros como Cholula y Tula, pero es evidente que jugó un papel sustancial durante el Epiclásico.

Aunque no sucedió en forma contemporánea a Teotihuacan, la civilización maya sufrió también un colapso similar hacia finales del Clásico, o sea alrededor del año 900 d.C. Los centros mayas, que habían alcanzado el máximo logro en sus conocimientos calendáricos y astronómicos, las estelas conmemorativas, las complejas estructuras arquitectónicas y sus manifestaciones artísticas, comenzaron a padecer síntomas de desintegración. En un tiempo relativamente corto, primero caen los centros de las Tierras Bajas. Esto se manifiesta en el fin de la erección de estelas, en el despoblamiento y, finalmente, en el aban-

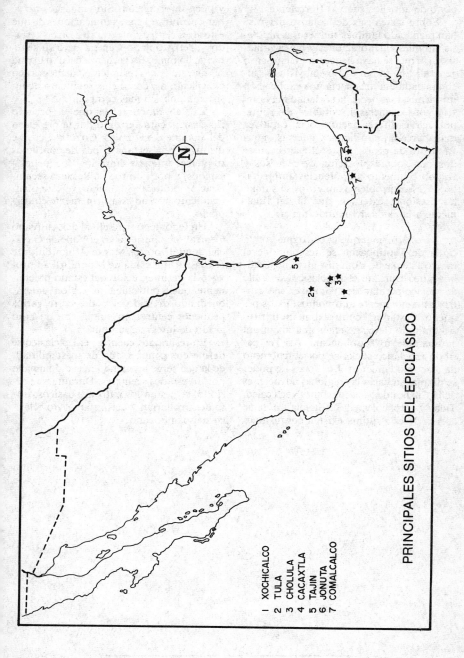

PRINCIPALES SITIOS DEL EPICLÁSICO

1 XOCHICALCO
2 TULA
3 CHOLULA
4 CACAXTLA
5 TAJIN
6 JONUTA
7 COMALCALCO

dono de aquellos centros florecientes.

Sobre las causas del colapso maya se han planteado también numerosas hipótesis simples elucubraciones y hasta fantasías, sin que se haya llegado a un consenso general. Sin embargo, los mayistas se inclinan cada día más hacia una explicación multicausal; es decir, la sociedad maya sufría consecuencias inevitables de sobrepoblación, diferenciación social cada vez más marcada, conflictos y guerras, agravamiento de problemas ecológicos causados por sobreexplotación de recursos y empobrecimiento de potencias ambientales. A estos problemas internos se suman las presiones externas, que llevan finalmente a la caída del mundo maya.

De esta forma, queda claro que con la caída de Teotihuacan se descompone el macrosistema de dominio al estilo teotihuacano. Durante el Epiclásico, el Valle de México permanece dividido en seis centros aparentemente autónomos. Estos pequeños "estados" controlaban un territorio limitado, lejos de tener una magnitud equiparable a Teotihuacan. Así, el periodo Epiclásico se define por el fenómeno de reacomodamiento. Los focos de poder se desplazan hacia las regiones adyacentes de la Cuenca de México, como Xochicalco, Tula y probablemente Cholula, aunque acerca de esta última existen confusiones y poca información. Sin embargo, no se han encontrado claras indicaciones de que estos tres centros integraran a otros "estados" del Altiplano Central bajo su sistema de dominio. En la cuenca del alto Lerma se detecta un crecimiento demográfico conspicuo, así como el surgimiento de un sistema político más complejo.

Existen hipótesis de que el periodo Epiclásico, caracterizado por la presencia del complejo cerámico Coyotlatelco, se distingue por ser una época de conflictos o guerras intensas entre los "pequeños" estados, y por un proceso de clara secularización política. Sin embargo, este planteamiento aún no está firmemente confirmado.

Un fenómeno paralelo al del Altiplano Central se manifiesta en el Valle de Oaxaca, donde florecía Monte Albán durante el Clásico. La caída de Monte Albán provocó la desintegración del estado preeminente que controlaba la región entera, quedando dividido el poder entre varios pequeños centros en pugna con un bajo grado de integración política.

En resumidas cuentas, el Epiclásico se define como una etapa de inestabilidad, de la que surge un mundo nuevo dominado por los estados seculares. Durante este periodo, se gestan los patrones básicos, que se desarrollarían y definirían el Postclásico mesoamericano.

Bibliografía

JIMÉNEZ MORENO, Wigberto
1970   "Mesoamerica before the Toltecs", en: *Ancient Oaxaca*, editado por J. Paddock, Stanford, Stanford University Press, p. 1-82.
1976   "Síntesis de la historia pretolteca de Mesoamérica", en: *Esplendor del México Antiguo*, segunda edición, México, Editorial del Valle de México, p. 1019-1108.
LITVAK K., Jaime
1970   "Xochicalco en la caída del Clásico: una hipótesis", *Anales de Antropología*, v. VII, México, UNAM, Instituto de Investigaciones Antropológicas, p. 131-144.
MILLON, René
1976   "Social Relations in Ancient Teotihuacan", en: *The Valley of Mexico*, editado por E.R. Wolf, Albuquerque, University of New Mexico Press, A School of American Research Book, p. 205-248.

21. El mundo Postclásico mesoamericano

José Rubén Romero Galván, UNAM

El Postclásico en Mesoamérica comienza alrededor del siglo IX con la desaparición de los grandes centros del Clásico. Este periodo se caracteriza por una serie de grandes movimientos migratorios no sólo de grupos mesoamericanos sino también de algunos provenientes de Aridamérica. En efecto, a la caída de los grandes centros, sobre todo de los que ocupaban el altiplano mexicano, se dio una retracción de la frontera cultural. Grupos chichimecas con una cultura diferente a la de los mesoamericanos penetraron en este territorio para originar una serie de sincretismos culturales de los que surgieron nuevas instituciones y rasgos que caracterizaron el Postclásico.

Cronología

El Postclásico abarca los años desde el 900 hasta el 1520. Durante este periodo, Mesoamérica tenía los límites que ha señalado Paul Kirchhoff. La frontera norte estaba constituida por una línea que se iniciaba en la desembocadura del río Sinaloa, seguía el cauce del mismo y descendía hasta el río Lerma, formando así una depresión para después, remontando, tomar la línea que sigue el río Pánuco hasta su desembocadura en el Golfo de México. La frontera sur iba desde la desembocadura del río Motagua hasta el Golfo de Nicoya, pasando por el lago Nicaragua.

Para su estudio, el Postclásico se ha dividido en Postclásico temprano, que va desde el año 900 hasta el 1200, y el Postclásico tardío, que se inicia en el 1200 y concluye a la llegada de los españoles.

Extensión geográfica

Durante el Postclásico, Mesoamérica estaba compuesta por cinco regiones culturales: 1) el Occidente de México, que comprendía aproximadamente los actuales estados de Sinaloa, Nayarit, Jalisco, Michoacán,. Colima y Guerrero; 2) la región de Oaxaca, que comprendía principalmente el estado que ahora lleva ese nombre; 3) el área maya, formada por lo que hoy es parte de Tabasco y los estados de Campeche, Yucatán, Quintana Roo y Chiapas, así como los territorios de los países centroamericanos de Guatemala, Belice, El Salvador, Honduras y parte de Nicaragua; 4) la región de la costa del Golfo, formada por lo que en nuestros días son la porción sur de Tamaulipas, la parte este de los estados de San Luis Potosí, Hidalgo y Puebla, así como la totalidad de Veracruz; y 5) el Altiplano, región que hoy ocupan los estados de Hidalgo, México, Tlaxcala, Morelos, Puebla y el Distrito Federal.

Tecnología

Durante este periodo siguieron construyéndose obras de ingeniería a fin de agrandar los terrenos dedicados al cultivo, así como aquellas a través de las cuales irrigaban las tierras de labranza. La metalurgia es una de las actividades que, por haber hecho su aparición en la Mesoamérica postclásica, viene a caracterizar este periodo. En efecto, hacia el siglo X aparecen los primeros trabajos de metales en la costa del Pacífico, en la zona que comprenden los actuales estados de Oaxaca, Guerrero y Michoacán. Por la arqueología sabemos también que en esta época se efectuaba la extracción de oro, plata, cobre, estaño y plomo.

El oro se extraía principalmente a través del lavado de arenas en ríos y arroyos, mientras que la plata y el cobre eran obtenidos al excavar a cielo abierto o en pozos y galerías. Los utensilios usados en la extracción del metal eran martillos de piedra con mango de madera, morteros de piedra, puntas de hueso, navajones de obsidiana, cucharones de barro y cuñas de madera.

La purificación se realizaba a través del procedimiento llamado de torrefacción, que consistía en mezclar el metal en bruto con carbón y encenderlo, avivando después el fuego al soplar a través de unos tubos de cobre. El metal se licuaba y se separaba al hacerlo descender hasta un recipiente previamente colocado en la parte inferior del brasero. Con el metal así obtenido se manufacturaban diversos objetos; se le trabajaba en frío con la técnica del martillado o en caliente al fundirlo y moldearlo con el procedimiento de la cera perdida.

Sociedad y política

La sociedad en el Postclásico presentaba una marcada estratificación en dos grandes grupos: los *pipiltin*, a quienes por comodidad llamamos nobles, y los *macehualtin*, a quienes se les denomina gente del pueblo. Los primeros constituían el grupo dominante, administradores en cuyas manos estaba el gobierno. Ocupaban la cúspide de la pirámide social. Era un grupo cuyo sitio privilegiado fue siempre evidente por las prendas y adornos que portaban sus miembros. Los macehuales, el sector de la sociedad directamente relacionado con la producción, constituían la base de la organización social. Ordenados en células llamadas *calpulli* (singular) o *calpultin* (plural), producían no sólo lo necesario para su consumo sino un excedente que por diversas vías, principalmente el tributo, pasaba a manos del grupo dominante. Durante este periodo se hicieron más grandes las contradicciones entre estos dos grupos. A través de un despotismo cada vez más notable, los nobles hicieron evidente su posición de grupo dominante.

La organización política mesoamericana durante el Postclásico estuvo caracterizada por la existencia, en cada uno de los grandes centros, de un poder central presidido por un gobernante supremo cuyo poder se legitimaba a través de los lazos que lo unía con la divinidad. En él recaía el poder vitalicio en todos sus órdenes: político, judicial, militar e incluso religioso. Este personaje era auxiliado en sus actividades por un grupo de funcionarios, nobles en su inmensa mayoría, organizados verticalmente. Al mismo tiempo existía otra forma política de orden gentilicio que se contraponía al poder central. Eran los *calpultin* los que ofrecían este segundo elemento de contradicción. Al parecer unidos por lazos de sangre, los miembros del *calpulli* eran gobernados por un consejo de ancianos y por uno de sus miembros electo por la totalidad del grupo.

Movilización étnica

Precisamente la organización del *calpulli* permitió que durante el Postclásico se observara en Mesoamérica una gran movilización. Estos grupos, cuyos lazos eran principalmente de linaje, se caracteriza-

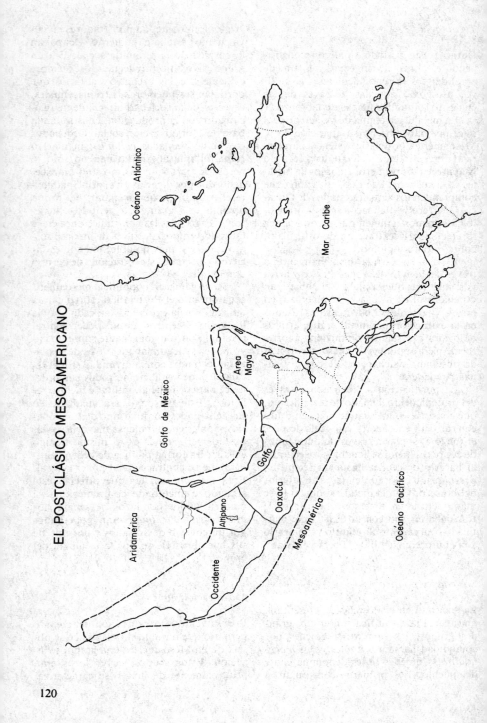

EL POSTCLÁSICO MESOAMERICANO

Océano Atlántico

Mar Caribe

Aridamérica

Golfo de México

Area Maya

Altiplano

Golfo

Occidente

Oaxaca

Mesoamérica

Océano Pacífico

ban por la posibilidad de cambiar de residencia según les convenía. Las fuentes informan de la llegada a los grandes centros, de *calpultin* que venían migrando en busca de mejores condiciones. Por otro lado, también durante el Postclásico observamos un movimiento de grupos de Mesoamérica periférica y de Aridamérica hacia las regiones de Mesoamérica nuclear. Fueron sobre todo los movimientos de este segundo tipo los que propiciaron una serie de procesos de sincretismo cultural, algunos de los cuales no escaparon a su registro en las fuentes.

Militarismo

La poca estabilidad creada en Mesoamérica por la caída de los grandes centros del Clásico fue posiblemente una de las causas del militarismo tan acentuado que se observó en el área mesoamericana desde los inicios del periodo Postclásico. En estas épocas se observa en Mesoamérica la presencia de órdenes militares y toda una serie de elementos ideológicos relacionados con la guerra.

Comercio

En el Postclásico se dio un comercio organizado a larga distancia. Esta actividad recaía en grupos de comerciantes especializados que recibían el nombre de *pochtecas*. Los bienes con que comerciaban eran sobre todo materias primas valiosas y objetos elaborados por artesanos especializados. Además del ejercicio de su actividad, los comerciantes en el Postclásico cumplían con otras tareas relacionadas con los poderes centrales de las regiones donde habitaban. Sus viajes constantes, su conocimiento de la geografía y costumbres de las regiones donde comerciaban, algunas de ellas muy alejadas, los hicieron excelentes espías y embajadores así como guías de primer orden durante las campañas de conquista. Los comerciantes llegaron a ocupar un lugar destacado dentro de la sociedad. Alejados de la producción agrícola, beneficiarios de privilegios, poseedores de riquezas, fueron un grupo intermedio entre los *pipiltin* y los *macehualtin*.

Religión

La religión mesoamericana durante el Postclásico presenta, además de una mayor complejidad en su panteón, un ritual muy desarrollado con orientación hacia los sacrificios humanos, los que, según indicios, en esta época aumentaron de manera importante. Si es seguro que durante el Clásico la religión justificaba el poder político, durante el Postclásico además de ello justificó la guerra. En efecto, durante este periodo se observa en Mesoamérica la presencia importante de guerras rituales que tenían como fin primordial obtener cautivos para el sacrificio. En muchas ocasiones estas guerras rituales encubrían verdaderas campañas de conquista a través de las cuales se manifestaban los proyectos de dominio de los grandes centros.

Bibliografía

NALDA, Enrique
1981   "México prehispánico: origen y formación de las clases sociales", en: *México, un pueblo en la historia*, v. 1, México, Universidad Autónoma de Puebla y Editorial Nueva Imagen, p. 45-165.

VARIOS
1976   *Los señoríos y estados militaristas*, México, Instituto Nacional de Antropología e Historia, SEP, México: Panorama histórico y cultural IX.

22. El altiplano central en la época tolteca

Leonardo López Luján, INAH

El hecho de que estados poderosos del Postclásico tardío justificaran su posición hegemónica al ostentarse como herederos de un orden político instaurado por los toltecas, hace muy difícil de dilucidar las historias de éstos, Tula y el gobernante Quetzalcóatl. Así, los supuestos herederos hablaban de una Tula maravillosa, en donde las mazorcas de maíz y las calabazas eran tan grandes que cada una tenía que ser cargada por un hombre; el tamaño de las matas de *huauhtli* era tan grande que parecían árboles; el algodón de todos colores brotaba de la planta así, pintado, y cruzaban su cielo aves tropicales. Los toltecas eran imaginados como los máximos artistas del pasado, y Quetzalcóatl como el sabio, el descubridor de los grandes secretos del mundo, que vivía de manera ascética en aposentos preciosos por el oro, plata, piedras preciosas, conchas marinas y plumas finas.

Estos exagerados relatos ocasionaron que se dudase de la identificación de la Tula histórica y la Tula arqueológica. Una Tula tan majestuosa como la descrita en esos documentos no podía ser la población cuyas ruinas, en el actual estado de Hidalgo, eran muy inferiores en urbanismo, dimensiones, belleza y poder a su antecesora Teotihuacan. En efecto, más ornamentada que bella, más ostentosa que fuerte, se juzgó que la Tula arqueológica no podía ser la ciudad del sacerdote Quetzalcóatl para aquellos que creyeron a pie juntillas en la historia del sabio penitente que quebrantó su ascetismo al embriagarse y yacer con una sacerdotisa. Para ellos sólo Teotihuacan era merecedora de tal gloria.

El debate entre los historiadores se solucionó cuando algunos accidentes geográficos mencionados en las fuentes escritas fueron identificados en la geografía circundante de la Tula Xicocotitlan, la del estado de Hidalgo. Pero no es suficiente comprender que la historia de Tula se cargó de exageraciones. Es necesario entender la causa de la leyenda de su supuesta grandeza: era el soporte político de los dominantes de épocas posteriores, que decían descender de aquellos viejos toltecas y acceder al poder por el linaje noble fundado por Quetzalcóatl. Además, debe tenerse presente que no existió una sola Tula, sino varias, conformadas como centros de poder que en sus momentos de gloria legitimaron a los gobernantes de los pueblos dependientes.

La vida del santo gobernante también se desmorona históricamente cuando se le despoja de la milagrería. Las contradicciones de las fuentes escritas, las distintas épocas en que se afirma vivió y la comparación de su vida con la de ascetas que se creían endiosados, conlleva a una idea muy distinta de su persona. No puede tratarse de un solo hombre. Era un dictado que recibían todos aquellos gobernantes penitentes que creían ser depositarios del fuego divino del dios Quetzalcóatl, hombres cuyas vidas y características tenían que ajustarse a los atributos y al mito divinos. La existencia de estos gobernantes era más ritualizada que espontánea —incluyendo su gran pecado— y tal vez eran tenidos más como centros de atracción de las fuerzas divinas que como seres humanos. Si Tula o las Tulas delegaban el poder, los gobernantes que recibían el título de Quetzalcóatl actuaban en nombre de este dios sobre la tierra e instalaban ritualmente a quienes dirigían a los pueblos subordinados a su esfera de influencia religiosa.

Arqueológicamente, se puede afirmar que Tula Xicocotitlan fue habitada en un principio por pueblos provenientes del norte de Teotihuacan. Más tarde, durante el siglo IX de nuestra era, caracterizado por la incesante movilidad social y la contracción de las fronteras mesoamericanas, hicieron su aparición en el actual estado de Hidalgo los tolteca-chichimecas. Asimismo, arribarían entonces a Tula los nonoalcas —probablemente de Tabasco—, pueblo de habla náhuatl que rendía culto a Quetzalcóatl en su advocación de Tlahuizcalpantecuhtli o "señor de la casa de la aurora". El registro arqueológico nos muestra que para ese entonces Tula era una pequeña aldea pluriétnica. No fue sino hasta el siglo X cuando Tula Xicocotitlan alcanzaría su verdadero apogeo, cuando se tornaría en el centro urbano de mayor importancia del Altiplano Central. Su ubicación en el área marginal mesoamericana ocasionó la rápida expansión, nunca antes vista, de las fronteras y la sedentarización de muchos de los grupos que poblaban la Gran Chichimeca.

Tula fue un asentamiento con base agrícola cuya población estaba dedicada, casi en su totalidad, a las actividades relacionadas directamente con la producción de alimentos. A pesar de que tenía unos 50,000 habitantes, Tula poseía una muy baja densidad poblacional. Esto se hace evidente porque la mayoría de las unidades habitacionales se encontraban muy alejadas unas de otras y contaban con campos de cultivo en su entorno. El núcleo urbano manifiesta una traza preconcebida típicamente mesoamericana, pero incluye nuevos elementos arquitectónicos que dan a conocer una época de cambio. Las estructuras mayores limitan una gran plaza rectangular que tiene una desviación de 18° al oriente, lo mismo que en otras urbes de Mesoamérica. El costado oriental de la plaza está limitado por el edificio C, que es el de mayores dimensiones; al norte se encuentra el edificio B, dedicado a Tlahuizcalpantecuhtli y en cuyos elementos se resumen todos los rasgos característicos de la arquitectura tolteca. También al norte está el recinto conocido como Palacio Quemado. En el extremo poniente de la plaza se localiza un juego de pelota de grandes dimensiones y, finalmente, en el costado sur, una plataforma aún sin explorar.

En lo que respecta a la arquitectura, en Tula se revolucionaron las ideas mesoamericanas concernientes al manejo del espacio. Con la combinación de series de columnas de espiga y techumbres ligeras, los recintos religiosos y palaciegos adquieren dimensiones majestuosas. Por ejemplo, el edificio dedicado a Tlahuizcalpantecuhtli cuenta con un novedoso espacio con pórticos en su extremo sur. Sobre su estructura se ubica un templo de dos recintos. Su acceso se lograba por tres vanos flanqueados por pilastras en forma de serpientes. En su interior, cuatro columnas representaban guerreros ricamente ataviados y cuatro pilastras esculpidas con motivos militaristas hacían las veces de soportes aislados de un gran techo plano. Asimismo, en Tula comienza la tradición del *coatepantli* o "muro de serpientes", después generalizada en todo el Altiplano.

En lo que se refiere a la escultura, Tula introduce sus propios motivos iconográficos: hace constante insistencia en las escenas militares. Es común encontrar esculturas francamente integradas a la arquitectura que representan a individuos

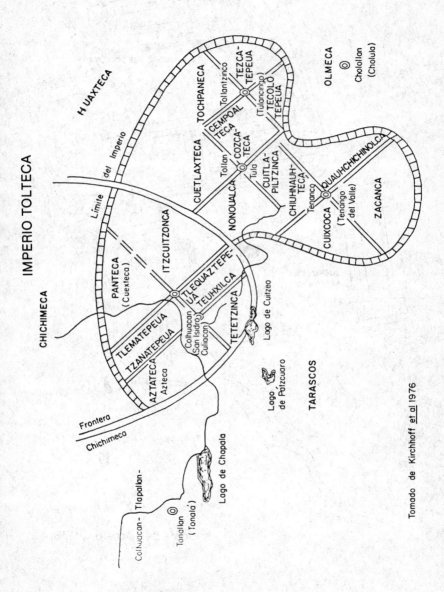

IMPERIO TOLTECA

Tomado de Kirchhoff et al 1976

125

PRINCIPALES EDIFICIOS DE TULA, HIDALGO

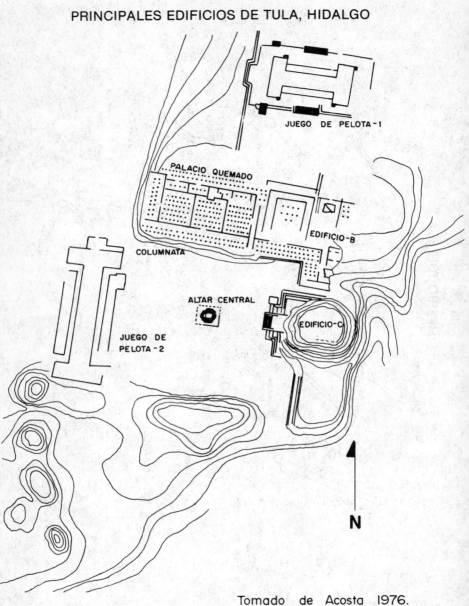

JUEGO DE PELOTA-1

PALACIO QUEMADO

EDIFICIO-B

COLUMNATA

ALTAR CENTRAL

EDIFICIO-C

JUEGO DE PELOTA-2

N

Tomado de Acosta 1976.

armados, como sucede en las banquetas con bajorrelieves del Palacio Quemado, que muestran procesiones de guerreros. También son frecuentes las imágenes de jaguares, coyotes, águilas y zopilotes que devoran corazones, así como las esculturas exentas de pequeños guerreros, similares a atlantes, que sostienen con sus brazos en alto banquetas monolíticas. Pero las representaciones escultóricas que dieron una mayor celebridad a la cultura tolteca y que siglos después serían comunes entre tarascos, mayas y mexicas, son aquellas imágenes antropomorfas, reclinadas, que sostienen sobre su abdomen un vaso para ofrendas y que son conocidas como *chac mool*.

Las fuentes históricas presentan datos frecuentemente divergentes acerca del abandono definitivo de Tula. Los cálculos de la salida de Ce Acatl Topiltzin Quetzalcóatl hacia Tlillan Tlapallan varían según los informes de los diversos textos: se habla de los años 987, 1184 e incluso del 1204. Arqueológicamente se ha podido demostrar que el centro ceremonial más famoso del Postclásico temprano cae y es destruido en el siglo X por grupos posiblemente provenientes de la Cuenca de México. Estos son los productores de la cerámica llamada Azteca II. Sin embargo, la región nunca se deshabita: durante el Postclásico tardío, Tula alcanza una población tan densa como la del periodo anterior.

Las especulaciones acerca del derrotero final del gobernante asceta, que partiría hacia el oriente para volver en un año Uno Caña, son abundantes. Algunas fuentes aseveran que en el año 987 llegaría a tierras yucatecas, ahora con el nombre de Kukulcán (o "serpiente emplumada" en lengua maya). Al parecer, la influencia tolteca en el área maya se manifiesta desde el siglo IX y es posible vislumbrarla en sitios tan remotos como el Valle del Motagua en Honduras. Recientes investigaciones han postulado que dichas influencias fueron promovidas por los putunes, comerciantes oriundos de Tabasco y Campeche que habían logrado fuertes nexos con sus vecinos del Altiplano. Los putunes recorrían rutas y puertos de intercambio establecidos desde el periodo Postclásico con el fin de vender bienes de prestigio producidos en lejanas regiones. Una rama de los putunes, los itzaes, colonizaron Chichén Itzá y lo dominaron entre los años 987 y 1224. Posiblemente después de la llegada de los itzaes, hicieron su aparición grupos toltecas disidentes que establecieron una religión que veneraba primordialmente a dioses astrales y promovía los sacrificios humanos y el expansionismo militar. Es así como súbitamente irrumpen en Chichén Itzá los estilos arquitectónicos y escultóricos toltecas con elementos tales como los recintos sostenidos por columnatas, el tablero y el talud, las columnas de serpientes emplumadas, las banquetas con representaciones de procesiones de guerreros, el *chac mool* y las imágenes de fieras devorando corazones.

Los mayas de Chichén Itzá copiarían los gustos estilísticos del grupo hegemónico tolteca, aunque con mayores dimensiones y mejores técnicas que en la misma Tula Xicocotitlan.

Bibliografía

ACOSTA, Jorge R.
1976   "Los toltecas", en Piña Chan, Román (ed.): *Los señoríos y estados militaristas*, México, SEP/INAH, México: Panorama histórico y cultural IX, p. 137-158.

JIMENEZ MORENO, Wigberto
1941   "Tula y los toltecas según las fuentes históricas", *Revista Mexicana de Estudios Antropológicos* v. V, núm. 2-3, México, Sociedad Mexicana de Antropología, p. 79-84.

KIRCHHOFF, Paul; Lina ODEGA G. y Luis REYES GARCIA
1976   *Historia tolteca-chichimeca*, México, INAH-CISINAH-SEP.

YADEUN ANGULO, Juan
1975   *El estado y la ciudad: El caso de Tula, Hgo.* (*Proyecto Tula*), México, INAH (Colección Científica núm. 25).

23. Las invasiones chichimecas al altiplano central

Leonardo López Luján, INAH.

Las migraciones de pueblos norteños

Al principio de nuestra era acontecieron importantes movimientos demográficos en el territorio que actualmente ocupa México. Numerosos contingentes de pueblos agricultores emigraron hacia el norte, más allá de las fronteras mesoamericanas, para poblar lo que a la postre sería un área cultural floreciente.

Se calcula que ese periodo de ocupación del centro-norte de México perduró cerca de un milenio y que su final se registró entre los años 900 y 1000 d.C. En ese último siglo acaecieron inusitados desplazamientos de población, cuyas causas no comprendemos cabalmente hoy en día. La mayor parte de los agricultores de Durango, Zacatecas, Aguascalientes, Guanajuato y Querétaro, abandonaron paulatinamente los territorios en donde se habían asentado desde hacía un milenio. Las migraciones masivas eran no sólo de los antiguos colonizadores aldeanos del centro-norte, sino también de recolectores cazadores que habían compartido con ellos el mismo hábitat septentrional.

Aldeanos y nómadas siguieron tal vez diferentes rumbos en su peregrinaje. Es probable que algunos de ellos se hayan dirigido más al norte y al noroeste de nuestro país, en busca de centros agrícolas como Casas Grandes en Chihuahua o de las planicies costeras de Sinaloa, pero la mayoría tomó camino hacia el Altiplano Central. Un sinnúmero de fuentes escritas del siglo XVI nos narran la continua llegada de pueblos norteños al Altiplano Central durante ese periodo. Se les llama despectivamente "chichimecas", en forma genérica, no obstante las grandes diferencias culturales entre unos y otros.

En efecto, se debe subrayar que el término "chichimeca" es problemático ya que cuenta con varias acepciones: con él se designa a los pueblos oriundos del centro-norte de México, ya fuesen pueblos de cultura mesoamericana, agricultores primarios, o recolectores cazadores. Dicho término no presupone de manera invariable características tecnológicas, económicas, étnicas ni culturales, compartidas por dichas sociedades; únicamente señala un origen geográfico común.

Sabemos que casi todos los pueblos emigrados a la Mesoamérica nuclear dependían para su sustento no sólo de la recolección y la cacería, sino también del cultivo de la tierra. También poseían rasgos culturales mesoamericanos como la práctica de ceremonias de siembra y cosecha, la construcción de templos e imágenes de sus dioses y una organización social estratificada en la que el sacerdocio desempeñaba un papel esencial.

Los desplazamientos multitudinarios de aldeanos tuvieron consecuencias inmediatas en el Altiplano Central. Algunos señoríos, al verse compelidos a incorporar naciones enteras, modificaron la composición étnica de su región. Otros se desintegraron definitivamente ante tal situación de caos. Sobrevino entonces una desintegración política generalizada y una época de decadencia que duraría cerca de cien años. En pocas palabras, la historia del Altiplano Central se trastornó de manera irreversible con la llegada de los agricultores y, a su zaga, de los recolectores cazadores del norte. Nuevas entidades políticas multiétnicas se constituyeron sobre dicho desconcierto. A partir de ese entonces los pueblos inmigrantes originarios de Mesoamérica marginal infundieron una tónica militarista en las nuevas sociedades del Altiplano.

Otra consecuencia directa de los fenómenos de movilidad de los siglos X y XI fue el retroceso de las fronteras de la agricultura en el Altiplano Central. Los nuevos confines septentrionales de Mesoamérica se ubicaron en alrededor de 250 kilómetros más al sur, lo que significó un total de 100,000 kilómetros cuadrados abandonados por los agricultores. Se iniciaban aproximadamente a la altura del desagüe del río Pánuco en el Golfo de México, continuaban hasta la cuenca del Moctezuma y de allí hasta el valle del río Lerma para remontar la Sierra Madre Occidental y llegar finalmente a la costa del Océano Pacífico.

Esta frontera marcó la nueva franja de contacto entre los pueblos sedentarios replegados y los chichimecas nómadas. Tras la marcha hacia el sur de los aldeanos marginales, los nómadas no dudaron en ocupar los territorios deshabitados. A juicio de algunos investigadores, estos sucesos fueron consecuencia y no causa del desplazamiento de los agricultores.

Quisiera mencionar aquí dos de las hipótesis que pretenden explicar los fenómenos sociales que acabo de citar. Sin embargo, es necesario aclarar de antemano que ambas son explicaciones tentativas que aún carecen de los datos suficientes para ser consideradas ciertas y presentan serios problemas de cronología. La más aceptada en la actualidad sustenta la existencia de un deterioro en dicha región de las condiciones ambientales que favorecían las prácticas agrícolas. Varios estudiosos coinciden en afirmar que desde el siglo XII, o tal vez desde el XIII, se manifiesta una pauperización climática. Dichas transformaciones obligaron a los pueblos sedentarios a replegarse hacia el sur y hacia la Sierra Madre Occidental en busca de regiones más húmedas. Es probable que esta tesis explique una aceleración en las migraciones durante el siglo XII, pero no describe las causas de los cambios sociales que se dieron desde el siglo X. Una hipótesis alternativa sostiene que los grandes cambios geopolíticos ocurridos en el Altiplano Central durante el siglo XII pueden explicar los móviles del abandono de los núcleos sedentarios de Mesoamérica marginal. Desde esta perpectiva, la caída de los centros hegemónicos de Mesoamérica nuclear y marginal favoreció las incursiones de los pueblos nómadas en regiones tradicionalmente habitadas por agricultores.

Los chichimecas de Xólotl

Entre todos los grupos chichimecas nómadas que arribaron a la Cuenca de México durante la primera mitad del siglo XIII, destaca aquel acaudillado por *Xólotl*. En las pictografías y fuentes escritas del siglo XVI se concibe a este grupo como gente bárbara y belicosa; se les describe como recolectores cazadores de vida nómada. Estos chichimecas comúnmente son representados portando ropajes elaborados con pieles, y en ambientes áridos donde proliferan los mezquites, nopales y biznagas. En su vida norteña, los chichimecas de Xólotl se alimentaban de tunas grandes, maíz silvestre, cactos y productos de la caza. Sus armas eran el arco y la fecha, y sus moradas, cuevas. La cultura material de este pueblo era muy reducida: se limitaba a pequeños canastos de mimbre, cerbatanas, aljabas y redes para el transporte de las presas y de los críos, entre otras cosas.

130

Xólotl y sus seguidores rendían culto a los astros, y en especial al Sol. Al parecer, hablaban alguna lengua como el pame, el otomí o el mazahua.

Sin embargo, algunos investigadores se han negado a aceptar ese carácter "primitivo" de los chichimecas de Xólotl que continuamente se subraya tanto en pictografías como en fuentes escritas. Sostienen, en cambio, que algunas conductas chichimecas como la realización de censos, la demarcación de territorios, la imposición de cargos en el gobierno, la manipulación del parentesco con fines políticos, y la asignación disposicional de gente y recursos, denotan una organización social mucho más compleja de la que hasta la fecha se ha supuesto tenía este pueblo.

Datos arqueológicos demuestran que, tras la llegada de grupos chichimecas a la Cuenca de México la población se incrementa notablemente, sobre todo en el área que comprende el somontano y la llanura, lugar desde el cual era posible controlar el acceso al lago y a la montaña. Asimismo, se tiene registro de que en esta época se edifican obras hidráulicas de gran tamaño.

Según las fuentes históricas los chichimecas de Xólotl arribaron a la Cuenca de México una vez que Tula había sido abandonada. Hicieron su aparición por el norte y se avocaron a reconocer un territorio rico en recursos, del cual se apropiarían más tarde sin mayor resistencia de la población autóctona. Grandes contingentes pasaron por las ruinas de Tula y por Actopan para asentarse temporalmente en Xóloc. Posteriormente Nopaltzin, hijo de Xólotl, se encargó de recorrer y explorar el futuro Acolhuacan. En ese reconocimiento atravesó el Valle de Teotihuacan y las regiones aledañas a Chimalhuacan, Chalco y Cholula. Mientras tanto Xólotl tomaba posesión de un gran territorio —el *chichimecatlalli*—, dividido en cuatro provincias, que comprendía el norte, el oriente y parte del occidente de la Cuenca de México, y que tenía como límites extremos el Nevado de Toluca, Izúcar, Atlixco, el Cofre de Perote, Huauchinango, Tulancingo, Meztitlan y Cuetzalan. Por ese

entonces también hacen su llegada a la Cuenca otros grupos chichimecas como los tepanecas, los otomazahuas y los acolhuas, grupos a quienes Xólotl otorga tierras.

En Tenayuca, la nueva capital, los chichimecas inician una nueva forma de vida caracterizada por el rápido aprendizaje de las costumbres que practicaban los moradores originarios de la Cuenca. Los principales señores chichimecas contraen nupcias con mujeres toltecas. Así por ejemplo Tlotzin, hijo de Nopaltzin, es el primer señor mestizo chichimeca-tolteca. Precisamente durante el gobierno de este señor se inicia un proceso de franca asimilación cultural de los chichimecas. Pese al desacuerdo de muchos, por influencia de los chalcas se reintroducen en el Acolhuacan, al este del lago de Tetzcoco, las prácticas agrícolas y se comienza a hablar el náhuatl. A final de cuentas, los grupos que se oponían a estos cambios tuvieron que emigrar hacia el norte.

Al tomar por esposa a una mujer chalca, Tlotzin concibió a Quinatzin, su sucesor. Con el ascenso al poder de este último, la capital del señorío acolhua pasa de Coatlinchan a Tetzcoco, lugar donde también se establecieron dos grupos de alta cultura: los tlailotlaques y los chimalpanecas. Debido al influjo de estos pueblos, los chichimecas adquieren algunas prácticas y creencias netamente mesoamericanas.

Techotlala, el sucesor de Quinatzin, fue criado ya con el refinamiento propio de la cultura tolteca que los chichimecas habían adquirido poco tiempo antes. Su nana fue una mujer culhua que le enseñó a hablar el náhuatl desde pequeño. Por tal motivo, una vez que Techotlala asumió el mando de su pueblo, dictó una serie de leyes que contribuyeron al aceleramiento de la aculturación chichimeca. Entre otras medidas impuso el náhuatl como lengua oficial, amplió las áreas de cultivo y permitió la entrada al territorio acolhua de cuatro grupos mesoamericanos con los cuales se fundiría a la postre la población chichimeca: los mexitin, los colhuaques, los huitzinahuaques y los panecas.

Sin embargo el proceso general de "tol-

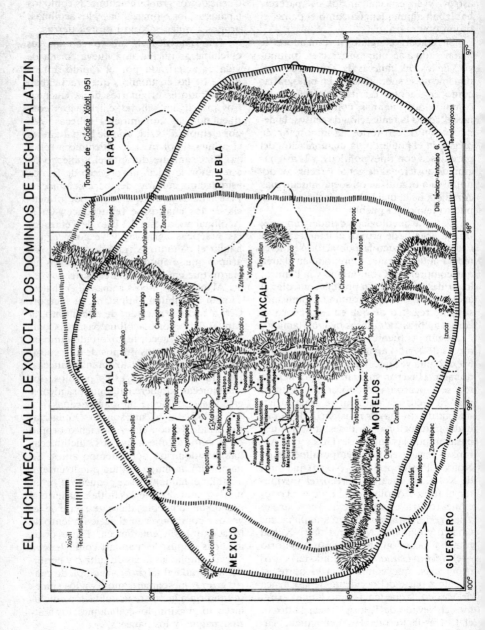

EL CHICHIMECATLALLI DE XOLOTL Y LOS DOMINIOS DE TECHOTLALATZIN

Tomado de *Códice Xólotl*, 1951

Dib. técnico: Antonino G.

Xólotl ▭▭▭▭
Techotlalatzin ▯▯▯▯

VERACRUZ

PUEBLA

TLAXCALA

HIDALGO

MORELOS

MEXICO

GUERRERO

LA FRONTERA SEPTENTRIONAL MESOAMERICANA

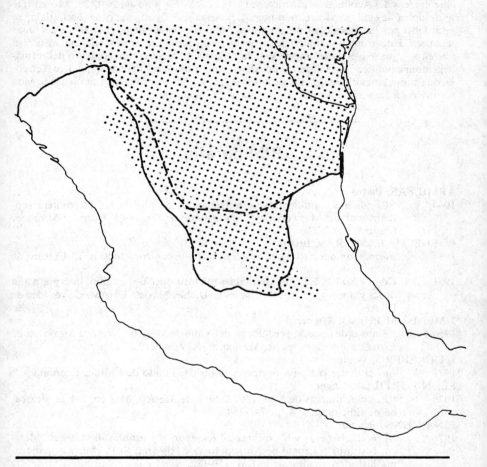

———————— Frontera septentrional de Mesoamérica, 1500 d.C.

− − − − − Límite septentrional de agricultura en el altiplano, 1000 d.C.

∴∴∴∴ Zona árida del norte de México (climas de estepa y desierto) en la época actual.

Tomado de Armillas 1964

133

tequización" que se venía dando entre los chichimecas del Acolhuacan prácticamente desde su llegada, se vio cuando menos retardado por la imposición del dominio tepaneca. Este grupo —también de origen norteño— gozaba por ese entonces de la hegemonía política en la Cuenca de México. En ese entendimiento, los acolhuas no tuvieron más remedio que aceptar la derrota y soportar el yugo de los tepanecas. No fue sino hasta 1428, año en que Netzahualcóyotl, nieto de Techotlala, se alió con los mexicas, cuando los acolhuas recobraron su independencia. En esa fecha se inicia el florecimiento del refinado señorío acolhua con capital en Tetzcoco, señorío éste que vería su fin a la llegada de los españoles.

Bibliografía

ARMILLAS, Pedro
1964   "Condiciones ambientales y movimientos de pueblos en la frontera septentrional de Mesoamérica", *Homenaje a Fernando Márquez-Miranda*, Madrid, p. 62-32.
BOEHM DE LAMEIRAS, Brigitte
1986   *Formación del Estado en el México Prehispánico*, Zamora, El Colegio de Michoacán.
1951   *Códice Xólotl*, Edición fascimilar, con introducción, estudio, interpretación de los glifos y apéndices de Charles E. Dibble, México, UNAM/Universidad de UTAH.
JIMENEZ MORENO, Wigberto
1954-1955   "Síntesis de historia precolonial del Valle de México", *Revista Mexicana de Estudios Antropológicos*, México, v. XIV, p. 219-236.
KRICKEBERG, Walter
1975   *Las antiguas culturas mexicanas*, México, Fondo de Cultura Económica.
LEON PORTILLA, Miguel
1978   "Los chichimecas de Xólotl", *Historia de México*, México, Salvat Mexicana de Ediciones, t. 4, p. 741-758.
PIÑA CHAN, Román
1976   "Los chichimecas y los mexicas, *Los señoríos y estados militaristas*, México, Instituto Nacional de Antropología e Historia, SEP. (México: panorama histórico y cultural: IX), p. 159-182.

24. Los grupos otomianos

Noemí Quezada, UNAM

Distribución

Pertenecientes al tronco otopame, las lenguas otomí, mazahua, matlatzinca y ocuilteca se localizan dentro del área mesoamericana, en tanto que el pame y el chichimeco jonaz estarían en la zona denominada Aridamérica.

La población otomiana se extendió en su lindero occidental hasta Michoacán; como límite oriental tuvo a la Sierra de las Cruces; al norte, en épocas tempranas, penetró en Aridamérica; y al sur llegó hasta las regiones de Temazcaltepec, Tejupilco, Zacualpa y Tlatlaya. Debido a la presión de conquista que ejercieron los tepanecas y más tarde los mexicas, la población otomí se desplazó hacia la Cuenca de México, Teotlalpan, Meztitlán, la Sierra de Puebla (Tototepec), Acolhuacan y Tlaxcala, así como algunos núcleos en Michoacán y Guerrero.

Con la conquista de las áreas norteñas por los chichimecas, los otomianos emigraron rumbo al sur, concentrándose en el Valle de Toluca. Es importante señalar que en los centros de mayor importancia política y económica como Toluca, Metepec y Calimaya se registró la coexistencia de mazahuas, otomíes y matlatzincas.

Origen y antigüedad

El valle de Toluca y la región de Xilotepec es el área en que confluyen las lenguas otomianas y en donde se encuentran mayores diferencias dialectales, lo que hace pensar que es el centro de origen y dispersión.

Según la tradición nahua comparten con otros grupos el origen mítico de Chicomóztoc, las "Siete Cuevas". Un anciano llamado Iztacmixcóatl y su mujer Ilancue tuvieron seis hijos, el último de los cuales de nombre Otómitl da origen al grupo.

Otro mito relata que los primeros pobladores llegados a Nueva España desembarcaron en Pánuco y fueron caminando hacia el sur, rumbo a Guatemala. Poblaron Tamoanchan y desde ese lugar iban a Teotihuacan para hacer sus ceremonias al Sol y a la Luna, así como para elegir a sus gobernantes. En Tamoanchan se inicia la dispersión. Salieron primero los olmecas, después el señor de los cuextecas con su gente. Reunidos los ancianos, señores y sacerdotes que quedaban, y siguiendo las órdenes que su dios les había comunicado, en el sentido de que deberían ir a descubrir más tierras, abandonaron

135

Tamoanchan y pasaron por Teotihuacan. Elegidos sus nuevos gobernantes, dejan la ciudad cada uno de los señores con la gente de su lengua. Iban primero los toltecas y tras ellos los otomíes. Finalmente estos últimos se separan en Coatépec y el que era su señor los llevó a la sierra para asentarse en las laderas. Esta es la explicación mítica de por qué este grupo tiene sus poblaciones en las faldas de los montes.

Para algunos investigadores los teotihuacanos eran otomianos, siendo asimismo más antiguos en Mesoamérica que los primeros toltecas. Antes de la fundación de Tula, los toltecas van hacia el norte, en tanto que los otomíes permanecen en sus asentamientos. Cuando los toltecas regresan para fundar Tula, conquistan a los otomíes; sin embargo, éstos conservan su cultura. Adoraban a Yocippa, dios del fuego, y a la diosa madre, asociada a la Tierra y a la Luna; a diferencia de otros grupos mesoamericanos, tuvieron un culto especial a la Luna. Otros rasgos característicos fueron los ritos en las cimas de los cerros y las casas ceremoniales en el campo. La identificación del grupo otomí con el dios del fuego fue reconocida por otros pueblos; por ejemplo, del barrio otomí de Copolco, en Tenochtitlan, salía el fuego nuevo cada fin de siglo.

Trabajo

La división del trabajo era por sexos. La ocupación fundamental de los hombres fue la agricultura; siembra de temporal por medio del cultivo de roza, con el uso de la coa. En algunas regiones se practicó el riego por medio de canales. En ciertos pueblos ribereños a la laguna de Lerma probablemente existió la agricultura de chinampas. Actividades masculinas fueron también la caza con arco y flecha, red y trampas; la pesca con redes y salabres; y la fabricación de esteras en aquellas zonas propicias para ello.

Las mujeres manufacturaban textiles, hilando y tejiendo el ixtle y el algodón; eran prestigiadas bordadoras. Además de la indumentaria familiar, hacían mantas de diversos tamaños para el pago del tributo. Puede inferirse que la mujer ayudaba en algunas etapas del trabajo agrícola, en tanto que el hombre colaboraba en la fabricación de la fibra del maguey, como sucede hoy en día entre los otomianos.

En las zonas boscosas se dio la explotación de madera para consumo local y para entregar a Tenochtitlan.

La tenencia de la tierra

La propiedad de la tierra fue comunal. Existió la propiedad privada sólo para los dirigentes y principales, quienes podían arrendar la tierra. Los hombres del pueblo estaban organizados en *calpulli* (grupos de parientes que vivían en un territorio definido). Las parcelas se distribuían entre sus miembros, quienes escogían la más adecuada según la calidad de la tierra y el cultivo. Se contó siempre con una reserva de tierra para distribuir a las futuras familias. En cada *calpulli* se delimitaba y reconocía la parcela del señor local y la del señor mayor.

La división social

La sociedad se dividió en dos grupos. En el primero se encontraban los gobernantes. Los otomíes reconocieron a los señores "mayores" como dirigentes, y a los señores "menores" como jefes locales. Además pertenecían a este grupo todos los principales o nobles. El segundo grupo lo integraban los hombres del pueblo o "ínfimos".

Gobierno

Eran tres los jefes mayores: *tlatuán* se designaba al primero, *tlacatecatle*, al segundo, y al tercero, *tlacuxcálcatl*. Cuando el *tlatuán* moría se promovía a su puesto al segundo, y el tercero ascendía a *tlacatecatle*. Al mismo tiempo se elegía al hijo, hermano o sobrino del desaparecido para que ocupara el cargo más bajo. Ninguno ocupaba el lugar del padre, sino que debían subir grado por grado, siempre y cuando observaran una buena función en el puesto. Existía un consejo que era consultado para las grandes decisiones del grupo. Cada comunidad tenía a su vez jefes locales o señores inferiores, cargos que eran vitalicios. Los cargos eran hereditarios, el gobierno de respeto y los gobernantes trataban bien a sus vasallos, pues eran conscientes de que si abusaban del poder podían ser destituidos.

Xaltocan y Azcapotzalco

El reino otomí de Xaltocan (1220-1278), sojuzgando villas y pueblos vecinos y efectuando alianzas con otros señoríos, llegó a tener el control de la tierra en el centro de México. La extensión del señorío coincide con la distribución de la población otomí, con excepción de Xilotepec, que conservó su independencia, y del área controlada por los matlatzincas. Bajo su dominio quedaron asimismo los nuevos territorios de la Teotlalpan y la Sierra de Puebla.

Otomíes, matlatzincas y nahuas originarios del Valle de Toluca se asientan en Azcapotzalco y dan origen al grupo tepaneca. Con la caída de Culhuacan, en II Caña (1347), el señorío tepaneca de Azcapotzalco logra la hegemonía del centro de México. Su poderío está asociado al reinado de Tezozómoc y la adopción de la vida civilizada por los chichimecas. Xaltocan fue el primer objetivo de Tezozómoc, a la que atacó con la ayuda de los mexicanos, provocando una dispersión de la población otomí hacia el este y el sur. Aliándose a Coatlichan, Acolman, Amecameca, Huexotzinco y Cuauhnáuac, tuvo gran predominio entre 1376 y 1427, logrando la mayor influencia tepaneca en el centro de México entre 1418 y 1427. Pierde Azcapotzalco el control para 1428, cuando es conquistada por los mexicas.

Triple Alianza

El control pasa a los mexicas con el refuerzo de sus aliados Tetzcoco y Tlacopan, quienes forman la *Triple Alianza*. Conquistaron a todos los pueblos otomianos, salvo aquellos que emigraron a Michoacán y Tlaxcala, dejando a los señores naturales como gobernantes; pero cuando lo consideraron conveniente para evitar rebeliones, los eliminaron (como en el caso del señor de Matlatzinco), nombrando a uno incondicional y dejando a un recaudador de tributos mexica. Los pueblos conquistados fueron repartidos entre los reyes de la Triple Alianza, quienes se beneficiaron con el tributo.

El vasallaje, como entre Xaltocan y Azcapotzalco, fue el tributo que recogían de la parcela que pertenecía al conquistador, además de los productos regionales como la pesca, la sal, las artesanías y el servicio personal.

Matlatzincas

De los grupos otomianos mesoamericanos del Postclásico, el que mayor desarrollo político y económico logró fue el matlatzinca. Ocupó el Valle de Toluca, el de Ixtlahuaca y la parte sur del actual Estado de México, sometiendo a los otros pueblos otomianos y a algunos nahuas antes de la conquista mexica. Su cabecera administrativa fue Toluca, en tanto que Calixtlahuaca funcionó como centro ceremonial.

Su posición fue estratégica, entre territorios tarascos y mexicas, lo que les permitió conservar cierta independencia, aún después de la conquista de Axayácatl.

Eran reconocidos como excelentes guerreros y estrategas, tanto que durante la conquista española los mexicas esperaban que vinieran a combatir en contra de los españoles.

Contaron con una forma democrática para elegir a sus señores, quienes podían ser sustituidos si no cumplían con sus deberes. Asimismo, en años de sequía y

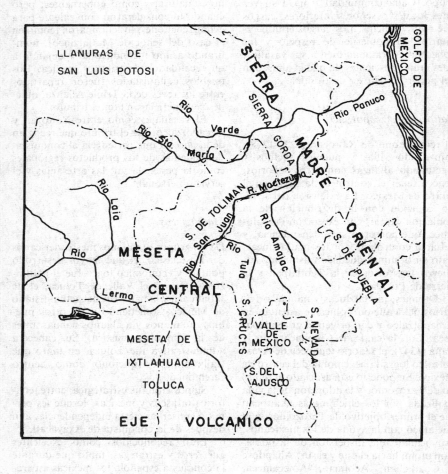

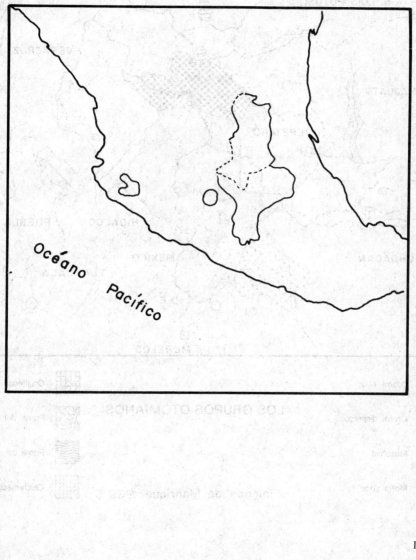

Océano Pacífico

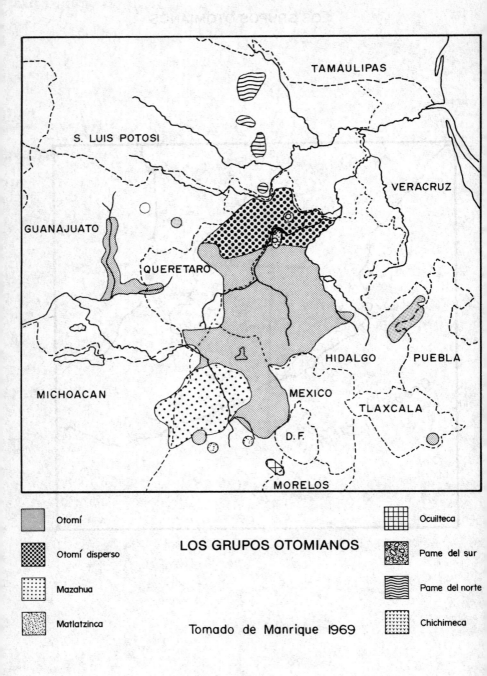

LOS GRUPOS OTOMIANOS

Tomado de Manrique 1969

Otomí	Ocuilteca
Otomí disperso	Pame del sur
Mazahua	Pame del norte
Matlatzinca	Chichimeca

malas cosechas, estaban obligados a distribuir entre el pueblo el tributo acumulado en sus graneros.

Por ser el Valle de Toluca el silo de Tenochtitlan, y su maíz de muy buena calidad, la agricultura en esta zona estuvo bien organizada.

Otomianos de Michoacán

A raíz de la conquista del Valle de Toluca por los mexicas, grupos de matlatzincas y otomíes emigraron a Michoacán.

Al noroeste de la ciudad de Morelia se localiza el pueblo de Charo Matlatzinco, así como sus vecinos Undameo y Tiripetio, fundaciones matlatzincas; Huetamo, al sur, contaba entre su población mayoritaria a gente de esta misma lengua. Taymeo y Necotlan fueron establecidas por otomíes y algunos matlatzincas.

Los pueblos fronterizos de Zitácuaro y Taximaroa son registrados como enclaves de habla matlatzinca, otomí y mazahua, así como de náhuatl y tarasco.

Bibliografía

CARRASCO PIZANA, Pedro
1979   *Los otomíes. Cultura e historia prehispánica de los pueblos mesoamericanos de habla otomiana,* México, Biblioteca Enciclopédica del Estado de México.
MANRIQUE C., Leonardo
1969   "The Otomi", *Handbook of Middle American Indians,* vol. Ethnology, Part 2, Texas, University of Texas Press, p. 682-722.
QUEZADA RAMIREZ, María Noemí
1972   *Los matlatzincas. Epoca prehispánica y época colonial hasta 1650,* México, Departamento de Investigaciones Históricas, INAH.

25. La migración de los mexicas

Bertina Olmedo Vera, INAH

Lugar de origen

A diferencia de numerosos pueblos nahuas que compartían un origen común, los mexicas procedían según sus relatos de un lugar específico llamado Aztlan, el cual se describe en las fuentes históricas como una isla en el centro de un lago, con abundante vegetación y fauna acuática, donde se practicaba la agricultura. Su ubicación temporal y espacial no se menciona en la mayoría de los relatos y sólo algunos se refieren a estos aspectos de manera muy vaga; Aztlan se muestra como un origen perdido.

Este problema ha sido abordado por los estudiosos del tema con dos enfoques distintos. Por un lado, hay quienes afirman que Aztlan existe y se puede localizar geográficamente; las tentativas de ubicación del lugar han producido diferentes hipótesis, pero el consenso general lo sitúa al norte del Altiplano Central. Mas no todos intentan localizar Aztlan; existe otra corriente de investigadores que niegan que un lugar como éste, de alto contenido simbólico, pueda situarse geográficamente ya que corresponde a una representación mítica: el lugar de origen tribal sería la manifestación de un mito de génesis, de nacimiento de un pueblo.

Quizá existió un vago recuerdo del lugar y este recuerdo se estructuró en lenguaje mítico, por lo que valdría la pena tratar de localizarlo. Pero tal vez Aztlan fue instituido como lugar de origen posteriormente, a imagen de México-Tenochtitlan. Ambas son ciudades edificadas sobre una isla en el centro de un lago; ambas vecinas de Culhuacan situado en tierra firme, y por lo tanto ligadas a los toltecas; los dos lugares expresan un universo a la vez lacustre, urbano y agrícola. Esta última interpretación que plantea a México-Tenochtitlan como un doble equivalente al origen, expresa como problema de fondo el de la legitimización territorial que expondremos más adelante.

Ahora bien, en las fuentes históricas aparecen al lado de Aztlan, como etapas diferentes en su recorrido y a veces confundiéndose con él, otros dos lugares: Culhuacan y Chicomóztoc. Sin embargo, la mención de cada uno de estos sitios tiene connotaciones diferentes: Culhuacan o Teoculhuacan, para diferenciarla de la ciudad en la Cuenca de México, sería la capital de la región septentrional del mismo nombre que fuera una de las grandes provincias toltecas. Por el contrario, Chicomóztoc, evoca el medio ambiente natural de las llanuras desérticas del norte y un modo de vida específico, el de los chichimecas. En Chicomóztoc se organiza la expedición.

Salida de Aztlan

Se ha propuesto que los mexicas, pescadores y cazadores lacustres, eran tributarios de un grupo que representaba en Aztlan el poder tolteca. Al iniciar la migración se identificarían como un grupo distinto: dejarían de ser "gente de Aztlan" y tomarían el nombre de *mexitin*, "gente de Mexi", personaje histórico identificado con Huitzilopochtli o con Chalchiuhtlatónac-Mexi, guía del grupo durante la migración. En este momento se establece un cambio de filiación política y en las obligaciones tributarias. El apelativo mexicas los identificará posteriormente como los habitantes de México.

Salieron de Chicomóztoc cansados de la opresión que sufrían, formando parte del proceso de atracción hacia el centro que va a caracterizar al periodo Postclásico; esto se ha interpretado como el desplazamiento de grupos tributarios de los toltecas que contribuyeron a la caída de Tula, ya debilitada por diferencias internas. Partieron en una expedición organizada institucionalmente con ocupaciones territoriales continuas.

El instigador principal de la migración fue Huitzilopochtli, sacerdote de Tetzauhtéotl, antiguo dios de los aztecas. Este personaje histórico fue deificado al morir como hombre en Culhuacan para convertirse en el dios tribal de los mexicas, en el corazón del pueblo y primer capitán de la migración, acompañándolos en un envoltorio que actuaba como oráculo y a veces tomando la forma de un ave que precedía al grupo. La toma de decisiones durante la migración se atribuye a Huitzilopochtli, pero el acceso a él estaba intermediado por los jefes de la expedición.

Las fuentes presentan versiones diferentes sobre el nombre y número de grupos que salieron de Chicomóztoc; una de las versiones principales lista siete grupos o tribus nahuas que salieron de las Siete Cuevas, siendo los mexicas los últi-

mos en abandonar el lugar. Los emigrantes se organizaron en siete *calpultin*, cada uno con su dios protector, pero todos subordinados a Huitzilopochtli; cada *calpulli* nombró cuatro *teomamaque* o portadores del dios, que conformaban el cuerpo sacerdotal y un jefe militar o *teyacanqui*, guía principal del grupo. Se organizaban para obtener sus medios de subsistencia mediante la caza, pesca, recolección y agricultura, y para construir el templo a su dios en cada lugar donde se asentaban.

De Aztlan a Tula

Esta primera parte de la migración ha sido objeto de diversas interpretaciones: algunos historiadores nos dicen que es la descripción de una ruta circular que termina en el centro, Tula, donde los inmigrantes abandonan su pasado chichimeca y aprenden la vida civilizada: sería la etapa mítica de la migración. Otros, en cambio, han tratado de identificar los lugares por los que pasaron y que son mencionados en el relato: de la isla de Aztlan a Teoculhuacan en tierra firme; Cuauhitzintla, identificada por algunos con Chicomóztoc; Cuechtécatl-ichocayan, "lugar donde lloró el huaxteco", y Coatlicámac, de donde pasarían a Coatépec en las cercanías de Tula. Esta ruta corresponde a una tradición, que no es la única: la otra hace pasar a los mexicas por Michoacán y las zonas montañosas del noroeste hasta llegar a Tula, lugar donde ambos relatos convergen.

La existencia de dos versiones distintas de la ruta se ha explicado como resultado del relato individual de dos grupos principales; lo cierto es que esta primera etapa de la migración está cargada de simbolismos y relatos míticos.

La entrada de los mexicas a la Cuenca de México se efectúa por Tula y de aquí en adelante las fuentes describen con precisión los lugares por los que pasaron en su camino a Tenochtitlan.

143

De Tula a México-Tenochtitlan

Desde Tula el recorrido se inició por varios lugares de los actuales estados de Hidalgo y México, antes de llegar a la parte norte del lago de Tetzcoco: Atlitalaquia, Tlemaco, Atotonilco, Apazco, Zumpango, Xaltocan y Acalhuacan. De aquí pasan a la ribera occidental, adentrándose en el área de influencia de Tenayuca: se mencionan Ecatépec, Tulpétlac, Coatitlan, Huixachtitlan, Tecpayocan, Pantitlan, Tepetzinco, Amalinalpan y Acolnáhuac, entrando en términos del señorío de Azcapotzalco. Pasan por Popotla, Atlacuihuayan y se establecen largo tiempo en Chapultépec. Culhuacan y Tizapan se mencionan como última etapa de la migración antes de adentrarse al lago. Mexicaltzinco, y los islotes de Iztacalco, Mixiuhcan y Temazcaltitlan, fueron los lugares que tocaron antes de llegar a la isla donde fundarían México-Tenochtitlan.

El tiempo que permanecían en cada uno de estos lugares variaba desde meses hasta 20 años o más, según las condiciones específicas de cada sitio.

La Cuenca de México a la llegada de los mexicas

Al momento de la llegada de los mexicas, la cuenca es un universo delimitado y repartido; todas las tierras estaban acaparadas por los grupos que les habían precedido. Los centros más importantes eran Xaltocan al norte; Xochimilco y Chalco al sur de la cuenca; Tenayuca, que fuera capital de los chichimecas de Xólotl, al noroeste del lago de Tetzcoco; al oeste Azcapotzalco, cabeza del señorío tepaneca; Coatlichan y Tetzcoco, habitadas por los acolhuas, al oriente. Culhuacan funcionaba como el polo de civilización tolteca, ya que junto con Chapultépec fueron colonizados por los toltecas después de la caída de Tula.

A pesar de que la presencia de los mexicas era considerada como una amenaza para el frágil equilibrio político de la región, su presencia fue tolerada a cambio de trabajo, principalmente como mercenarios en las guerras y en obras de acondicionamiento lacustre (construcción de diques, chinampas, canales, etc.). Así, permanecían en cada lugar hasta que surgía un conflicto y eran echados del mismo. Mientras tanto, los mexicas iban ganando tierras, experiencia militar, realizando alianzas matrimoniales provechosas y dejando parte de su gente para poblar los lugares donde se asentaban.

En los relatos sobre la migración se mencionan obras y hechos importantes que sucedieron durante el periodo que abarcó. En Coatépec represaron el agua, desviando el curso del río y creando un bello lago con profusión de aves y fauna acuática, rodeado de sauces y ahuehuetes; fue una obra de gran magnitud que además tuvo gran importancia política, la cual se expresa en el mito de la lucha entre Huitzilopochtli y su hermana Coyolxauhqui. Según el relato, un grupo de ellos, los huitznahuas, se negó a seguir adelante después de haber logrado reproducir en la región el ambiente ecológico de su patria original por medio del represamiento del agua. Los rebeldes, encabezados por Coyolxauhqui, fueron sofocados y sacrificados por la gente de Huitzilopochtli, quienes por orden de su dios destruyen la presa y emprenden la marcha hacia los lagos centrales. Este suceso confiere una importancia crucial al sacrificio humano, que de aquí en adelante será símbolo del poder mexica. El acontecimiento ha sido relacionado también con la victoria de los mexicas en un combate contra sus opresores toltecas.

En Chapultépec los mexicas efectuaron un intento de sedentarización permanente, comenzando por centralizar su gobierno bajo un *tlatoani* independiente, *Huehue Huitzilíhuitl*; la situación no fue aceptada por sus vecinos, los tepanecas de Azcapotzalco. A ellos se aliaron Chalco, Xochimilco, Tláhuac y Culhuacan desde el sur de la cuenca y Xaltocan desde el norte; los mexicas son derrotados y su señor es sacrificado. Los que lograron escapar huyen

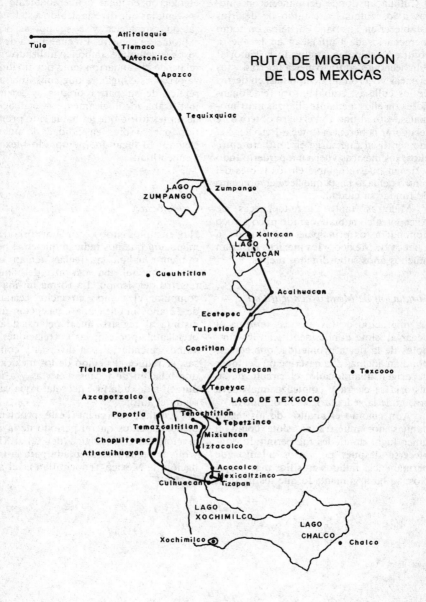

RUTA DE MIGRACIÓN
DE LOS MEXICAS

Tula
Atlitalaquia
Tlemaco
Atotonilco
Apazco
Tequixquiac
LAGO ZUMPANGO
Zumpango
Xaltocan
LAGO XALTOCAN
Cueuhtitlan
Acalhuacan
Ecatepec
Tulpetlac
Coatitlan
Tlalnepantla
Tecpayocan
Texcooo
Tepeyac
Azcapotzalco
LAGO DE TEXCOCO
Popotla
Tenochtitlan
Temazcaltitlan
Tepetzinco
Chapultepec
Mixiuhcan
Atlacuihuayan
Iztacalco
Acocolco
Mexicaltzinco
Culhuacan
Tizapan
LAGO XOCHIMILCO
LAGO CHALCO
Xochimilco
Chalco

Basado en Martínez Marín 1986.

145

a Culhuacan donde permanecieron sujetos a los culhuas a cambio de dejarlos establecer en Tizapan. Participaron como mercenarios de Culhuacan en la guerra contra Xochimilco, logrando la victoria; este hecho les confirió cierta libertad y los mexicas vivieron un tiempo más en tierras de los culhuas, trabajando y relacionándose con ellos mediante alianzas matrimoniales, esto último con el claro objetivo de recuperar la herencia tolteca. Pero llegó el momento en que surge el conflicto entre ellos; los mexicas vuelven a perderlo todo y tienen que refugiarse en los islotes del centro del lago hasta que llega el momento de fundar su ciudad.

Mientras tanto, los tepanecas de Azcapotzalco habían logrado poco a poco dominar a los principales señoríos de la Cuenca de México y los mexicas pasarían muchos años subordinados a ellos.

Fundación de México-Tenochtitlan

La migración de los mexicas termina al llegar al islote donde identifican los símbolos de la tierra prometida, que correspondían además a la descripción del lugar de origen abandonado; el círculo de su historia se cierra y comienza una nueva era, la de la sedentarización definitiva.

Aun cuando el análisis de los textos nahuas nos muestra al islote como el único lugar donde les fue permitido establecerse después de varios intentos de permanencia fallidos en sitios más propicios, se ha argumentado que los mexicas escogieron el lugar deliberadamente por las ventajas que ofrecía debido a su localización estratégica y a su potencial de explotación lacustre. En cualquiera de los casos, el lenguaje simbólico utilizado en el relato de la fundación tenía por finalidad valorizar este lugar ya que constituía una réplica de su patria original y además justificaba ideológicamente la ocupación de un territorio que les había sido prometido por su dios en calidad de pueblo elegido. El lugar fue nombrado México-Tenochtitlan.

Cronología

Hay ejemplos curiosos en la historia de la migración que nos indican que en el pensamiento nahua las fechas tenían una valoración que iba más allá del simple registro del tiempo. La forma misma de computar el tiempo en ciclos cerrados de 52 años implica una concepción muy distinta al registro lineal del calendario occidental; por eso, las correlaciones de ambos calendarios son diversas y confusas, se reduce el tiempo de los mexicas a una relación de fechas inciertas y a una duración de cada fase del relato que varía según el autor.

Teniendo en cuenta este problema, mencionaremos que el periodo de la migración abarcó dos siglos (del XII al XIV) y que la fecha más aceptada para la fundación de México-Tenochtitlan es el año 1325 d.C.

Bibliografía

Códice Boturini o Tira de la peregrinación
Original en la Biblioteca Nacional de Antropología de México.

DUVERGER, Christian
1983   *L'Origine des Azteques,* París, Recherches Anthropologiques/Seuil, Editions du Seuil.

JIMENEZ MORENO, Wigberto
1972   "La migración mexica", *Actas del XL Congreso Internacional de Americanistas,* Roma, p. 167-172.

KIRCHHOFF, Paul
1961   "¿Se puede localizar Aztlan?", *Anuario de Historia,* núm. 1, México, UNAM,   Facultad   de   Filosofía   y   Letras,   p.   59-67.

MARTINEZ MARIN, Carlos
1986   *"Peregrinación de los mexicas",* Historia de México, México, Salvat Mexicana de Ediciones, t. 4, p. 693-708.

26. La cuenca de México durante la época mexica

Leonardo López Luján, INAH

La Cuenca de México es una unidad geográfica de más de 7,800 kilómetros cuadrados de superficie que se localiza en la parte meridional del Altiplano Central. Se trata de una cuenca endorreica limitada por cadenas de altas montañas en forma de anfiteatro: al sur, por la Sierra de Chichinauhtzin; al oriente, por las majestuosas elevaciones de la Sierra Nevada; al norte, por las bajas serranías de Pachuca y Tezontlalpan, y al poniente, por la Sierra de las Cruces.

Un gran número de ríos, arroyos y manantiales alimentaban a los lagos, que ocupaban una octava parte de la superficie total de la cuenca, durante la época prehispánica. A la llegada de los españoles existían cinco lagos. Todos eran distintos tanto en sus dimensiones como en la calidad de sus aguas. De septiembre a mayo, es decir, en la temporada de secas, el nivel de los lagos variaba entre uno y tres metros de profundidad; durante la época de lluvias, subía de tal forma que constituían un solo espejo.

Los lagos de Xochimilco y Chalco, al sur, recibían el agua de los deshielos y de los abundantes manantiales de las cercanías. Ambos lagos estaban separados del de Tetzcoco por la península de Santa Catarina; sus aguas se vertían sobre las de Tetzcoco, tres metros más bajas, a través de un estrecho entre el cerro de la Estrella y Coyoacán. Este último lago era el de mayor tamaño y sus aguas eran salobres debido al acarreo de los materiales salitrosos de zonas fácilmente erosionables de la Sierra Nevada. Al norte se encontraban los lagos dulces de Zumpango y Xaltocan a una mayor altitud que los lagos del sur.

Las aguas someras de los lagos y las riberas pantanosas posibilitaban la existencia de una espesa vegetación caracterizada por los tulares, los carrizos, los ahuejotes y los lirios. Proliferaban en los lagos un sinnúmero de variedades de moluscos insectos, peces, anfibios y aves. Donde el nivel era bajo y las aguas dulces, como en los lagos de Xochimilco y Chalco, era posible el famoso cultivo chinampero.

Entre los 2,270 y los 2,750 metros sobre el nivel del mar está comprendida la zona de somonte. Sus tierras fértiles son propicias para el desarrollo de bosques caducifolios de fresnos y encinos y, en algunas zonas, de xerófitas, así como para la práctica agrícola extensiva. A partir de los 2,750 metros sobre el nivel del mar las laderas están dominadas por bosques de coníferas y pobladas por fauna mayor.

Pese a estar situada al sur del Trópico de Cáncer, la Cuenca de México tenía en la época prehispánica un clima templado con precipitaciones medias de unos 700 milímetros anuales. Esto, aunado a la gran cantidad y diversidad de especies vegetales y animales propias de cada uno de sus ecosistemas y a la fertilidad de sus tierras, desde tiempos remotos convertía a la cuenca en un sitio sumamente atractivo para el poblamiento humano.

La cuenca fue primeramente habitada por grupos cazadores recolectores que vivían en asentamientos semisedentarios estratégicos, desde donde les era posible la explotación de varios microambientes. Con la revolución neolítica, pueblos dedicados a la agricultura y a la manufactura cerámica se concentraron en aldeas próximas a las riberas lacustres, como Zacatenco, El Arbolillo, Ticomán, Cuicuilco y Tlapacoya. Siglos más tarde, urbes como Teotihuacan, Tula, Azcapotzalco y Tetzcoco serían las mayores concentraciones de las sociedades estratificadas de la Cuenca de México.

Los mexicas, fundadores de México-Tenochtitlan y México-Tlatelolco, fueron el último pueblo en hacer su aparición en este escenario geográfico, que para el siglo XIV se había convertido en un enorme mosaico pluriétnico. Provenían posiblemente del occidente mesoamericano, de una isla semilegendaria conocida con el nombre de Aztlan, "el lugar de la blancura". La vida de este pueblo, de habla náhuatl y poseedor de una añeja tradición mesoamericana, giraba en torno a la caza y a la pesca de especies lacustres así como al cultivo de chinampas.

Sin embargo, la estancia de los mexicas en esa isla no era del todo placentera, ya que debían rendir tributos a los señores de Aztlan. Por esta razón, para el siglo XII emprendieron un largo éxodo en busca de la tierra prometida, de aquel sitio donde pudieran reproducir sus condiciones primigenias de existencia. Cuatro sacerdotes, portadores de la imagen del dios Huitzilopochtli y de "sus mandatos", encabezaron la peregrinación de siete grupos llamados *calpultin*. Después de doscientos años en que se alternaron asentamientos temporales y movilizaciones constantes, escisiones de fracciones en conflicto y nuevas alianzas, los mexicas arribaron a la Cuenca de México.

En 1325 fijarían su emplazamiento definitivo en un islote ubicado al occidente del lago de Tetzcoco, en el lugar donde su dios, transformado en águila, les revelaría el fin del recorrido. Éste fue el humilde origen de la ciudad más famosa del mundo mesoamericano en el momento de la Conquista. Al contrario de lo que pudiera esperarse, los primeros años no fueron fáciles. El islote donde se fundó Mexico-Tenochtitlan pertenecía a los dominios de los tepanecas de Azcapotzalco, pueblo que en aquel entonces gozaba de la supremacía política de la cuenca. Por lo tanto, los mexicas se vieron compelidos a pagar su estancia con los excedentes producto de sus actividades lacustres. A la vez tuvieron que dedicarse a la penosa tarea de transformar su entorno con el fin de aumentar la extensión de tierras destinadas a la agricultura intensiva. Troncos, piedras y lodo en grandes cantidades fueron elementos indispensables en la desecación del lago, durante la extensión de su espacio vital.

Trece años después de la fundación de Tenochtitlan, una fracción mexica se separa por conflictos territoriales y funda Mexico-Tlatelolco en una isla aledaña. Las tensiones y pugnas políticas que imperaban en aquellos momentos en la Cuenca de México, obligaron a los mexicas a ingresar, para su supervivencia, en el sistema de alianzas característico del periodo Postclásico. Así, los tenochcas solicitaron un *tlatoani* o rey a Culhuacan, que junto con Tetzcoco y Azcapotzalco constituían una triple alianza. Por su parte, los mexica-tlatelolcas establecieron vínculos con Azcapotzalco al pedir a un miembro de la casa gobernante tepaneca como su señor.

Poco a poco, los mexicas comenzaron a incursionar en aquellas actividades que no se relacionaban en forma directa con la pesca y la caza. El despliegue de una fuerte organización bélica facilitó su participación como mercenarios en las campañas tepanecas. Por la fuerza de las armas ganaron en un principio las plazas de Xochimilco, Cuauhnáhuac (Cuernavaca), Mízquic, Chalco y Xaltocan. Durante

PRINCIPALES CENTROS LACUSTRES
DEL POSTCLÁSICO TARDÍO

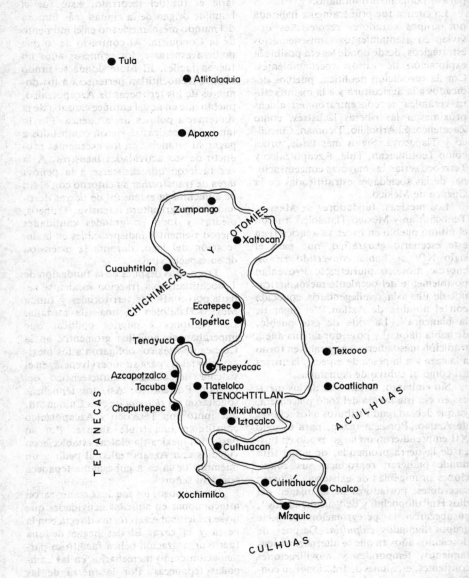

- Tula
- Atlitalaquia
- Apaxco
- Zumpango
- Xaltocan
- Cuauhtitlán
- Ecatepec
- Tolpétlac
- Tenayuca
- Tepeyácac
- Texcoco
- Azcapotzalco
- Tacuba
- Tlatelolco
- **TENOCHTITLAN**
- Coatlichan
- Chapultepec
- Mixiuhcan
- Iztacalco
- Culhuacan
- Cuitláhuac
- Xochimilco
- Chalco
- Mízquic

OTOMIES
Y
CHICHIMECAS
ACULHUAS
TEPANECAS
CULHUAS

LA CUENCA DE MÉXICO EN LA ÉPOCA MEXICA

Basado en Ríos Elizondo 1975

SIMBOLOGIA

curvas de nivel
límite de la cuenca de México
límite de Estados y Distrito Federal
límite del lago en 1519
ríos y lagos

la primera mitad del siglo XIV, los mexica-tenochcas habían alcanzado un nivel tal de desarrollo económico y político, que les permitió coligarse a la empresa expansionista tepaneca. Por entonces los tepanecas deseaban la total hegemonía sobre sus aliados. En 1430, los mexicas, bajo el mando de Itzcóatl, supieron valerse oportunamente de un vacío de poder en Azcapotzalco para unirse a los tetzcocanos y dar un duro revés a los tepanecas, sus antiguos aliados. A partir de ese momento se establecería un nuevo equilibrio político en el área. Una nueva triple alianza se formaría: México-Tenochtitlan como lógico heredero del señorío de Culhuacan, los aculhuas de Tetzcoco, que seguirían siendo los sucesores de Coatlinchan, y los tepanecas de Tlacopan, que sustituirían a los de Azcapotzalco.

Establecieron después una renovada política de sojuzgamiento y explotación de los pueblos débiles, en la que tanto Mexico-Tenochtitlan como Tetzcoco obtendrían las mayores tajadas del botín de guerra, dos quintas partes cada uno y Tlacopan se conformaría con el quinto restante.

Éste fue el inicio de un periodo de conquistas que duraría casi cien años. El resultado sería el dominio del vasto territorio comprendido entre la costa del Océano Pacífico y la del Golfo de México, entre la frontera con el señorío tarasco y los límites con el mixteco, además de la influencia sobre las tierras del Soconusco, actualmente situadas en la frontera entre México y Guatemala.

Bibliografía

DAVIES, Claude Nigel
1973   *Los mexicas. Primeros pasos hacia el imperio,* México, UNAM, Instituto de Investigaciones Históricas.
RIOS ELIZONDO, Roberto (ed.)
1975   *Memoria de las obras del sistema de drenaje profundo del Distrito Federal,* México, DDF.

27. La ciudad de México-Tenochtitlan

Carlos Javier González, INAH.

La descripción a grandes rasgos, de cuáles eran los principales elementos urbanos que integraban la ciudad de México-Tenochtitlan al momento de la Conquista, así como su distribución y organización, servirán como punto de partida para hacer comentarios sobre la evolución histórica de esta ciudad, sin duda la de mayor importancia durante el último periodo de Mesoamérica.

México-Tenochtitlan se encontraba dispuesta claramente a partir de un centro, en cuya área se hallaban edificios y espacios que funcionaban como escenario de las principales actividades políticas, religiosas y administrativas que desarrollaba la sociedad mexica. Estaba integrado fundamentalmente por el centro ceremonial o Gran Teocalli, el Palacio de Motecuhzoma, el Palacio de Axayácatl, el Palacio del Cihuacóatl y una plaza que seguramente funcionó como mercado, por lo menos hasta el año de 1473 en que Tlatelolco cayó bajo el dominio mexica. La gran importancia del mercado de este último sitio hizo que los jerarcas tenochcas prefirieran centralizar en él las actividades mercantiles, pasando a un segundo plano el de Tenochtitlan a partir de ese año.

El centro ceremonial era un recinto cuadrangular, de aproximadamente 500 metros por lado, en cuyo interior había una considerable cantidad de estructuras o edificios, dedicados casi todos a actividades religiosas. Sahagún menciona más de sesenta edificios al describirlo, aunque es muy probable que algunos se encuentren citados más de una vez y otros hayan estado en realidad fuera del recinto. Los límites aproximados del centro ceremonial eran: hacia el norte, las actuales calles de San Ildefonso y González Obregón; hacia el oriente las de Correo Mayor y Carmen; hacia el sur la calle de Moneda, y al poniente las de Monte de Piedad y Brasil.

Hacia el sur del centro ceremonial se hallaba el palacio de Motecuhzoma o Casas Nuevas, llamado así porque fue Motecuhzoma Xocoyotzin quien dispuso su construcción para sustituir al Palacio de Axayácatl, o Casas Viejas, como morada del *tlatoani* y centro de las actividades administrativas más importantes del vasto señorío mexica. El palacio de Motecuhzoma ocupaba precisamente los solares que hoy corresponden al Palacio Nacional, es decir, limitado al norte por la calle de Moneda, al poniente por el Zócalo, al sur por la calle de Corregidora y al oriente por la de Correo Mayor. El edificio se levantó en la porción oriental de la plaza prehispánica original que, como ya se dijo, perdió importancia como mercado tras la conquista de Tlatelolco. La porción occidental de la misma continúa funcionando como plaza hasta la actualidad, ya que corresponde al Zócalo colonial y moderno.

Del centro ceremonial o Gran Teocalli partían las principales calzadas de la ciudad. Hacia el sur la de Iztapalapa, que comunicaba con los principales centros de población sureños de la Cuenca de México: Coyoacan, Huitzilopochco (Churubusco), Iztapalapa, y en última instancia con la región lacustre y chinampera de Chalco-Xochimilco; corresponde a las actuales calles de Pino Suárez y Calzada de Tlalpan. Hacia el poniente salía la Calzada de Tlacopan (Tacuba), que enlazaba a Tenochtitlan con el sitio del mismo nombre y que era otro miembro de la Triple Alianza; seguía el mismo trazo de las modernas calles de Tacuba, Avenida Hidalgo, Puente de Alvarado y Ribera de San Cosme.

Las otras dos calzadas eran de menor importancia frente a las ya mencionadas. La que daba hacia el norte era bastante más corta: seguía el trazo de la calle de República de Argentina y terminaba en la acequia de Tezontlali (actuales calles de Organo, Rayón y Héroes de Granaditas). Desde ese punto y a muy poca distancia hacia el poniente, comunicaba con la gran Calzada del Tepeyac (hoy Calzada de los Misterios). Finalmente, al oriente del Gran Teocalli salía otra calzada que comunicaba con una de las zonas de embarcaderos, donde salían y llegaban las canoas que transitaban entre Tenochtitlan y las poblaciones orientales de la cuenca, principalmente Tetzcoco (véase más adelante). Esta calzada iba por las modernas calles de República de Guatemala y Miguel Negrete, finalizando a la altura de la recientemente trazada Avenida Congreso de la Unión.

Ahora bien, las cuatro calzadas descritas funcionaban no sólo como las principales vías de comunicación de la ciudad, sino también como separación entre los cuatro *campan*, parcialidades o barrios mayores en que los mexicas se habían distribuido desde su fundación. De esta manera, a partir del recinto ceremonial y considerando las calzadas como

auténticas abscisas y ordenadas, cada una de estas parcialidades constituía un cuadrante de la ciudad: al noreste, Atzacoalco (llamado posteriormente San Sebastián); al noroeste, Cuepopan (Santa María); al sureste, Teopan (San Pablo) y el suroeste, Moyotlan (San Juan).

Este patrón de cuatro parcialidades alrededor de un centro cívico-ceremonial era común, por lo menos en asentamientos que concentraban poblaciones de importancia y su organización parece haberse relacionado tanto con aspectos de división social a través del parentesco, como con la cosmovisión religiosa y su concepción horizontal del mundo, constituido básicamente por un centro a cuyo alrededor se encontraban los cuatro rumbos del universo.

Cada una de estas parcialidades tenía su propio centro o *teocalli*, el cual reproducía, a menor escala, las características generales del ya descrito para toda la ciudad. La ubicación aproximada de estos centros puede inferirse a partir de la que guardan las iglesias principales de los barrios coloniales en que se transformaron los *campan* prehispánicos. En el caso de Atzacoalco se trata de San Sebastián, localizada en la esquina de las calles de Bolivia y Rodríguez Puebla; para Cuepopan, Santa María la Redonda, en la esquina de la calle de Riva Palacio con la calle del Insurgente Pedro Moreno, mientras que el teocalli de Teopan debe haberse encontrado donde hoy se levanta la iglesia de San Pablo el Viejo, en la esquina de Jesús María y San Pablo. Por último, la iglesia de San José y Nuestra Señora del Sagrado Corazón, en las calles de Ayuntamiento y Dolores, indica el sitio donde se hallaba el teocalli de la parcialidad de Moyotlan; debe añadirse que cada una de estas iglesias está todavía acompañada por una plaza, lo que seguramente marca el área que ocupaban los mercados correspondientes.

Estos cuatro grandes *campan* o parcialidades estaban integrados, a su vez, por barrios menores o *calpultin* cuyo número total se desconoce, aunque se ha calcula-

154

do en unos 60 para toda la ciudad de Tenochtitlan (Sanders, 1971:24). Desafortunadamente, hasta ahora la información respecto a los barrios que se encontraban dentro del área que cubrió la traza de la ciudad española es sumamente escasa, por lo que las reconstrucciones históricas sobre la ubicación, nombres y límites de los barrios prehispánicos, se basa en datos sobre las áreas de la ciudad colonial ocupadas por indígenas (Caso, 1956).

Además de las cuatro calzadas principales que fueron descritas anteriormente, existía desde luego una compleja red de vías de comunicación, las cuales pueden dividirse en tres tipos principales: a) vías exclusivamente peatonales; b) vías mixtas, es decir, una superficie peatonal acompañada de uno o más canales por los que transitaban canoas, y c) acequias, o sea, vías exclusivas para embarcaciones.

Destacan por su importancia, a) la calzada-acequia que atravesaba el islote de sur a norte, siguiendo el actual trazo del Eje Lázaro Cárdenas (San Juan de Letrán), y culminaba en el centro ceremonial de Tlatelolco; b) la acequia que seguía el trayecto de la calle Corregidora y también cruzaba todo el islote, pero de poniente a oriente, y c) la calzada de Cuepotli, que se construyó a raíz de la anexión de Tlatelolco con Tenochtitlan comunicaba el centro ceremonial de esta última con la porción norte del lago, entroncando con la Calzada del Tepeyac (corresponde a las actuales calles de Brasil y Calzada Peralvillo) y además permitía la comunicación con el tianguis de Tlatelolco, gracias a la calle llamada posteriormente Real de Santiago.

Es necesario mencionar por lo menos dos vías que comunicaban la Calzada de Tlacopan con el tianguis de Tlatelolco; una seguía el curso de las actuales calles de Allende y Artesanos, mientras la otra corresponde al de las calles República de Chile y Comonfort. Por último, la acequia de Tezontlatli, que servía como ruta de comunicación entre las orillas oriente y poniente del islote, pero sobre todo como límite entre Tenochtitlan y Tlatelolco. Su

ubicación original puede imaginarse actualmente siguiendo el trazo de las calles de Organo, Rayón y Héroes de Granaditas.

Respecto a Tlatelolco, su centro ceremonial rivalizaba con el de Tenochtitlan en dimensiones y esplendor. Esto lo sabemos gracias a las excavaciones que desarrolló ahí, durante los años cuarenta, un equipo de investigadores encabezados por Pablo Martínez del Río, Antonieta Espejo y Robert H. Barlow, así como las efectuadas en los años sesenta debido a la construcción del conjunto habitacional Nonoalco-Tlatelolco.

Las dimensiones del Templo Mayor de Tlatelolco son muy semejantes al de Tenochtitlan en las etapas constructivas equivalentes, y puede decirse que crecían paralelamente. Al respecto, es significativo que al caer Tlatelolco en 1473 los tenochcas les hayan prohibido agrandar más su Templo Mayor, y lo abandonaron —al decir de las fuentes— a partir de esa derrota. El conocimiento de los barrios de Tlatelolco es más completo y seguro, ya que este poblado quedó desde un principio fuera de la traza española de la ciudad, por lo que no hubo barrios que desaparecieran ante una nueva ocupación. El número ascendía a 19 y en este caso no existía una división en cuatro grandes parcialidades como en Tenochtitlan.

Otros elementos urbanos de suma importancia eran los embarcaderos, por los que diariamente llegaban o partían numerosas canoas que transportaban los productos necesarios para el sostenimiento del centro urbano. Los más relevantes eran el de Tetamazolco, en el lado oriente, que brindaba comunicación principalmente con Tetzcoco; ahí desembocaba, como ya mencionamos, una de las calzadas que partían del Gran Teocalli y su ubicación corresponde, aproximadamente, con el cruce actual de la calle de Miguel Negrete y Avenida Congreso de la Unión. Otro embarcadero se hallaba en una entrada por el lado noroeste del islote, hacia el sur del centro ceremonial de Tlatelolco, en la zona que posteriormente fue bautizada como La Lagunilla. Otro estaba ubicado

155

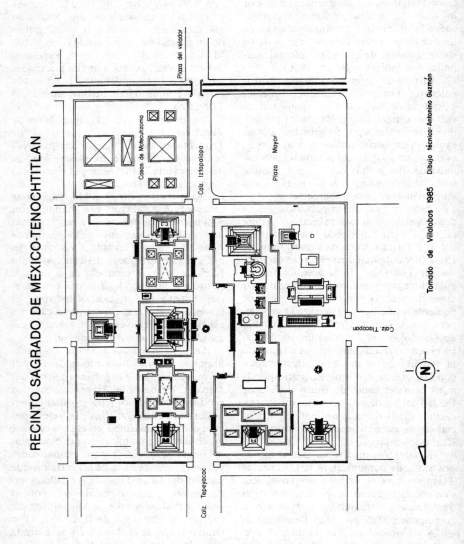

RECINTO SAGRADO DE MÉXICO-TENOCHTITLAN

Plaza del velador

Casas de Motecuhzoma

Plaza Mayor

Calz. Iztapalapa

Calz. Tlacopan

Calz. Tepeyacac

N

Tomado de Villalobos 1985   Dibujo técnico: Antonino Guzmán

156

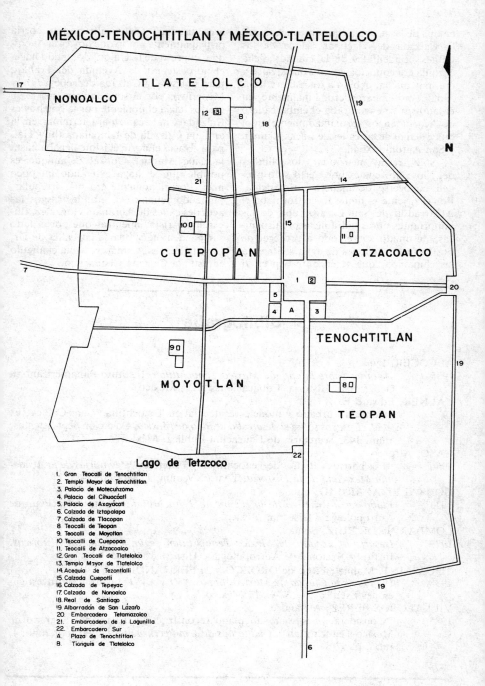

MÉXICO-TENOCHTITLAN Y MÉXICO-TLATELOLCO

TLATELOLCO

NONOALCO

CUEPOPAN

ATZACOALCO

TENOCHTITLAN

MOYOTLAN

TEOPAN

Lago de Tetzcoco

N

1. Gran Teocalli de Tenochtitlan
2. Templo Mayor de Tenochtitlan
3. Palacio de Motecuhzoma
4. Palacio del Cihuacóatl
5. Palacio de Axayácatl
6. Calzada de Iztapalapa
7. Calzada de Tlacopan
8. Teocalli de Teopan
9. Teocalli de Moyotlan
10 Teocalli de Cuepopan
11. Teocalli de Atzacoalco
12. Gran Teocalli de Tlatelolco
13. Templo Mayor de Tlatelolco
14. Acequia de Tezontlalli
15. Calzada Cuepotli
16. Calzada de Tepeyac
17. Calzada de Nonoalco
18. Real de Santiago
19. Albarradón de San Lázaro
20. Embarcadero Tetamazolco
21. Embarcadero de la Lagunilla
22. Embarcadero Sur
A. Plaza de Tenochtitlan
B. Tianguis de Tlatelolco

157

en una de las acequias que entroncaba con la Calzada de Tlacopan, cerca de los límites occidentales de la ciudad; dicha acequia era conocida como Toltecacalco y era muy ancha, debido a lo cual era utilizada como embarcadero. Finalmente, en el lado sur se encontraba el embarcadero de Acachinanco, aproximadamente en el cruce actual de las calles de Lucas Alamán y San Antonio Abad.

Sólo resta mencionar los límites del islote, los cuales por cierto sólo pueden conocerse de manera aproximada. Por el oriente el límite lo conformaba el Albarradón de San Lázaro, una de las importantes obras hidráulicas prehispánicas, destinado sobre todo a proteger de posibles inundaciones de agua salitrosa a las chinampas que se encontraban en el área urbana. Dicho albarradón corría principalmente por lo que hoy es la Avenida Congreso de la Unión, doblando hacia el noroeste por la Avenida del Trabajo para unirse a la Calzada de Tepeyac (hoy Misterios); por el sur, doblaba casi a 90 grados hacia el poniente por la que hoy es Calzada Chabacano para terminar en la antigua Calzada de Iztapalapa (hoy Tlalpan). Hacia el norte el islote llegaba hasta la calle Manuel González, aunque es posible que se haya extendido un poco más. Por el poniente era más irregular, pudiendo señalarse a grandes rasgos las actuales calles de Abraham González, Bucareli y Arista, mientras que por el lado sur pueden mencionarse las calles de Dr. Lavista, Lucas Alamán y, hacia el ángulo sureste, la Calzada Chabacano.

Bibliografía

ALCOCER, Ignacio
1935   *Apuntes sobre la antigua México-Tenochtitlan*. Instituto Panamericano de Geografía e Historia, Publicaciones XIV, México.

CALNEK, Edward E.
1974   "Conjunto urbano y modelo residencial en Tenochtitlan" en: Calnek, E. *et al.*: *Ensayos sobre el desarrollo urbano de México*, Colección Sept-Setentas, núm. 143, Secretaría de Educación Pública, México.

CASO, Alfonso
1956   "Los barrios antiguos de Tenochtitlan y Tlatelolco" *Memorias de la Academia Mexicana de la Historia*, Tomo XV, núm. 1, México: 7-63.

GONZÁLEZ APARICIO, Luis
1973   *Plano reconstructivo de la región de Tenochtitlan*. Instituto Nacional de Antropología e Historia, México.

LOMBARDO DE RUIZ, Sonia
1973   *Desarrollo urbano de México-Tenochtitlan según las fuentes históricas*. Instituto Nacional de Antropología e Historia, México.

TOUSSAINT, Manuel, F. G. de OROZCO y J. FERNÁNDEZ
1938   *Planos de la Ciudad de México. Siglos XVI y XVII*. Instituto de Investigaciones Estéticas, U.N.A.M., México.

VII LALOBOS PEREZ, Alejandro
1985   "Consideraciones sobre un plano reconstructivo del recinto Sagrado de México-Tenochtitlan", *Cuadernos de arquitectura mesoamericana*, núm. 4, julio, p. 57-64.

28. Los dominios de la Triple Alianza

José Rubén Romero Galván, UNAM

Las triples alianzas en el Postclásico

Durante el Postclásico, las alianzas fueron las instituciones a través de las cuales los grandes señoríos pactaban entre ellos una coalición política que les permitía conservar el predominio sobre las provincias ya ganadas, les aseguraba la mutua ayuda para realizar nuevas campañas y la defensa en caso de ataque. Por otro lado, fueron la manera idónea de asegurar la transmisión del poder legítimo. Conformadas generalmente por tres estados, estas alianzas permitían que desaparecido uno de los tres *tlahtoque*, los dos restantes, representando al dios dual, entronizaran al sucesor del gobernante desaparecido, electo entre los parientes del mismo. En esta ceremonia el nuevo *tlatoani* recibía el poder para gobernar legítimamente.

No sabemos a ciencia cierta desde cuándo se inicia la tradición de las triples alianzas en el altiplano. Ignoramos si existieron este tipo de coaliciones durante el periodo Clásico, aunque no nos sorprendería que así hubiera ocurrido. Con seguridad podemos hablar de triples alianzas desde la época tolteca. La primera de que tenemos noticia estuvo formada por Tula, Otumba y Culhuacan. Es casi seguro que su funcionamiento fuera muy similar al de otras posteriores sobre las cuales las fuentes nos dan más detalles.

Sabemos cómo a partir de la época tolteca se sucedieron los señoríos que conforman las triples alianzas hasta llegar a aquella en la que participaban los mexicas. Tula, después de su caída, fue sustituida primero por Coatlinchan. Esta junto con Azcapotzalco, que sustituyó a Otumba, y Culhuacan formaron la segunda triple alianza que se conoce en el altiplano. Posteriormente, Coatlinchan fue sustituida por Tetzcoco, conformándose la coalición que dominaba la Cuenca de México cuando llegaron los mexicas. Después de 1428, a raíz de la guerra contra Azcapotzalco, quedó constituida la triple alianza que incluía a los mexicas: Tlacopan, en sustitución de Azcapotzalco, Tetzcoco que quedó de la anterior alianza y México-Tenochtitlan en lugar de Culhuacan, señorío que había permanecido como miembro de la triple alianza desde épocas toltecas.

En el devenir de esta institución, cuando la triple alianza se encontraba formada por Azcapotzalco, Tetzcoco y Culhuacan, aconteció un episodio interesante que vino a significar la importancia que tenía esta institución para el equilibrio político del valle.

Azcapotzalco, gobernado hasta entonces por Tezozómoc, había logrado ser el señorío más poderoso de la triple alianza. Al morir Tezozómoc, su hijo Maxtla usurpó el poder. Este hecho originó una crisis en el seno de la coalición ya que en cada uno de los señoríos que la formaban había gobernantes investidos con el poder que venía de la divinidad. Por consiguiente, Azcapotzalco estaba gobernada por un señor ilegítimo. Esta crisis se agudizó cuando Maxtla mostró sus pretensiones: dominar a los otros dos señoríos. Estaban en peligro entonces el equilibrio de la región y el recurso a través del cual el poder se legitimaba.

Los mexicas, instalados desde hacía cerca de cien años en el islote dentro del lago, en las inmediaciones de Azcapotzalco, supieron aprovechar la coyuntura que les ofrecían los afanes desmedidos de este señorío con quien desde algunos años atrás, desde tiempos de Tezozómoc, sus relaciones eran muy tensas. México logró allegarse la ayuda de los demás pueblos en contra de Maxtla quien no pudo soportar los embates y fue vencido. Con ello Azcapotzalco quedó a merced de sus antiguos dominados quienes se apresuraron a formar una nueva triple alianza: Mexico-Tenochtitlan a la cabeza, sustituyendo a Culhuacan; Tacuba, como estado subordinado en lugar de Azcapotzalco, y Tetzcoco, que conservaba su situación dentro de la coalición.

La última triple alianza y sus dominios

La nueva triple alianza inició una larga serie de conquistas. Las primeras campañas tuvieron como finalidad principal dominar los señoríos de la Cuenca de México, entre los que estaban Xochimilco y Chalco, importantes por ser reconocidos productores agrícolas y poseer bosques susceptibles de ser explotados con relativa facilidad.

Las fuentes refieren cómo los dominios de la triple alianza avanzaban por el área mesoamericana. Señoríos de los valles de Toluca y Cuernavaca fueron conquistados, posteriormente las campañas guerreras hacían caer otros estados ya cercanos de ambas costas. Hacia el final de la época prehispánica, los dominios de la triple alianza se extendían hasta parte de la Mixteca y aún más al sur, a la región de Xoconochco. El área dominada por la triple alianza rodeó los señoríos tlaxcaltecas y nunca rebasó los límites del señorío purépecha (Michoacán). Los primeros eran libres y sirvieron siempre de enemigos en cuyos campos cercanos los mexicas guerreaban y conseguían cautivos para el sacrificio. Los purépechas por su lado permanecieron libres porque las campañas mexicas en sus tierras fueron siempre un fracaso.

La forma de dominio

La dominación ejercida por los miembros de la triple alianza sobre las provincias conquistadas era, sobre todo, de índole económica. Los pueblos sometidos estaban obligados a pagar a los señoríos de la triple alianza cargas tributarias, se obligaban a comerciar con ellos y se comprometían a ayudar a los ejércitos de la coalición en nuevas campañas. Si los gobernantes de los lugares conquistados se mostraban sumisos con los de la triple alianza, su autoridad era reconocida por los conquistadores y permanecían ocupando su cargo. Lo contrario ocurría cuando se mostraban rebeldes contra el poder del invasor. Era entonces cuando los señoríos de la triple alianza decidían poner en el cargo en cuestión un gobernante que les asegurara la sumisión de la provincia.

Los productos recibidos por la triple alianza en calidad de tributos eran de naturaleza muy variada. En ellos figuraban desde productos agrícolas como el maíz, el frijol y el chile, hasta productos suntuarios como mantas de algodón finamente acabadas, trajes guerreros confeccionados con plumas finas, objetos fabricados en jadeíta, y materias primas de reconocido valor tal como serían las piedras verdes por trabajar y las plumas finas.

Se sabe de al menos tres maneras como los señoríos miembros de la triple alianza dividían los tributos pagados por los señoríos conquistados. Los repartían en partes iguales, se asignaban pueblos

DOMINIOS DE LA TRIPLE ALIANZA

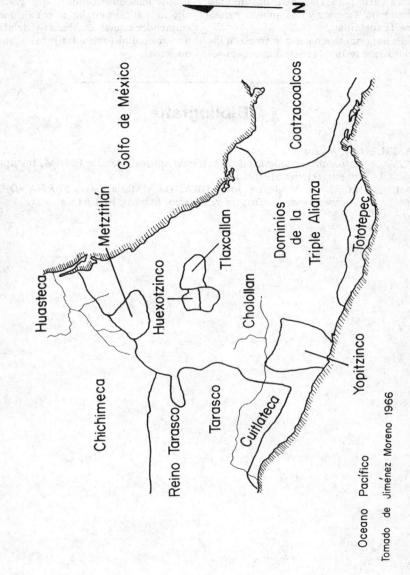

Tomado de Jiménez Moreno 1966

que pagaban por entero sus tributos a alguno de los señoríos de la coalición, o bien se hacía la siguiente partición; una quinta parte para Tlacopan, dos quintas partes para Tezcoco y dos quintas partes para Tenochtitlan.

Es importante señalar que gracias a los tributos que recibió la triple alianza, los señoríos que la formaban se allegaron bienes cuya posesión los colocó en una situación muy ventajosa respecto de los demás señoríos mesoamericanos y que gracias a ello la coalición estaba en condiciones de emprender nuevas campañas y de mantener su dominio sobre las provincias conquistadas.

Bibliografía

CASTILLO F., Víctor M.
1972   *Estructura económica de la sociedad mexica*, México, UNAM, Instituto de Investigaciones Históricas.
JIMENEZ MORENO, Wigberto; José MIRANDA y María Teresa FERNANDEZ
1966   *Compendio de la Historia de México,* México, ECLALSA.

29. Las obras hidráulicas en tiempos mexicas

Pablo Escalante, UNAM

La agricultura en la Cuenca de México no podía confiarse a las lluvias, irregulares y distribuidas caprichosamente en las diferentes zonas. Para conseguir un alto nivel de rendimiento de la tierra, fue necesaria la manipulación de los recursos que brindaban manantiales, ríos y el propio lago, con la aplicación continua de abundante mano de obra.

Mucho antes de la llegada de los mexicas a la cuenca lacustre, posiblemente desde el Preclásico medio, se hacían obras hidráulicas de mediana magnitud. En la zona sur, alrededor de los lagos de Xochimilco y Chalco, los trabajos arqueológicos dan testimonio de una antigua práctica del terraceado de irrigación y de la tecnología chinampera. Los mexicas no inventaron nada que no existiera de antemano en el lugar, pero fue durante el periodo de su hegemonía cuando los sistemas hidráulicos alcanzaron mayor complejidad y tamaño, integrándose obras de diversa índole en una vasta red.

Las chinampas

En la chinampa culmina una serie de avanzados procedimientos de tecnología hidráulica, para dar lugar a un sistema agrícola altamente productivo.

En los lagos de la cuenca se construyeron dos tipos de chinampa: la chinampa de tierra firme y la chinampa llamada "de pantano" o "de ciénaga". Posiblemente fueron las de tierra firme las primeras en construirse, al descender los agricultores de terrazas en busca de un suelo más húmedo en las orillas del lago. Cuando se hubieron depurado las diversas técnicas necesarias para el cuidado de los cultivos al nivel del agua, el siguiente paso era la fabricación de la tierra húmeda, la chinampa sobre el lago.

Las chinampas son islotes artificiales fijos, construidos en zonas de poco fondo y, necesariamente si se ha de sembrar en ellos, de agua dulce. El primer elemento para la fabricación de la chinampa está en los mantos de vegetación acuática flotante, formados por diversas especies de tule y lirios de agua. La existencia de este "césped", *atlapálcatl*, como lo llamaron los mexicas, da origen posiblemente a la confusión según la cual la chinampa flota.

El primer paso en la construcción de la chinampa consistía en cortar tiras de vegetación de acuerdo con el tamaño que se determinara para la nueva chinampa. Las tiras se transportaban hasta el sitio indicado y allí se apilaban una sobre otra, de manera que las primeras se iban hundiendo y la última sobresalía ligeramente. La superficie se cubría con cieno del propio lago, y el rectángulo formado se anclaba al piso con estacas de sauce que lo rodeaban. Con el tiempo los sauces arraigaban

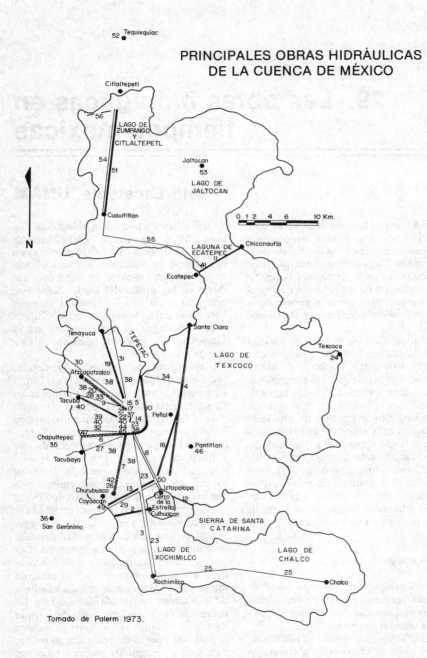

PRINCIPALES OBRAS HIDRÁULICAS
DE LA CUENCA DE MÉXICO

Tomado de Palerm 1973.

1. Culhuacán, *chinampas*.
2. Culhuacán, *calzada-dique*.
3. Xochimilco-México, *calzada*.
4. Albarradón de Nezahualcóyotl.
5. Tepeyac-México, *calzada*.
6. Chapultepec-México, *acueducto sobre calzada*.
7. Churubusco-México, *acueducto sobre calzada*.
8. México-Ixtapalapa, *calzada*.
9. México-Tacuba, *calzada*.
10. Albarradón de Ahuízotl.
11. Ecatepec-Chiconauhtla, *calzada*.
12. Ixtapalapa, *calzada-presa*.
13. Coyoacán, *calzada*.
14. México, *calzada interior*.
15. Tlatelolco, *albarrada y terraplén*.
16. Segundo albarradón de Ahuízotl.
17. Tlatelolco, *presa*.
18. Azcapotzalco-Tlatelolco, *calzada*.
19. Tenayuca-Tlatelolco, *calzada*.
20. Azcapotzalco-Tlatelolco, *acueducto sobre la calzada*.
21. Tlatelolco, *acequias y canales*.
22. Tlatelolco-Tenochtitlán, *acequia*.
23. México, *acequias y canales*.
24. Texcoco, *río canalizado; acequias; canal subterráneo al lago*.
25. Mexicalcingo, *acequia*.
26. Churubusco, *canalización pre-mexica de manantiales*.
27. Tacubaya, *río canalizado*.
28. Tacuba, *río canalizado*.
29. Coyoacán, *río canalizado*.
30. Azcapotzalco, *río canalizado*.
31. Tenayuca, *río canalizado*.
32. Chapultepec-San Antón, *acequia*.
33. Tacuba-Tlatelolco, *acequia*.
34. Tepeyac, *acequia principal*.
35. Cuajimalpa-Chapultepec, *riesgos de río*.
36. San Gerónimo, *riesgos de río*.
37. Tlatelolco, *chinampas*.
38. Tenochtitlán, *chinampas*.
39. *Chinampas*.
40. *Chinampas*.
41. Ecatepec, *puente pre-mexica*.
42. Churubusco, *"caja" y "cerca" de manantiales*
43. México, *desecación de pantanos; terraplenes*.
44. Tenochtitlán, *chinampas flotantes*.
45. México, *"cerca" a un manantial*.
46. Pantitlán, *"cerca" a un remolino*.
47. Chapultepec, *chinampas*.
48. Tacuba, *chinampas*.
49. Coyoacán, *chinampas*.
50. *Puente para drenaje*.
51. Zumpango-Cuautitlán, *calzada*.
52. Tequixquiac, *chinampas*.
53. Jaltocan, *chinampas*.
54. *Cambio de curso del río de Cuautitlán*.
55. *Gran zanja de Cuautitlán*.
56. Citlaltépetl-Huehuetoca, *acequia "antigua"*.

165

en el fondo del lago, crecían y protegían a la chinampa del deslave.

Antes de cada siembra, la chinampa era cubierta nuevamente con cieno del lago; la tierra se mantenía continuamente húmeda gracias al poroso colchón que se producía con la descomposición de la materia vegetal que le servía de base. Precisamente porque en la capilaridad de la chinampa estaba la clave para su continuo humedecimiento, se evitaba el trazo de franjas demasiado anchas. La mayor superficie de la chinampa se conseguía con su prolongación, no con su ensanchamiento.

Las chinampas de tierra firme o de tierra adentro se fabricaban al abrir canales reticulares en las orillas del lago, mismos que permitían el paso del agua alrededor de los trozos de tierra. El lodo que se extraía del fondo, en la fabricación y continua limpieza de la red de canales, se ponía sobre las chinampas. La humedad no penetra con la misma facilidad en este tipo de chinampa que carece del colchón de materia orgánica en descomposición, pero los continuos revestimientos de cieno y el rodeo constante del agua garantizan su productividad.

Técnicas complementarias para el cultivo de la chinampa

Asociando la tierra fértil de la chinampa con una serie de técnicas complementarias, se practicó en la zona lacustre una verdadera forma de cultivo intensivo.

Primeramente se hacían germinar las semillas con el sistema de almáciga. El agricultor, utilizando un pequeño espacio de la parcela, formaba una cinta de vegetación acuática que cubría con cieno. Después de cuatro o cinco días el cieno había alcanzado la solidez suficiente como para trazar pequeños cuadritos o "chapines". En cada chapín se hacía una pequeña incisión con el dedo y se colocaba la semilla, cubriendo posteriormente los huecos con estiércol. El cuidado de las plantas no terminaba allí. La pequeña sementera era regada

continuamente y protegida en tiempo de frío con esteras o zacate. Cuando la semilla germinaba y llegaba el momento del trasplante, los chapines se separaban, se seleccionaban y se ponían en el sitio que les estuviera destinado, en la misma chinampa en que se había hecho el semillero o en cualquier otra, a donde se llevarían los terrones con la planta niña mediante balsas.

El terreno que recibiría a las nuevas plantas se abonaba previamente. Después de realizado el trasplante, y a lo largo del tiempo durante el cual la planta crecía, se continuaban las labores de mantenimiento: la escarda de yerbas, el abrigo de las matas durante el tiempo frío, el riego y el abono constante, realizado generalmente con fiemo de murciélago y excremento humano.

Chile, frijol, calabaza, maíz, huauhtli, chía, tomate y cientos de flores distintas se desarrollaban perfectamente sobre las chinampas con todos estos cuidados. Sin embargo, el cultivo chinampero se enfrentaba al problema de un lago que no se quedaba quieto, que no era igual en todas sus partes.

La dinámica lacustre

Antes de que la Cuenca de México fuera habitada, existía un solo gran lago que se había formado a raíz de los pliegues del terreno y el surgimiento del círculo montañoso. Pero al pasar el tiempo hubo modificaciones en el régimen pluviométrico y disminuyó el caudal de las corrientes subterráneas y de los ríos. Cuando descendió el nivel de las aguas quedaron a la vista cinco lagos: Xochimilco y Chalco en el sur, Zumpango y Xaltocan en el norte, y el gran lago de Tetzcoco en el centro.

En el lapso de lluvias más intensas aumentaban las corrientes que desembocaban en los lagos. Estos crecían y —como estaban a diferentes alturas— se vertían uno sobre otro, hasta quedar en ocasiones unidos nuevamente. Por otra parte, el lago mayor, el de Tetzcoco, tenía un fondo salitroso y sus aguas eran saladas y amargas.

Ambos fenómenos, el de las continuas crecidas y el de la salinidad del lago central, implicaban nuevos problemas para los usufructuarios del medio lacustre. Al elevarse el nivel de las aguas, los cultivos de las chinampas corrían el riesgo de quedar sumergidos; por el contrario, en las épocas de descenso podían perder humedad al quedar el suelo demasiado alto. Además, cuando los lagos se comunicaban, las aguas saladas se mezclaban con las dulces, y se dañaban los cultivos. Aunque el sistema de añadir cieno a las chinampas, o quitárselo si era el caso, aliviaba en algo el mal, tal cosa no bastaba. Fue necesario construir albarradones y diques para separar las aguas de los diferentes lagos, y en ocasiones para dividir un mismo lago y controlarlo por sectores. Este último fue el caso del famoso albarradón de Nezahualcóyotl, que al partir el lago de Tetzcoco formó el lago de México en torno a Tenochtitlán y Tlatelolco.

Otras obras, en el lago mismo y alrededor de él, acueductos, canales y acequias, permitían el drenaje, el desagüe y aun la dulcificación de algunos sectores del lago de Tetzcoco que de este modo pudieron utilizarse para el cultivo sobre chinampas.

El conjunto de las obras hidráulicas de la cuenca favoreció no sólo la producción chinampera, sino el drenaje y el abastecimiento de agua potable a la gran ciudad de Tenochtitlan. El mismo problema del transporte, grave en Mesoamérica, quedó en buena medida resuelto al utilizarse el sistema lacustre para la navegación, al trazarse canales y al tenderse largas calzadas que, sobre diques, comunicaban la casi totalidad de las poblaciones de la cuenca. Incluso para la defensa en caso de guerra el sistema de calzadas resultaba eficaz, pues era relativamente fácil mantener la vigilancia y el control sobre ellas.

Bibliografía

PALERM, Angel
1973   *Obras hidráulicas prehispánicas en el sistema lacustre del Valle de México*, México, SEP-INAH.
GARCIA QUINTANA, Josefina y José Rubén ROMERO GALVAN
1978   *Mexico-Tenochtitlan y su problemática lacustre*, México, UNAM, Instituto de Investigaciones Históricas.
WEST, Roberto C. y Pedro ARMILLAS
1950   "Las chinampas de México. Poesía y realidad de los 'jardines flotantes'", *Cuadernos Americanos* v. L, no. 2, marzo-abril, México, p. 165-182.

30. El cosmos según los mexicas

Alfredo López Austin, UNAM

La mayor parte de la información acerca de la cosmovisión mesoamericana se obtiene de las fuentes que nos describen la vida de las sociedades del Postclásico tardío que ocuparon el Altiplano Central de México, y entre estas sociedades destaca la mexica por la riqueza de las referencias que los escritos históricos hacen de su pensamiento.

Los conocimientos y creencias de los mexicas fueron en gran parte comunes entre los mesoamericanos de su época, y tenían milenaria raigambre en las tradiciones de los pueblos que habitaron el área. Es indudable que las concepciones de la estructura y la dinámica del universo sufrieron profundas transformaciones en el devenir histórico, y que las diferencias regionales de la cosmovisión ofrecen interesantes aspectos; pero también lo es que las creencias básicas acerca del orden cósmico se mantuvieron firmes en el tiempo y en el espacio. Por ello el pensamiento mexica no sólo es interesante por sí mismo, sino que nos sirve como uno de los puntos de apoyo para la investigación de las concepciones particulares de los pueblos que los antecedieron y de los que fueron sus contemporáneos.

Para los mexicas el mundo estaba dividido en tres partes. La parte superior estaba ocupada por los dioses celestes, que enviaban sus fuerzas, benéficas o dañinas, al mundo de los hombres. De la parte infe-rior del cosmos, la fría región de los muertos, también partían influencias buenas y malas, ya que las concepciones de los mesoamericanos distaban mucho de las religiones que separan a los seres sobrenaturales en protectores y en enemigos de la especie humana: todos los dioses mesoamericanos podían perjudicar o favorecer, de acuerdo con la forma en que los hombres cumplían sus obligaciones de adoración. Era el centro la región del hombre, donde coexistía con los vegetales y los animales, con los astros, las nubes, las lluvias y los vientos, con emisarios y fuerzas divinas, con dioses invisibles u ocultos tras cuerpos extraños. Era este centro del cosmos la región de la confluencia y de la lucha de todo lo alto y todo lo bajo.

En el principio de los tiempos esta zona intermedia no existía. Un enorme monstruo acuático, femenino, formaba la gran masa indiferenciada. Dos dioses lo dividieron por mitades, separaron su cuerpo para constituir con él el inframundo y el cielo, y pusieron postes en las esquinas de la superficie terrestre para impedir una nueva unión del monstruoso cuerpo original. La zona intermedia, el espacio que se mantenía abierto gracias a los pilares, eran cuatro pisos, los cuatro cielos bajos que empezaban en la superficie terrestre y terminaban en el Lugar de la Diosa de la Sal. Por los pisos celestes de este espacio

168

viajaban el Sol, la Luna, Venus, las estrellas, las nubes y los vientos, sin llegar jamás a los pisos del verdadero cielo.

El número de pisos que los mexicas atribuían al cosmos era muy importante. Eran nueve los del inframundo, nueve también los del cielo y, como se dijo, cuatro los intermedios del cielo bajo que se elevaban a partir de la superficie de la tierra; pero la cuenta, hecha desde la superficie, hacía del 13 el número del cielo, de lo luminoso, masculino, caliente, seco, y del nueve el del inframundo, de lo oscuro, lo femenino, lo frío y lo húmedo.

Los cuatro pilares de las esquinas del mundo y el gran poste central del eje cósmico eran los caminos de los dioses. También se les representaba como árboles enormes que hundían sus raíces en el mundo de los muertos y alcanzaban con sus ramas la morada de los dioses celestes. En el interior de los cuatro postes externos se formaban corrientes entrelazadas de fuego celeste y del chorro acuático del inframundo —las fuerzas de los dioses—, que desembocaban sobre la superficie terrestre para formar, bajo el signo de la guerra cósmica, el tiempo, el cambio y el destino. En el poste central moraba el Dios Viejo, el Dios del Fuego, madre y padre de todos los dioses y señor de los cambios.

El origen del transcurso temporal debe buscarse en la concepción de tres tipos de tiempo. Uno de ellos es el de la recurrencia intrascendente. Los dioses permanecían en este tiempo inmutables, sin crear, ejecutando actos meramente repetitivos: rezaban, barrían, tejían; pero nada surgía de su voluntad. Esta paz divina fue interrumpida por el segundo tiempo, el tiempo del mito, en el que el deseo de ser adorados, los actos sexuales, las agresiones, los engaños, trastornaron la recurrencia intrascendente para originar los cambios, las creaciones. Así surgió el tiempo de los hombres, como producto de transgresiones, querellas, traiciones y deseos de adoración. Cada drama mítico concluía con el nacimiento de seres terrenales. La violencia dio origen al mundo del hombre y a los que lo ocupa-

ron. La característica más notable es que las creaciones se dieron por el transcurso y con el transcurso de este tiempo: la creación es posible en el calendario, en la sucesión de los días. De esto resultó que los distintos seres poseyeran un nombre secreto, el nombre de su día de creación: los ciervos, por ejemplo, fueron Siete-Flor, porque en el día siete-flor fueron creados; los árboles recibieron el nombre de Uno-Agua; los objetos de fibra dura, Uno-Hierba-Torcida; el fuego, Cuatro-Caña; los objetos agudos parecen haber sido Uno-Tigre. . . y así otros cuyo nombre ha quedado registrado en las fuentes.

En los cielos inferiores se daba el transcurso del tiempo. Las influencias de los dioses llegaban al mundo intermedio, al de los hombres, en estricto orden calendárico, descendiendo del cielo o ascendiendo desde el inframundo, lugares que guardaban todo tipo de fuerzas creadoras del cambio en el mundo. El calendario, pues, marcaba el contenido de los fuegos y de las aguas que brotaban de los pilares del mundo e iban a extenderse. Cada periodo traía una fuerza, una influencia, una suerte. El arribo se daba en los ciclos de muy distintas dimensiones: días y noches, breves periodos de 5 o 13 días, meses de 20 días, ciclos de 260 o 365, "siglos" de 52 o 104 años, etcétera, hasta llegar a formar un ciclo de enormes dimensiones en cuyo retorno esperaban, al parecer, que volviese a existir lo que en las vueltas anteriores había existido; esto es, cuando todas las diversas fuerzas de los dioses, de ciclos pequeños y grandes, fuesen volviendo a coincidir sobre la tierra exactamente como lo habían hecho en otros tiempos ampliamente distantes.

Los mexicas concebían la superficie de la tierra como una gran flor de cuatro pétalos —cada uno de ellos simbolizado por un color— en cuyo centro estaba la joya de jade donde moraba el Dios del Fuego. Esta superficie dividida en cuadrantes estaba rodeada por el agua marina, que en el extremo se levantaba como una pared hasta unirse con el cielo. El nacimiento de la era presente —el Quinto Sol, la era del hombre verdadero— fue posible por la

LOS PISOS DEL COSMOS

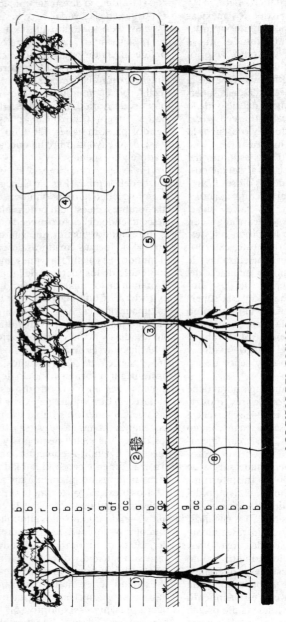

Figura 1

b = blanco
g = gris
r = rojo
af = anaranjado - café
ac = azul celeste
v = verdiazul

LOS PISOS DEL COSMOS

1. Uno de los cuatro árboles de las esquinas del mundo.
2. El Sol en su camino, en el tercer piso del cielo bajo.
3. El árbol del centro del mundo.
4. Los nueve pisos del cielo bajo, sobre la superficie de la tierra.
5. Los cuatro pisos del cielo bajo, sobre la superficie de la tierra.
6. La superficie de la tierra.
7. Uno de los cuatro árboles de las esquinas del mundo.
8. Los nueve pisos del inframundo.
9. El total, trece, de los pisos celestes.

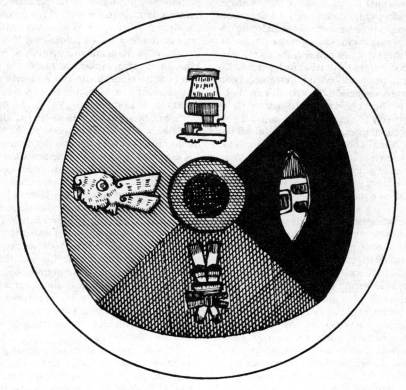

LA SUPERFICIE TERRESTRE,
RODEADA POR EL ANILLO DE LAS
AGUAS MARINAS.

Sus cuadrantes son:

a. El oriental, rojo, con el símbolo de
   la caña.
b. El septentrional, negro, con el
   símbolo del pedernal.
c. El occidental, blanco, con el símbolo
   de la casa.
d. El meridional, azul, con el símbolo
   del conejo.

En el centro está la cuenta de piedra
preciosa verde, el ombligo del mundo,
morada del Dios del Fuego.

previa existencia de cuatro soles o eras. En cada una de ellas había dominado el dios gobernante de uno de los cuadrantes de la superficie terrestre. Tras siglos de ordenada existencia, se originaba una lucha entre dioses, y tras ella el caos, con la destrucción o transformación de los pobladores de la tierra. El orden se restablecía con el triunfo y sucesión de otro dios en el poder. El hombre verdadero nació en el Quinto Sol, el que pertenecía ya no a uno de los cuadrantes, sino al centro, el sol llamado *Nahui Ollin*. El hombre se imaginó, igual que en muchas otras religiones, como el ser en el que confluían todas las fuerzas del universo, y en el que éstas debían mantenerse en equilibrio.

Las sucesivas fuerzas de los ciclos obedecían a un orden no sólo de secuencia temporal, sino espacial. Cada paso se daba por uno de los cuatro árboles externos, y si un día las fuerzas brotaban por el este, el siguiente lo hacían por el norte, el siguiente por el oeste, otro más por el sur, volvía a tocar su turno al este, y así sucesivamente. Los años, que llevaban los nombres de Caña, Pedernal, Casa y Conejo, seguían también en este orden, empezando por el oriental. El Sol recibía los destinos de estos periodos y los lanzaba sobre el mundo.

La creencia en los ciclos cósmicos —que mucho se semejan a los turnos de trabajo colectivo con los que los hombres cumplían sus obligaciones con su comunidad o pagaban tributo a los gobernantes— no sólo comprendía la vigencia sucesiva de las fuerzas divinas, sino que afectaba el vigor de los dioses. Éstos, como los astros, como los hombres, los animales y las plantas, tenían periodos potentes y periodos de decadencia. Nacían y morían para volver a nacer al poco tiempo, en un círculo interminable. Si no llegaran a

un término, sus fuerzas irían decreciendo paulatinamente hasta la inoperancia; en cambio, la muerte permitía el renacimiento vigoroso, el retorno de la vitalidad transformadora. Así sucedía con los astros, que periódicamente morían y recibían en el inframundo, de nuevo, la luz con la que harían su curso. La muerte era el antecedente de la vida tanto como la vida lo era de la muerte.

Sobre la superficie de la tierra, algunos hombres se convertían en recipientes de los dioses: el fuego divino penetraba en sus corazones, y como imágenes vivas de las divinidades eran muertos ritualmente en sus fiestas. El sacerdote mataba al dios; esto es, con la muerte —la de su imagen viva— le daba la posibilidad de nueva existencia, cumpliendo así una función de auxilio en la continuidad del universo. La muerte de las imágenes de los dioses explica una parte considerable de los sacrificios humanos. Otros, los más abundantes, se hacían con el propósito de alimentar a los dioses con la sangre y los corazones de los cautivos de guerra. Era, como la anterior, una función conservadora del universo.

Entre las concepciones del cosmos y las relaciones sociales se daba una influencia recíproca, transformadora y justificante de las acciones políticas. Por ejemplo, las fiestas religiosas, los atributos de los dio es principales y los procesos vitales proyectados al cosmos revelan el pensamiento de hombres cuya principal fuente de riqueza era la agricultura, y cuya forma de colaboración comunal era el turno cíclico del trabajo; en cambio, las guerras de expansión y el dominio de los conquistados se justificaban con la idea de la dinámica cósmica, que daba a los mexicas el pretexto de la conservación del universo para sojuzgar a los pueblos más débiles.

Bibliografía

CASO, Alfonso
1962   *El pueblo del Sol*, México, Fondo de Cultura Económica.
LOPEZ AUSTIN, Alfredo
1980   *Cuerpo humano e ideología. Las concepciones de los antiguos nahuas*, 2v,
          México, Instituto de Investigaciones Antropológicas, UNAM.
SOUSTELLE, Jacques
1982   *El universo de los aztecas*, México, Fondo de Cultura Económica.

31. Oaxaca en el Postclásico

Bernd Fahmel Beyer, UNAM

Grandes valles, abruptas serranías y extensas planicies costeras caracterizan al actual estado de Oaxaca. Dentro de este mosaico ambiental se dieron, en época prehispánica, múltiples formas de vida con expresiones materiales particulares a cada grupo. Ahora bien, aunque cada nuevo hallazago de objetos únicos nos sensibiliza hacia la habilidad y el gusto del artesano prehispánico, la recurrencia de utensilios del quehacer diario en construcciones y contextos de uso específico nos percata de constantes divergencias y convergencias en el desarrollo cultural global de la región.

En la porción occidental del estado se levanta el núcleo montañoso mixteco, un macizo intricado y fuertemente plegado del que destacan las sierras de la Mixteca Alta y la de Coycoyan en el oeste, y las de Chicahuastla e Itundujia en el sureste. Toda el área está cruzada por cortos valles, de los cuales los más importantes y fértiles son los de Nochixtlán, Coixtlahuaca, Teposcolula, Tlaxiaco y Juxtlahuaca, situados a una altitud aproximada de 2,000 metros. El complejo está separado de la Sierra Madre Oriental, por la Cañada de Cuicatlán, por los valles centrales de Oaxaca y la Sierra Madre del Sur. Las regiones mixteca y cuicateca son en lo general de clima seco. Sin embargo, existen dos tipos de clima húmedo, uno tropical hacia la costa del Pacífico y uno templado

en las regiones altas interiores, ambos con lluvias en verano. Debido a estas condiciones, las secuencias arqueológicas mejor documentadas se encuentran en los valles de la Mixteca Alta y la costa del Pacífico.

Durante las épocas Monte Albán I y II, definidas para Monte Albán con base en las excavaciones de Alfonso Caso, pero también empleadas para otras regiones del estado, varios sitios de la sierra añadieron a sus vajillas locales piezas de tipo zapoteca. Por otra parte, en sus construcciones, algunos sitios cuentan con plataformas que, si bien son diferentes a las de los valles centrales en cuanto a técnica de construcción, comparten con ellas el concepto de arquitectura megalítica. Posteriormente, durante el Clásico (Monte Albán III), cada sitio parece haber desarrollado estilos propios, aunque nunca dejaron de compartir algún elemento con asentamientos vecinos o sitios ocupados por los zapotecas. La misma situación parece haber prevalecido en la costa antes de que la fundación del reino de Tututepec (en época Monte Albán V) ligara más estrechamente a los sitios situados entre el puerto de Huatulco y el actual estado de Guerrero. ,

En la sierra mixteca la época Monte Albán V se conoce esencialmente a través de los códices. Conforme a estos antiguos libros, escritos sobre tiras de papel dobladas en forma de biombo, o según transcripciones realizadas durante la Colonia, para fines del Clásico los señores de Apoala (nacidos de dos árboles) dominaron por las armas a los demás pueblos de la Mixteca Alta (nacidos de la tierra), erigiendo su principal asiento en Tilantongo. En aquel entonces la región estaba dividida en un gran número de señoríos, formados cada uno por un pueblo y su comarca inmediata. Años después, al arribar los españoles, la mayoría de ellos se habían agrupado en una serie de provincias o reinos de diverso tamaño (las crónicas otorgan el título de reino a Coixtlahuaca, Tilantongo, Tlaxiaco y Tututepec). A la cabeza de cada una de estas provincias estaba una ciudad que había logrado el dominio por el mayor prestigio del linaje de sus gobernantes, su importancia como centro religioso o simplemente por su riqueza o fuerza militar. Aun así, muchos señoríos pequeños lograron conservar su independencia, aunque por lo general eran protegidos militarmente por caciques poderosos a cambio de un tributo.

Ahora bien, debido a la ecología de la Mixteca y a la baja densidad poblacional, sus habitantes nunca llegaron a desarrollar una verdadera división del trabajo y una estratificación basada en las profesiones. De ahí que el sistema social se caracterizara por tener a la cabeza de cada pueblo a un cacique, miembro de la clase gobernante y heredero de la máxima autoridad. Éste era asistido en sus funciones por un grupo de principales (ayudantes, consejeros y regidores) salido de la clase noble. La clase plebeya se dedicaba al campo, las artesanías y, cuando era necesario, a la guerra.

Alianzas y conquistas no afectaron en forma significativa el *statu quo* dentro de la sociedad, aunque sí desestabilizaron federaciones y entorpecieron su unificación. En este sentido, si bien sobresale la consolidación del poder del reino de Tilantongo y los intentos del señor 8 Venado Garra de Tigre por unificar la región, no sorprende porqué la región cayera presa de la expansión mexica.

Narran los relatos que en 1461 Mote-
cuhzoma I venció en combate al cacique de Coixtlahuaca, señor tan prestigiado como el *huey tlatoani*. Indudablemente esta derrota fue un factor que dirigió la mirada de los mixtecas a los valles centrales de Oaxaca. Aunque ya desde antes se habían entablado relaciones con los pobladores zapotecas.

Pueblo antiguo que habita desde tiempos *inmemoriales* sobre las márgenes de los ríos Atoyac y Salado, y entre las cumbres de las sierras que los comprenden al norte y sur, para la época I de Monte Albán los zapotecas integraron una federación muy compleja. Aún no queda claro cuáles fueron los móviles y las condiciones en que interactuaron los distintos sitios. Sin embargo, hasta la época IIIA los habitantes de Monte Albán dictaron las pautas del desarrollo cultural de la región central del estado. Continúa luego una época con dos fases paralelas: una denominada IIIB en Monte Albán, el valle de Etla y parte del valle de Zimatlán, y otra, la fase IV, en la zona de Jalieza y el valle de Tlacolula esencialmente. Las diferencias y contradicciones entre ambos sectores, el consiguiente abandono de Monte Albán y la reorganización que este suceso provocó dentro del sector occidental fueron, durante el Clásico tardío, las precondiciones para el descenso de los mixtecas a la región zapoteca.

Durante la época V, situada por Alfonso Caso después del abandono de Monte Albán, los habitantes del sector oriental de los valles desarrollaron y enriquecieron la tradición zapoteca, distinguiendo de entre sus señoríos a Mitla como capital religiosa y artística. Entre tanto, dos series de enlaces matrimoniales entre los señores de Zaachila y la realeza serrana fueron consolidando la presencia mixteca en el valle de Etla y las llanuras al pie de Monte Albán. Empero, la brecha cultural entre ambos sectores nunca llegó a más por las presiones que se dejaban sentir desde el Altiplano Central. En este sentido, la fundación de una guarnición mexica (Huaxyácac) en las faldas de Monte Albán, y la experiencia mixteca del año 1461

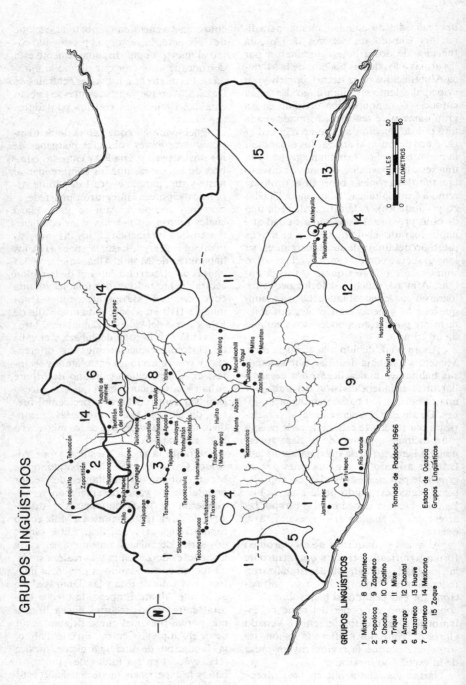

GRUPOS LINGÜÍSTICOS

GRUPOS LINGÜÍSTICOS

1 Mixteco	8 Chinanteco
2 Popoloca	9 Zapoteco
3 Chocho	10 Chatino
4 Trique	11 Mixe
5 Amuzgo	12 Chontal
6 Mazateco	13 Huave
7 Cuicateco	14 Mexicano
	15 Zoque

Tomado de Paddock 1966

━━━━━ Estado de Oaxaca

───── Grupos Lingüísticos

MILES

KILOMETROS

0   50

0   80

176

debieron alentar las alianzas dentro del valle, mientras que la sujeción de Mitla por las fuerzas de Ahuízotl (1494) reforzó los lazos entre mixtecas y zapotecas.

Frente a esta unión de fuerzas los mexicas decidieron avanzar sobre Guiengola, fortaleza inexpugnable en los dominios zapotecas del Istmo de Tehuantepec. Sin embargo, tras un largo sitio, en 1496 los agresores tuvieron que retirarse y dejaron en manos de Cocijoeza grandes extensiones de tierra. Ahora bien, asegurada la paz mediante el matrimonio de Cocijoeza con la hija de Ahuízotl, el señor zapoteca menospreció su alianza con los mixtecos. Ofendidos por la escasa retribución a sus esfuerzos en la lucha contra los mexicas (sólo se les concedió una pequeña zona cerca de Tehuantepec, conocida aún como la Mixtequilla), los mixtecos invadieron Zaachila y se apropiaron de terrenos zapotecas en el valle de Oaxaca. Ante estos avances el señor zapoteca tuvo que dejar Zaachila y refugiarse en Tehuantepec, donde gobernaba su hijo Cocijopii.

Encontrándose en el arreglo de sus diferencias, arribaron al Anáhuac los españoles. Informado sobre su entrada y los enfrentamientos en el altiplano, Cocijoeza no tardó en ponerse a las órdenes de Cortés, provocando nuevamente el disgusto de los mixtecos. Sólo tras la sujeción de éstos por los españoles pudo retornar a Zaachila el cacique zapoteca y afianzar la situación de *detente*, misma que sería para los nuevos señores la mejor forma de asegurar el florecimiento de la nueva cultura.

Bibliografía

BERNAL, Ignacio
1964   "Arqueología mixteca del valle de Oaxaca", *Actas y Memorias del 35 Congreso Internacional de Americanistas,* México, tomo I, p. 453-460.
DAHLGREN, Bárbara
1966   *La mixteca. Su cultura e historia prehispánica*, México, UNAM.
GAY, J. A.
1982   *Historia de Oaxaca*, México, Editorial Porrúa (Colección Sepan Cuántos núm. 373).
MARTINEZ GRACIDA, M.
1888   *El rey Cocijoeza y su familia*, México.
SPORES, Ronald
1967   *The Mixtec kings and their people*, University of Oklahoma Press, Norman.
1976   "La estratificación social en la antigua sociedad mixteca", Pedro Carrasco y Johanna Broda (eds.), *Estratificación social en la Mesoamérica prehispánica*, México, Centro de Estudios Superiores del INAH, p. 207-220.

32. La zona del Golfo en el Postclásico

Lorenzo Ochoa, UNAM

Todavía estaban vigentes las instituciones culturales, políticas y económicas de los grupos del Clásico del norte del Centro de Veracruz cuando, entre los años 750 a 800, aproximadamente, comenzaron a llegar los primeros totonacos al área. Acerca de su posible procedencia se han emitido diversos juicios, pero aún es difícil asegurar cuál de ellos es el más acertado. De acuerdo con ciertos autores, provenían de las tierras altas y, después de atravesar la sierra de Puebla, ocuparon sus estribaciones y se dispersaron por la llanura costera y la costa del Golfo; del río Cazones al De la Antigua y aún más al sur de acuerdo con las fuentes históricas, límites que pueden considerarse bastante flexibles. Al norte del río Cazones y al sur del Tuxpan se extendía una faja compartida por huaxtecos y totonacos. Los primeros, desde varios siglos atrás, señoreaban de la desembocadura del Tuxpan a la del Pánuco y de la costa hasta alturas a los 1,000 metros sobre el nivel del mar; distribución étnica que encontraron los españoles en el siglo XVI.

Por otro lado, como se apuntó, los totonacas no deben haber arribado al área después del siglo VIII de nuestra era; quizá por esta razón algunos autores consideren que El Tajín fue construido por dicho grupo. En todo caso, de acuerdo con las evidencias arqueológicas, fundamentadas en las lingüísticas e históricas, unos cien años antes de que esa urbe comenzara a declinar, los totonacas pudieron ocupar determinados edificios y tal vez intervinieron en la construcción de otros. A esas fechas corresponderían las últimas etapas constructivas de El Tajín Chico, el Edificio de las Columnas y los paneles del Juego de Pelota Sur. En efecto, la decoración en bajo relieve de la última estructura mencionada es de clásico estilo tajinesco, mientras que en el Edificio de las Columnas aparecen motivos tanto de la costa como del centro de México que le imprimen un carácter híbrido. El Tajín Chico, con sus soluciones arquitectónicas con grandes claros, su decoración de rombos a manera de celosías y las modificaciones del asentamiento anterior, se antoja bastante diferente, acaso resultado de un paulatino cambio conceptual en las instituciones políticas, sociales y religiosas.

Hacia los siglos XI y XII, El Tajín empezaría a declinar y dos siglos más tarde sería abandonado. Así pues, aunque se desconoce la extensión exacta del sitio y las características de su organización interna para esa época, se sabe que su ocupación es muy importante y su organización política bastante compleja, quizá de carácter estatal de acuerdo con algunos investigadores. Por el contrario, después de entrar en decadencia no volvería a recuperarse. Más todavía, en sus últimos años de ocupación tan sólo debe haberse considerado como una localidad heterogénea, con claras reformas políticas, económicas y religiosas reflejadas en su arquitectura y decoración. En realidad no sería el único caso; aparentemente, los totonacos ocuparon otros sitios que, de antiguo, habían sido asiento de grupos del periodo Clásico. Sin que sean todos pueden anotarse Yohualichan, Xiuhtetelco, Cotaxtla, Cerro Montoso, Quiahuiztlan y Cempoala. Posteriormente, por su importancia política y económica,destacarían Tuzapan, Quiahuiztlan, Cacahuatenco, Cotaxtla, Misantla, Zacatlán, Cempoala y Cuauhtochco; este último fue importante centro mexica durante los siglos XV y XVI. Por supuesto que las fuentes históricas citan otros lugares que, aun cuando tuvieron importancia secundaria, en conjunto formaron el Totonacapan.

Ahora bien, aunque la información sobre los modos y formas de vida en todos esos lugares es incompleta, la conjunción de datos obtenidos arqueológicamente y de las fuentes históricas ayuda a conformar un panorama general del Totonacapan. De esta manera, puede decirse que políticamente estaba organizado en señoríos encabezados por un jefe, como sucedió en Cempoala, Misantla y Zacatlán, entre los más importantes que se conocen. Los gobernantes eran asistidos por consejeros; en su organización los sacerdotes ocupaban un lugar destacado, pues no solamente se encargaban del culto a dioses como Xipe, Quetzalcóatl, *Tlazotléotl* y Mictlantecuhtli, sino también de llevar el registro en códices, hacer las observaciones astronómicas y los cálculos de los calendarios ritual y solar. Asimismo, auxiliados por sus ayudantes, efectuaban el ceremonial de las fiestas y los sacrificios humanos; en éstos sobresalía el que se hacía cada tres años, pues sólo se inmolaban niños. Por las narraciones de algunos cronistas se sabe que el sacrificio culminaba con la ingestión de la carne de éstos, y la preparación de una pasta que, hecha con la sangre de las víctimas y mezclada con la resina de "un árbol" y "ciertas" semillas, se daba de comer a hombres y mujeres adultos en un acto de eucaristía.

En las fuentes históricas también se destaca el autosacrificio que consistía en sangrarse las orejas, la lengua y los órganos sexuales. Por otra parte, la práctica del juego de pelota, que en la segunda mitad del periodo Postclásico, o tal vez desde antes, perdió importancia en el área, bien pudo haber sido sustituido por el juego del volador que, al igual que el *comelagatoazte*, después se extendería por casi todo el territorio mesoamericano. Hoy en día, ambos se conservan en la sierra norte de Puebla y Papantla,y el volador en algunos lugares de la Huaxteca y puntos aislados de México y Centroamérica.

Junto con la organización política y religiosa, consideración especial merece la importancia económica de la zona. El uso de sistemas de riego en la agricultura aumentó considerablemente la producción, que ocupó renglón destacado en lo que se refiere al algodón y a la agricultura en general. Los tejidos hechos en la zona con esa fibra eran muy codiciados, como también lo eran las cerámicas finas llamadas Tres Picos Quiahuiztlan e Isla de Sacrificios. Estos y otros productos eran altamente cotizados en los mercados locales, en la Huaxteca y el Altiplano Central.

En otros aspectos debe hacerse referencia a la arquitectura que acusa ciertas influencias del Altiplano Central. A juzgar por los datos que se conocen para Quiahuiztlan y otros lugares de la costa, los totonacos concibieron la idea de efectuar los enterramientos humanos en tumbas agrupadas en lugares especiales, a manera de cementerios; las tumbas remataban en una pequeña construcción que imitaba la forma de los templos o casas. Las ciudades estaban bien planeadas y organizadas. Por ejemplo, en Cempoala el agua de lluvia se captaba directamente de los techos y se almacenaba; asimismo, se conducía hasta los templos y casa de los principales por medio de acueductos y caños hechos de mampostería. Estas y otras características nos dejan una idea aproximada de los desarrollos de la cultura totonaca que, hacia la sierra se entremezclaba con tepehuas, otomíes y

EL POSTCLÁSICO EN LA COSTA DEL GOLFO
Basado en Stresser-Pean, 1979

Soto La Marina

Sierra de Tamaulipas

▲TANCHIPA

GOLFO DE MEXICO

▲LAS FLORES

▲TAMUIN
▲TAMTOC
PANUCO
▲CEBADILLA

TANQUIAN▲

TANCANHUITZ▲

Rio Moctezuma

▲TAMAZUNCHALE

Sierra de Tantima

▲TEPETZINTLA
HUILOCINTLA
▲JUANA MOZA
▲TABUCO

Rio Tuxpan

▲CASTILLO de TEAYO

▲METLALTOYUCA

Rio Cazones

▲EL TAJIN ▲SANTA LUISA

Rio Tecolutla

Rio Nautla

▲MISANTLA

Sierra de Chiconquiaco

▲QUIAHUIZTLAN

CEMPOALA▲

nahuas, y por la costa con grupos nahuas por el sur y los huaxtecos en el norte, ya para entonces completamente identificados como mesoamericanos.

En efecto, la cultura huaxteca, que hasta el periodo Clásico tardío no es posible reconocerla como mesoamericana, desde finales de ese periodo y durante el Epiclásico comienza a mostrar varias características de esa gran área. Entre los siglos VIII y IX, en la Huaxteca se producen notables cambios culturales. De la misma manera, por el desarrollo de sus instituciones políticas se da un claro avance en la economía al incrementarse la agricultura y el intercambio. Las repercusiones de tales cambios se reflejan en la población de los asentamientos que, aunque nunca llegaron a ser muy extensos ni de gran monumentalidad, por lo menos pasan a convertirse en verdaderos centros político-religiosos que controlaban extensos territorios. Tamuín, S.L.P.; Huejutla, en Hidalgo; Tzicoac, entre Puebla y Veracruz; Tuxpan, Temapache y Pánuco en Veracruz, fueron algunas de las provincias importantes que se reconocen para la Huaxteca. Todos esos lugares, de acuerdo con lo que se dice en las fuentes escritas, en unos casos, y el estudio de los restos arqueológicos encontrados, deben de haber tenido una compleja organización política, económica, social y religiosa, que no es dado apreciar para épocas anteriores. Ya en los documentos históricos la Huaxteca aparece descrita como una región en donde no había un Señor Universal que la gobernara, que estaba compuesta por pequeños señoríos o estados independientes, que había una marcada división de clases y, posiblemente, que existiera una clara diferenciación entre un grupo religioso y otro militar.

También por la documentación se sabe que el comercio estaba organizado en mercados que se efectuaban de 20 en 20 días. Para el efecto, en los cruces de los caminos había señalamientos para guiar a los mercaderes y a quienes cruzaban por la Huaxteca. En otros aspectos también se reflejan notables cambios. Por ejemplo,

en la escultura de piedra lograron refinadas obras de arte, en las que es posible identificar dioses que de antiguo se veneraban en Mesoamérica: Quetzalcóatl, Xipe, Tláloc, Chicomecóatl, Ome Tochtli y Tlahuizcalpantecuhtli, entre otros, sin olvidar aquellos emanados de sus propios conceptos, como Tlazoltéotl y Ehécatl. Concepciones que a manera de escenas fueron plasmadas en pintura mural, pectorales de concha y, probablemente, en códices —una forma de representación introducida quizá tardíamente—. Ligado con las prácticas religiosas adoptaron el juego de pelota con anillos, si bien tal vez no tuvo mucha aceptación entre ellos. Pronto, y no se sabe cuándo, se dio fuerte culto al volador que, de acuerdo con algunos autores, allá pudo tener su origen. No deben soslayarse las prácticas relacionadas con el calendario ritual, ya sea en la cacería o en la agricultura. Más tarde se adoptó, o bien se hace evidente, el uso del calendario solar, como también el registro en códices e inscripciones de fechas y glifos, en esculturas de piedra.

Así pues, la cultura huaxteca, que de antiguo se extendía por amplio territorio, puede ser reconocida por su característica escultura mayor, que a menudo presenta gorro cónico y resplandor en la nuca; por sus pectorales de concha en los que se plasmaron escenas a manera de códices, así como por su escultura menor de barro, que crearon figurillas con las caderas muy acentuadas. De la misma manera, inconfundible es por sus prácticas de mutilación dentaria y deformación craneana, o bien por su arquitectura en la que predomina la línea curva. En cerámica los alfareros huaxtecos recrearon formas de la naturaleza y pintaban sus vasijas con colores crema, negro sobre blanco o crema, o negro y guinda sobre blanco. En fin, los huaxtecos durante la última parte de la época prehispánica, como los totonacos, sin haber conformado una unidad política de carácter estatal, alcanzaron sus máximos desarrollos, tanto en lo político y social, como en lo económico-religioso y las expresiones de su cultura material.

Bibliografía

KRICKEBERG, Walter
1975   *Las antiguas culturas mexicanas*, México, Fondo de Cultura Económica.
OCHOA, Lorenzo
1979   *Historia prehispánica de la huasteca*, México, Instituto de Investigaciones Antropológicas, UNAM.
PIÑA CHAN, Román
1967   *Una visión del México prehispánico*, México, Instituto de Investigaciones Históricas, UNAM.

33. El comercio durante el Postclásico

Carlos Brokmann Haro, INAH

Durante la época inmediatamente anterior a la conquista española, el comercio fue una institución fundamental en Mesoamérica. Ante todo, sirvió para que zonas ecológicamente diversas complementaran sus productos por medio del intercambio. La posesión de bienes escasos o foráneos obtenidos a través del comercio fue un factor importante en la constitución de las clases sociales superiores. Así, existieron dos modalidades distintas en el intercambio. La primera fue la de los mercados regionales, que, tanto en el altiplano como en el área maya, ayudó a que los habitantes de cada zona tuvieran acceso a productos de ecosistemas distintos. En segundo lugar y satisfaciendo la demanda de objetos suntuarios de las clases dominantes, hubo un sistema de intercambio a larga distancia en el que estaban involucrados los mercaderes de las subáreas mesoamericanas.

La primera modalidad, el intercambio de mercado, se caracterizó por la circulación de bienes de consumo y porque los productores actuaban a la vez como vendedores. El mercado prehispánico del Postclásico era semejante a los actuales mercados indígenas, por lo común estaba cuidadosamente organizado y tenía un lugar fijo en cada localidad. Se designaban autoridades en cada mercado, que debían vigilar el orden, regular los precios de acuerdo con lo aceptado común-

mente y constituir tribunales especiales en caso de que se infringieran las reglas internas.

La importancia del mercado era correlativa a la del pueblo, ya por su tamaño y población o por su posición respecto a las rutas comerciales. Hubo grandes mercados como el de Tlatelolco, que tenía puestos de 109 productos distintos con locales permanentes y una rígida jerarquía. También hubo mercados con cierta especialización de bienes como los de Azcapotzalco y Acalan, los cuales se distinguieron por la venta de esclavos. Los comerciantes profesionales también traficaban dentro de estos mercados.

La otra modalidad de intercambio fue la de larga distancia. Fue practicada principalmente por mercaderes profesionales en el Altiplano Central y el área maya y en menor escala en otras zonas menos estudiadas. Se caracterizó por que en ella predominaron los bienes suntuarios. Debido a que los cargadores o *tamemes* eran el medio de transporte principal, sólo podían acarrear entre 25 y 35 kilogramos de carga diariamente. Sólo en las zonas costeras o con extensas redes fluviales fue posible emplear el eficiente transporte por canoas. Gracias a contar con ambas, el área maya pudo comerciar con un alto número de mercancías y tener mayor número de consumidores en su sistema de intercambio a larga distancia. En el nivel meso-

183

americano, los productos predominantes de esta red fueron obsidiana, jadeíta, turquesa, conchas, pedernal, esclavos, plumas ricas y otros.

Los mercaderes siguieron rutas bien establecidas en sus viajes. Debían pasar por territorios propios o neutrales para no ser atacados y fue común que los estados poderosos extendieran sus dominios, protegiendo así a sus comerciantes. En sus viajes al sur, los mercaderes del Altiplano Central utilizaban la ruta México-Morelos-Puebla-Oaxaca-Veracruz por la imposibilidad de tránsito a través de Tlaxcala. Al llegar a Tuxtepec, sólo los mexicas podían continuar hacia Xicalango y el Soconusco. Fue frecuente que algunas rutas afectadas por la presión militar fueran fortificadas a intervalos y se colocaran guarniciones en puntos estratégicos, además de emplearse convoyes escoltados. En cambio, los mayas combinaron las caravanas terrestres con la navegación costera a lo largo del Golfo de México y el Mar Caribe y la fluvial por los múltiples ríos de las tierras bajas del centro y del sur.

Las localidades más características del intercambio a larga distancia fueron los llamados *puertos de intercambio*. Eran regiones que contaban con sitios comerciales bien definidos y que, según algunos autores, presentaron rasgos en común muy peculiares: eran zonas políticamente débiles, neutrales y vecinas de dos áreas mutuamente hostiles, como sería el caso de Xicalango entre mexicas y mayas. En ellas se juntaban pacíficamente los mercaderes y traficaban básicamente con bienes suntuarios, de manera muy controlada y selectiva. Otros investigadores han puesto en duda que estas regiones tuvieran forzosamente este emplazamiento fronterizo, fueran débiles políticamente y neutrales. Zonas como Acalan quedan fuera del concepto de puerto de intercambio, pues no cumplen todos los requisitos. Además de comerciar en estos sitios, los mercaderes profesionales operaban en los grandes mercados y organizaban ferias periódicas.

Entre los mexicas, los mercaderes profesionales fueron denominados *pochtecah*

u *oztomecah*. Fue un oficio hereditario pues sólo podían ser comerciantes los miembros de *calpultin* específicos; socialmente ocuparon una posición intermedia entre *pipiltin* y *macehualtin*. Los *pochtecah* no eran nobles y no recibían tributo, pero estaban eximidos de su pago. Podían poseer tierras, tener tribunales propios y vestir ropas y adornos particulares. Su dios tutelar era Yacatecuhtli, advocación de Quetzalcóatl, a la que adoraban cuando salían en sus expediciones comerciales. La posición de los mercaderes les permitió un acceso inusitado a la riqueza, pero a cambio debían prestar importantes servicios a la comunidad. Daban grandes banquetes públicos, servían militarmente en varias formas y fungían como los agentes comerciales del estado Tenochca. Los *pochtecah* habitaron en siete barrios de Tenochtitlan-Tlatelolco y en unos dieciséis pueblos más del Altiplano Central. Para salir a las expediciones de intercambio a regiones lejanas se reunían mercaderes de todas las comunidades. También se agrupaban en las expediciones militares, pero no todos estos pueblos participaban en ello. Los *calpultin* de *pochtecah* estaban divididos internamente: los *pochtecatlatoque* eran los comerciantes viejos, que no iban en las expediciones y que daban mercancías en comisión a los *nahualoztomecah*, todos los que participaban en ellas, sin importar sus riquezas. En tiempos de paz los principales de los *calpultin* de Pochtlan y Acxotlan fungían como "gobernadores" y durante la guerra se elegía un jefe para conducir a los *pochtecah* en campaña.

Entre los mayas los mercaderes profesionales no formaron un estrato social aparte. Los *ppolom* eran miembros de la clase gobernante que no dependían de un grupo para la organización de las expediciones comerciales. Los *ah ppolom yok* eran aquellos comerciantes que salían de viaje y llevaban caravanas de cargadores frecuentemente esclavizados por rutas combinadas de tierra y agua. Intercambiaban más productos básicos que los *pochtecah*. Durante las expediciones co-

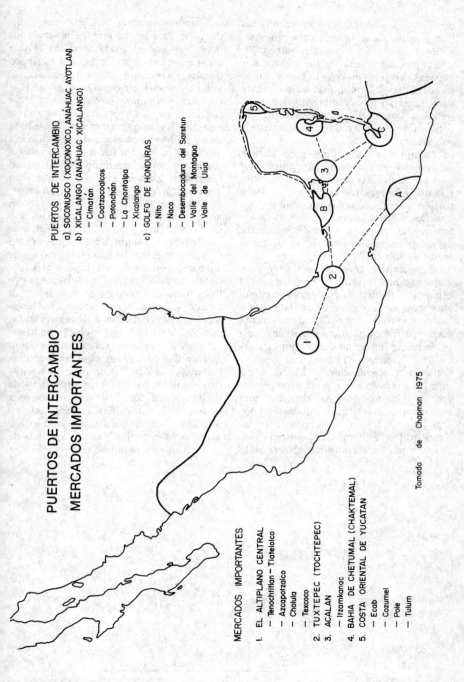

PUERTOS DE INTERCAMBIO

MERCADOS IMPORTANTES

PUERTOS DE INTERCAMBIO
a) SOCONUSCO (XOCONOXCO, ANÁHUAC AYOTLAN)
b) XICALANGO (ANÁHUAC XICALANGO)
 — Cimatán
 — Coatzacoalcos
 — Potonchán
 — La Chontalpa
 — Xicalango
c) GOLFO DE HONDURAS
 — Nito
 — Naco
 — Desembocadura del Sarstun
 — Valle del Montagua
 — Valle de Ulúa

MERCADOS IMPORTANTES
I. EL ALTIPLANO CENTRAL
 — Tenochtitlan - Tlatelolco
 — Azcapotzalco
 — Cholula
 — Texcoco
2. TUXTEPEC (TOCHTEPEC)
3. ACALAN
 — Itzamkanac
4. BAHIA DE CHETUMAL (CHAKTEMAL)
5. COSTA ORIENTAL DE YUCATAN
 — Ecab
 — Cozumel
 — Pole
 — Tulum

Tomado de Chapman 1975

185

merciales, los *ppolom* eran escoltados militarmente, se alojaban en albergues pagados y adoraban a su dios tutelar Ek Chuah. A diferencia de los mercaderes mexicas, los *ppolom* eran nobles y por lo tanto podian ostentar más abiertamente sus riquezas. Tenian también obligaciones sociales, como el ser prestamistas sin cobrar intereses y ayudar politicamente a su nación.

La importancia política y económica del comercio como medio para ampliar su poder hizo que diversos estados mesoamericanos se interesaran por la expansión y fortalecimiento de las redes de intercambio. Dadas las diferencias políticas mesoamericanas, el proceso fue distinto entre mayas y mexicas, siendo éstos los casos mejor estudiados.

Tenochtitlan empleó a sus *pochtecah* como agentes estatales. Fungían como espías y evaluaban la riqueza de regiones sin conquistar, notaban sus debilidades militares e incluso combatían directamente como guerreros autónomos. Buena parte de la expansión mexica siguió esta secuencia: comercio inicial, conquista y tributación. Generalmente se considera que los *pochtecah* no podían comerciar con un tributario mexica, sino que, una vez sometido un territorio, lo dejaban por regiones más lejanas e independientes de Tenochtitlan. Sin embargo, existen casos en que sí pudieron continuar comerciando con pueblos tributarios, como por ejemplo el Soconusco. La identificación de los *pochtecah* con el aparato estatal llevó a que los mexicas consideraran el asesinato de sus mercaderes causa inmediata de guerra, como ocurrió en Oztoman y Coixtlahuaca. Algunos investigadores han concluido que los *pochtecah* constituyeron una clase o grupo social medio, opuesto al de los *pipiltin*. Posiblemente, la tendencia monopólica mexica los habría llevado a concentrar el intercambio del Altiplano Central de manera similar a lo que hizo Teotihuacan en el Clásico, sugieren otros.

Para los mayas el comercio fue un motor social, que interrelacionaba los distintos señoríos independientes. En muchos casos, los señores o caciques eran a la vez los mercaderes más ricos y sus alianzas comerciales y matrimoniales fueron determinantes en la conformación política maya del Postclásico. Los intereses de estos gobernantes-mercaderes los llevaron a mantener agentes y almacenes en los puertos de intercambio, relacionando estos enclaves con otras zonas. La oposición mercantil entre los señoríos junto con las luchas por el derecho de paso en territorios enemigos fue un factor importante de tensión social. Este sistema contribuyó a la fragmentación política maya, correspondiente con la multiplicidad de localidades de intercambio y con la ausencia de un mercado monopolizador.

Bibliografía

CALNEK, Edward E.
1978   "El sistema de mercado de Tenochtitlan", *Economía política e ideología en el México prehispánico*, México, Centro de Investigaciones Superiores del INAH/Editorial Nueva Imagen, p. 95-114.
CHAPMAN, Anne *et al*.
1975   *El comercio en el México prehispánico*, México, Instituto Mexicano de Comercio Exterior.
NAVARRETE, Carlos
1973   "El sistema prehispánico de comunicaciones entre Chiapas y Tabasco", *Anales de Antropología*, México, Instituto de Investigaciones Antropológicas, UNAM, v. X, p. 33-92.

34. El Postclásico en el área maya

Diego Jiménez Badillo, INAH.

Antecedentes

Al finalizar el periodo Clásico ninguna región de Mesoamérica escapó a los turbulentos cambios sociales producidos por la desintegración de los estados teocráticos. Desde entonces acaecieron migraciones, luchas interétnicas y cambios económicos que alteraron constantemente la geografía política del área maya. La zona del Petén —antaño floreciente y dinámica— fue abandonada, mientras que en el resto del Mayab los antiguos habitantes de los centros ceremoniales se instalaron en lugares protegidos para hacer frente a su inseguridad política. Esta atmósfera inestable actuó como catalizador para el surgimiento de una sociedad diferente, la cual enfrentó ese momento histórico con sus propias instituciones políticas, económicas y religiosas.

Entre los siglos VIII y X d.C., varios grupos originarios de la costa de Campeche se establecieron en la serranía yucateca, fundaron los asentamientos mayas del Epiclásico y contribuyeron al desarrollo del estilo artístico denominado *Puuc*. En Uxmal se ubicaron los xiues mientras que Chichén Itzá fue ocupada por los itzaes. Los nexos comerciales y el intercambio de ideas que estos grupos mantuvieron con el centro de México, produjeron una difusión de rasgos "nahuas" en la península de Yucatán y en las tierras altas de Chiapas y Guatemala. Dicho fenómeno aportó el sustrato ideológico que hizo posible la asimilación de elementos toltecas a partir del siglo XI d.C. De tal forma que los pueblos chontales —también llamados nonoalcas o putunes— deben ser considerados como el eslabón cultural que une a la sociedad maya del Epiclásico con la civilización del periodo siguiente.

El periodo Postclásico en la región norte

Al finalizar el siglo X d.C., un líder religioso llamado Quetzalcóatl fue obligado a salir del centro de México a consecuencia de fuertes disensiones políticas originadas en Tula. Los seguidores de este caudillo decidieron acompañarle en una migración que los condujo hasta el territorio maya, donde muy pronto aumentaron su influencia cultural e impusieron su dominio. Desde su llegada a las tierras bajas del norte, los inmigrantes toltecas se mezclaron con los itzaes y juntos hicieron de Chichén Itzá la capital de un poderoso Estado. Los límites geográficos que abarcó este reino no han podido ser precisados. Sin embargo, sabemos que bajo la influencia tolteca los itzaes fundaron ciudades como Mayapán y extendieron su dominio a lugares como Izamal, Motul y Cozumel.

Durante los dos siglos que duró el

poderío de Chichén Itzá se introdujeron fuertes cambios en la vida de los mayas. Las preocupaciones místicas e intelectuales de tiempos pasados fueron puestas en segundo plano y en primer lugar se implantaron ideas de corte militarista que ayudaron a mantener el dominio territorial y el acceso a las principales rutas comerciales. Desde entonces el culto estatal giró alrededor de Kukulcán (Quetzalcóatl o "serpiente emplumada"), ya sea en su advocación de la estrella matutina Nacxit, o bien como personificación del dios solar y de la guerra llamado Ah Mex Cuc. También se incorporaron al panteón maya otras deidades toltecas, tales como Tlalchitonatiuh, Tezcatlipoca y Chicomecóatl. Dichos cambios fueron reflejados por un arte sincrético que no sólo recurrió a las tradiciones locales, sino que frecuentemente estuvo inspirado por las costumbres extranjeras.

La iconografía demuestra el interés por representar a Kukulcán, ya sea en forma de ofidio o en imágenes del hombre-pájaro-serpiente. También se introdujeron algunas ceremonias de sacrificio humano. Se puso énfasis en reproducir escenas de carácter bélico, como las imágenes de felinos devorando corazones o las figuras de guerreros portando escudos redondos (*chimalli*), propulsores (*átlatl*) y dardos, las cuales aparecen en la decoración de varios edificios. Los arquitectos de esta época lograron construir grandes espacios techados para albergar a los cuerpos militares, erigieron enormes pirámides para adorar a Kukulcán y levantaron numerosas estructuras como el juego de pelota o el altar de cráneos llamado *tzompantli* para celebrar los ritos sacrificatorios.

Las nuevas preocupaciones de los gobernantes repercutieron, tal vez, en la extracción de onerosos tributos, tanto en especie como en trabajo, los cuales debieron ser exigidos al pueblo por la nobleza de cada provincia para enviarlos después a la capital del estado. Con el tiempo esta situación no sólo generó contradicciones sociales sino que provocó el descontento de las élites sometidas.

A mediados del siglo XII d.C., empezaron a surgir los primeros brotes de inestabilidad en la ciudad de los itzaes. Cuentan las fuentes que hacia esta época Hunac Ceel —miembro del linaje Cocom— emprendió un movimiento mesiánico que terminó con el poderío de Chichén Itzá. Valiéndose de intrigas políticas y fingiendo ser el elegido divino para gobernar el reino, Hunac Ceel consiguió trasladar la capital a Mayapán, ciudad que conservó su importancia política por más de dos siglos. El conflicto con otros centros urbanos no se hizo esperar, por lo que el caudillo se vio obligado a solicitar la ayuda de mercenarios chontales del linaje Canhul para pacificar el país. A partir de entonces los gobernantes de Mayapán obligaron a la nobleza de las ciudades conquistadas a residir en la capital, acción que les permitió controlar algunos intentos de rebeldía.

Durante el gobierno de la familia Cocom se incrementaron en Yucatán las transacciones comerciales y muchos centros costeros como Tulum, Xelhá e Ichbaatun prosperaron gracias al intenso tráfico de productos que circulaban por la costa del Atlántico.

Los restos arqueológicos de Mayapán permiten apreciar algunos cambios en la planificación de las ciudades postclásicas. A la ubicación dispersa de casas alrededor de un gran núcleo ceremonial —característica de tiempos antiguos—, se sobrepuso una concentración de residencias rodeadas por una muralla. En el interior de este muro se distribuyeron los palacios de los diferentes linajes nobles, y los pequeños edificios administrativos y religiosos. En cambio, la zona exterior de la muralla fue ocupada por las viviendas de los grupos tributarios que formaron el común del pueblo.

Al parecer, el gobierno de Mayapán entró en crisis a partir del siglo XIV d.C.; las fuentes históricas mencionan que hacia esta época varias ciudades del reino empezaron a competir por el poder político. Los textos hablan sobre las tensiones surgidas entre los xiues, cocomes y cheles, y refieren que hacia 1461 d.C., el poder

SITIOS MAYAS EN EL POSTCLÁSICO

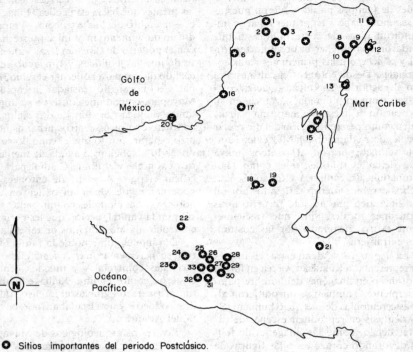

⊗ Sitios importantes del periodo Postclásico.

1. Dzibilchaltún	17. Cilvituk
2. Tihoó	18. Tayasal
3. Aké	19. Topoxté
4. Mayapán	20. Xicalanco
5. Maní	21. Naco
6. Huaymil	22. Chaculá
7. Chichén Itzá	23. Tajumulco
8. Cobá	24. Zaculeu
9. Xelhá	25. Chutixtiox
10. Tulum	26. Pantzac
11. El Meco	27. Zacualpa
12. San Gervasio	28. Chultinamit
13. Chacmool	29. Cahyup
14. Ichbaatún	30. Mixco Viejo
15. Santa Rita	31. Iximché
16. Champotón	32. Sololá
	33. Utatlán

Tomado de Coe 1973

FRONTERAS DE LOS SEÑORÍOS MAYAS DEL POSTCLÁSICO

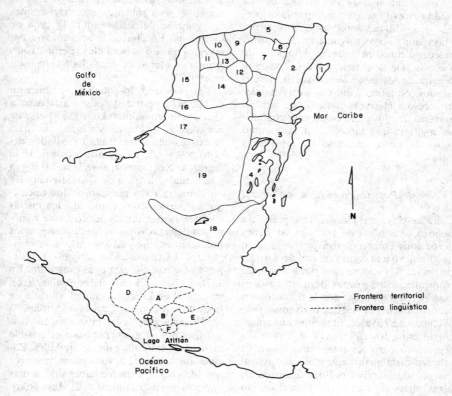

Fronteras territoriales de los señoríos del norte de Yucatán en el momento de la conquista española.

I. Cozumel	7. Cupul	14. Tutul Xiu o Maní
2. Ecab	8. Cochuah	15. Ah Canul
3. Uaymil	9. Ah kin Chel	16. Canpech
4. Chetumal	10. Ceh Pech	17. Champotón
5. Chikincheel	11. Chakán	18. Tayasal
6. Tazes	12. Sotuta	19. Cehaché (?)
	13. Hocabá	

Fronteras lingüísticas actuales de los principales grupos de las tierras altas.

A. Quiché
B. Cakchiquel
C. Zutuhil
D. Mam
E. Pokomam
F. Pipil

Tomado de Roys 1957

Tomado de Coe 1973

191

de la familia Cocom había quedado aniquilado.

El periodo que siguió a la caída de esta ciudad estuvo caracterizado por la dispersión de los linajes anteriormente sujetos a Mayapán, y por el surgimiento de señorios independientes en toda la península de Yucatán. Desde el siglo XV d.C., hasta la llegada de los españoles, estos pequeños estados compitieron entre sí para defender su acceso a las rutas comerciales, aunque ninguno de ellos pudo emprender conquistas militares que garantizaran su dominio sobre el vasto territorio de las tierras bajas.

El periodo Postclásico en la región central

Cuando Mayapán alcanzó la supremacía política en el norte de Yucatán, los itzaes derrotados emprendieron una migración que los llevó a la región central del territorio maya. Abriéndose paso por los bosques tropicales, estos grupos llegaron hasta el lago Petén Itzá, lugar donde fundaron un señorío independiente que tuvo como sede la ciudad de Tayasal. El tiempo que transcurrió entre los siglos XIV y XVI d.C., representó para los itzaes una época de relativo aislamiento que los mantuvo al margen de la crisis política acaecida en otras partes del área maya. Esta situación se sostuvo sin cambios hasta el siglo XVII d.C., cuando las huestes españolas penetraron al Petén.

El periodo Postclásico en la región sur

Gracias a varios textos históricos sabemos que entre los siglos X y XI d.C., algunos linajes procedentes de Xicalanco penetraron en la parte montañosa de Chiapas y Guatemala. Entre estos grupos llegaron los quichés, cakchiqueles, zutuhiles y rabina-les, quienes trajeron consigo las ideas toltecas de sus ancestros. Poco dicen los documentos sobre sus primeros asentamientos, pero sabemos que eran pequeños y estaban fincados sobre la cima de los cerros. En efecto, la arqueología demuestra que estos poblados fueron protegidos por medio de acantilados, fosos o murallas.

Al principio, los quichés se ubicaron en Hacavitz pero después se trasladaron a Gumarcah (en náhuatl Utatlán, "tierra de cañaverales"). Desde este lugar iniciaron la expansión militar que, a mediados del siglo XV d.C., les permitió controlar la región de Xoconoxco, el valle de Motagua y la actual provincia de Quezaltenango.

Durante todo ese tiempo los cakchiqueles participaron como aliados en las conquistas quichés, haciendo frente a enemigos peligrosos como los zutuhiles o los pokomames. Sin embargo, durante el siglo XV d.C., esta tribu reclamó su independencia e inició su propia expansión. En 1476 d.C., los cakchiqueles establecieron su capital en Iximché, ciudad ubicada en la orilla septentrional del lago Atitlán.

De otros grupos los datos son tan escasos que por el momento sólo es posible mencionar el nombre de sus ciudades. Zaculeu fue la capital de los mames, mientras que Mixco Viejo parece haber sido el más importante asentamiento de los pokomames.

Como puede notarse, los datos históricos y arqueológicos del área sur son muy fragmentarios. Esta situación hace casi imposible trazar las fronteras políticas de los numerosos señoríos que existieron en las tierras altas durante el periodo Postclásico. Por lo tanto, en el mapa 2 he optado por dibujar las fronteras lingüísticas de los grupos actuales, lo cual podría dar una visión aproximada de los territorios ocupados por los pueblos mencionados en el texto.

Bibliografía

BARRERA RUBIO, Alfredo
1984   "Consideraciones sobre el Modo de Producción Asiático entre los mayas",
          Alfredo Barrera Rubio (ed.), *El Modo de Producción Tributario en Meso-*
          américa, Mérida, Escuela de Ciencias Antropológicas de la Universidad de
          Yucatán, p. 203-252.
CARMACK, Roberto *et al.*
1975   *La formación del Reino Quiché*, Guatemala, Instituto de Antropología e
          Historia, Publicación especial, núm. 7.
COE, Michael
1971   *The Maya*, London, Pelican Books.
NAVARRETE, Carlos
1982   "Escultura Maya. Periodo postclásico en la región del norte", *Historia del*
          Arte Mexicano, México, Salvat/SEP, v. 3, p. 398-411.
RIVERA DORADO, Miguel
1985   *Los mayas de la antigüedad*, Barcelona, Editorial Alhambra.
ROYS, Ralph L.
1957   *The Political Geography of the Yucatan Maya*, Washington D.C., Carnegie
          Institution of Washington, publication 613.
THOMPSON, J. Eric S.
1984   *Grandeza y decadencia de los mayas*, México, Fondo de Cultura Económica.

35. El occidente en el Postclásico

Fernán González de la Vara, UNAM

Durante el periodo Postclásico (900 a 1500 d.C.), el Occidente de México sufre una serie de cambios culturales, políticos, tecnológicos y ambientales que van a transformar en gran manera el panorama de los pueblos y culturas occidentales.

En las regiones norteñas del Occidente, una progresiva desertificación en los actuales estados de Guanajuato, Zacatecas, Querétaro, Aguascalientes y en el norte de Jalisco obligaron a los pueblos sedentarios a emigrar hacia regiones más húmedas, situadas al sur, retrayéndose la frontera mesoamericana hasta el río Lerma-Santiago. Ese territorio fue ocupado por grupos dedicados a la caza y a la recolección, a los que genéricamente se les conoce como "Culturas del Desierto".

Los cambios tecnológicos también van a conformar el Occidente; nuevas formas cerámicas —pipas, molcajetes, malacates, sellos, incensarios, braseros— nos indican innovaciones en ciertas actividades —uso del tabaco, molienda, fabricación de textiles y uso de esencias aromáticas—. La lítica suntuaria trabaja nuevos materiales como el alabastro, la turquesa y el cristal de roca, en parte gracias a otro avance tecnológico de mayor importancia, la aparición de la metalurgia y del uso del metal para fabricar herramientas. La metalurgia se originó en la zona andina de Sudamérica, y de ahí pudo extenderse hacia Mesoamérica donde surge como una técnica

bien desarrollada. En el Occidente es donde aparecen los primeros objetos de metal, y donde más se le utilizó para finalidades prácticas como el corte de árboles, el labrado de la madera, el cultivo de la tierra, la pesca, la cacería y la guerra. Se trabajaron el cobre, el oro, la plata, el estaño, el plomo y posiblemente el bronce, para fabricar ornamentos como discos, cascabeles, narigueras, orejeras, cuentas, anillos, colgantes y brazaletes, e instrumentos como pinzas, hachas, hachuelas, agujas, punzones, cuchillos, anzuelos, alambres, tubos para perforar y puntas de lanzas, así como recipientes, figurillas, láminas, etcétera.

En el Postclásico aparecen nuevos rasgos culturales procedentes del centro de Mesoamérica: se hacen comunes las representaciones de dioses como Tláloc y Quetzalcóatl; se utiliza el calendario de 365 días y 18 meses; se concibe al universo dividido en cuatro regiones cardinales; el sacrificio humano se practica de manera generalizada; se emplea la mutilación dentaria y la deformación craneal; los centros ceremoniales adoptan el patrón de plazas cuadradas, rodeadas por tres o cuatro montículos, y se adoptan las formas de gobierno mesoamericanas.

Igualmente, los antiguos conflictos entre grupos se convierten en guerras con la finalidad de conquistar y conseguir súbditos y esclavos. En los pueblos vecinos, los tributos y los servicios a los pueblos conquistadores van a ser las nuevas formas de relación entre pueblos y regiones. Todos estos cambios dividen el antiguo territorio de Occidente en tres regiones con distintos niveles de desarrollo cultural, de organización política y de complejidad social.

Al norte, cruzando el río Santiago, bandas de cazadores recolectores ocupan las regiones abandonadas por los pueblos agricultores. Dichos pueblos se caracterizan por una economía de apropiación de los recursos naturales, la carencia de un lugar fijo de residencia y una tecnología sencilla pero adecuada a las condiciones de aridez. Estos grupos tienen contactos esporádicos con los pueblos sedentarios del sur, pero sin llegar a formar parte de Mesoamérica.

Al occidente, en los actuales estados de Jalisco, Colima y Nayarit, y el sur de Sinaloa, subsisten grupos sedentarios que los cronistas describen como "señoríos y cacicazgos" de poca extensión. No llegan a tener grandes territorios, en el mejor de los casos controlan el valle donde se asienta la cabecera y los barrios sujetos a ellas, así como algunos ranchos en las áreas montañosas cercanas al valle. Estos grupos se encuentran constantemente en guerra con los señoríos vecinos, a veces formando alianzas endebles, otras conquistando por poco tiempo un nuevo territorio, generalmente sin alcanzar una supremacía determinante que conduzca a un nivel mayor de organización social. Aparecen armas como mazas de piedra, macanas, lanzas, *átlatl*, hondas, hachas de garganta, arco y flecha.

Lo anterior se refleja en una gran cantidad de estilos locales, definidos generalmente por variantes en la cerámica, aunque todos comparten un sustrato cultural común.

La economía se basaba principalmente en una agricultura intensiva —a veces con sistemas de riego en pequeña escala—, la cual era complementada por la cacería, la recolección y la pesca en lagunas y ríos. Los pueblos tenían un patrón disperso

alrededor de un centro ceremonial, con excepción de los sitios fortificados que muestran una mayor organización interna. Los más grandes podían acomodar hasta 5,000 personas y contaban con arquitectura monumental, como Amapa e Ixtlán del Río en Nayarit, Autlán y Tamazula en Jalisco, y El Chanal en Colima. En estos sitios se encuentran comúnmente piedra careada, escalinatas con alfardas y dado, losas esculpidas (El Chanal), estructuras de planta circular (Ixtlán del Río) y juegos de pelota, y lajas decoradas (Amapa). Las habitaciones de la gente común se construían con materiales perecederos como carrizo, bajareque, adobe y madera, sobre plataformas hechas con tierra o piedra.

De este periodo son la gran mayoría de los petrograbados que se encuentran en Occidente, a veces en grandes concentraciones como en Coamiles y Tomatlán; aunque la escultura no fue una actividad tan floreciente como la lapidaria y la metalurgia, por medio de las cuales se fabricaban ornamentos y ofrendas funerarias como las halladas en Lo Arado, en el estado de Jalisco.

Respecto a las costumbres de estos pueblos sabemos poco: que practicaban el sacrificio humano y la mutilación dentaria; que enterraban a sus muertos directamente en la tierra rodeados de algunas ofrendas; y que los braseros y sahumerios que se han encontrado señalan la existencia de rituales propiciatorios.

Al oriente y al sur, en los actuales estados de Michoacán y Guerrero, dominaban los imperios tarasco y mexica, sociedades estatales complejas que ocupaban vastos territorios y extraían tributo y fuerza de trabajo de los pueblos conquistados, encontrándose en continua expansión hasta la llegada de los españoles.

Los tarascos o purhépecha crearon un gran poder militar. Estaban situados en la región de Zacapu y alrededor del lago de Pátzcuaro. Allí se encontraban las tres sedes del imperio, a saber: Tzintzuntzan, Ihuatzio y Pátzcuaro. Varios motivos eran los que los impulsaban a la conquis-

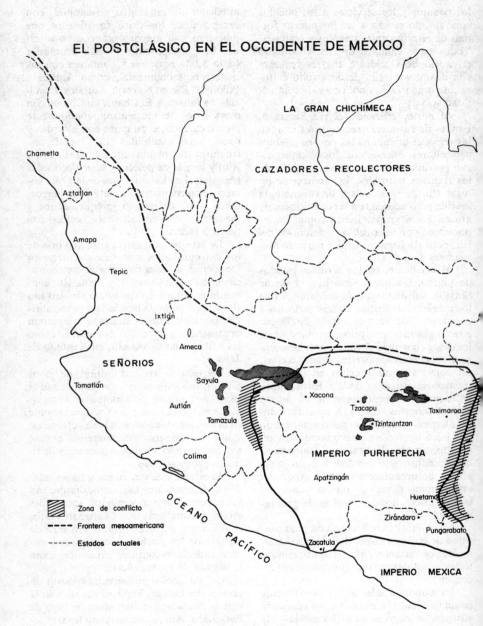

EL POSTCLÁSICO EN EL OCCIDENTE DE MÉXICO

LA GRAN CHICHIMECA

CAZADORES - RECOLECTORES

Chametla

Aztatlan

Amapa

Tepic

Ixtlán

Ameca

SEÑORIOS

Tomatlán

Sayula

Xacona

Tzacapu

Taximaroa

Autlán

Tamazula

Tzintzuntzan

Colima

IMPERIO PURHEPECHA

Apatzingán

Huetamo

Zirándaro

Pungarabato

Zacatula

OCEANO PACÍFICO

IMPERIO MEXICA

Zona de conflicto

Frontera mesoamericana

Estados actuales

ta: a) La obtención de nuevos súbditos que rindieran culto al dios Curicaueri y sirvieran al *cazonci* y sus ejércitos; b) la necesidad de esclavos para el sacrificio y para el trabajo de las tierras del *cazonci*; c) la obtención de productos importantes para los purhépecha y que no existían en el área de Pátzcuaro como la sal, el cobre, el oro, la plata, la obsidiana, las plumas preciosas, el algodón y el cacao entre otros; d) la obtención de tributos como mantas, redes, miel, metales y madera, y de servicios como el aprovechamiento de los ejércitos, la guerra y la construcción de fortificaciones por parte de los pueblos sujetos; y e) la necesidad de aumentar su control territorial y limitar el poderío de los pueblos vecinos que pudieran representar una posible amenaza.

Con estas ideas y una eficaz organización militar encabezada por el propio *cazonci* y compartida por un consejo militar formado por un gobernador general, un capitán general de los ejércitos y gobernadores de cada una de las fronteras purhépechas, lograron extender sus dominios. Así llegaron, a la región de tierra caliente hasta Tetela del Río, en Guerrero; a la zona costera hasta Zacatula, en la desembocadura del Balsas; al oeste hasta las cercanías de Sayula donde intentaban apoderarse de las salinas, y al este hasta los límites del imperio mexica con quienes los purhépecha entraron en un conflicto no resuelto aún a la llegada de los españoles, y que dejó como rastro una serie de fortificaciones levantadas por ambos bandos a lo largo de sus fronteras.

Bibliografía

BELL, Betty
1971   "Archaeology of Nayarit, Jalisco and Colima", *Handbook of Middle American Indians*, Austin, University of Texas Press, v. 11, p. 694-753.
BELTRAN, Ulises
1986   "Estado y sociedad tarascos", *La sociedad en el Centro y Occidente de México*, Zamora, El Colegio de Michoacán, p. 45-62.
BRAND, Donald D.
1971   "Ethnohistoric Synthesis of Western Mexico", *Handbook of Middle American Indians*, Austin, University of Texas Press, v. 11, p. 632-656.
SCHÖNDUBE, Otto *et al*.
1980   *Historia de Jalisco*, Guadalajara, Unidad editorial del Gobierno de Jalisco.

36. La zona lacustre de Michoacán en tiempos de los purhépecha

Fernán González de la Vara, UNAM

La civilización purhépecha se desarrolló a orillas de un lago a 2000 metros sobre el nivel del mar. La región no disponía de una gran variedad de recursos, pero los que poseía eran muy abundantes. Las montañas estaban cubiertas por densos bosques de pinos, encinos y robles. En las partes bajas y en las riberas de las lagunas existían tierras fértiles donde se cultivaban maíz, frijol, amaranto, calabaza y chile. Y en la laguna, el charal, el pescado blanco, la *akumara* y otros peces se utilizaban como alimento. En invierno la llegada de aves migratorias complementaba los recursos de la región.

No se sabe con certeza cuándo llegaron los primeros pobladores a la zona lacustre de Pátzcuaro, ni quiénes fueron. La *Relación de Michoacán* habla de los grupos sedentarios que existían antes de la llegada de los tarascos-uacúsecha, que posteriormente dominaron a los demás pueblos de las riberas.

Estos grupos no conformaban una unidad política ni cultural. Coexistían distintos pueblos que hablaban diversas lenguas emparentadas con el nahua y el purhé. Los frecuentes conflictos entre los pueblos avivaban sus divisiones; sólo las relaciones de intercambio promovían la unificación cultural de la región.

Su economía era mixta, basándose principalmente en la agricultura intensiva, y se complementaba con la pesca, la cacería y la recolección. Algunos pueblos se especializaban en la pesca como Xarácuaro y Pacandan situados en las islas del lago; otros en el cultivo del maguey o en el trabajo del tule, intercambiando sus productos con otras poblaciones de las riberas.

Hacia el siglo XIII, nuevos grupos arriban a la región procedentes del norte de Mesoamérica, quizá obligados por las sequías y el acoso de bandas de cazadores recolectores, de los que adquirieron algunos rasgos culturales. Varias oleadas de gente concurrieron en la zona de Pátzcuaro y ocuparon casi todo el territorio disponible. Una de las últimas migraciones fue la de los uacúsecha, grupos seminómadas que se dedicaban a la caza, la recolección y la agricultura, y que bajo el mando de su jefe Hireti-ticátame ingresan a la región lacustre por el norte procedentes de Naranxan, cerca de Zacapu. Inmediatamente entran en conflicto con los pueblos de las riberas. El hijo de Hireti-ticátame, Zicuirancha, se establece en la actual Santa Fe de la Laguna; pero los siguientes gobernantes se trasladan más tarde hacia Pátzcuaro, relacionándose con los pescadores de Xarácuaro.

Hijo de uacúsecha e isleña, nace Tariácuri, fundador del poderío tarasco. Desde joven se enfrenta a varios pueblos que lo derrotan, teniendo que abandonar Pátzcuaro para refugiarse en Hoata-Pexo, situado en las montañas. De allí tiene que huir hacia Upapohuato; posteriormente se relaciona con Zurumban, señor de Tariaran, quien lo manda a una región boscosa desde donde realiza incursiones a Tierra Caliente mientras tanto, los pueblos aliados en contra de los uacúsecha se pelean por la posesión de Pátzcuaro. Tariácuri aprovecha esto para reconquistar Pátzcuaro, desde donde planea la conquista de todo Michoacán. Divide su territorio entre su hijo Hiquingare y sus dos sobrinos Hiripan y Tangaxoan, quedándose el primero con Pátzcuaro, el segundo con Ihuatzio y el tercero con Tzintzuntzan. Desde entonces van a ser éstas las tres cabeceras del imperio purhépecha.

En los sucesivos conflictos someten a Xarácuaro, conquistan Curínguaro —sede de sus principales rivales—, destruyen Tariaran y Zirahuen. Finalmente conquistan toda la región lacustre y muchos pueblos en el centro de Michoacán, y se extienden hacia el sur de Guanajuato y la cuenca del río Balsas. A Tangaxoan le sucede su hijo Tzitzitpandácuare quien unifica los tres señoríos anteriores y establece la capital en Tzintzuntzan, a donde lleva los ídolos de Curicaueri y Xarátanga, los dos dioses protectores de los tarascos-uacúsecha.

Las conquistas de los uacúsecha cambiaron las relaciones económicas y políticas de la región lacustre; permitieron el desarrollo y jerarquización de los asentamientos; desarrollaron las artes y transformaron la religión.

La economía purhépecha, basada en un principio en la agricultura y la pesca principalmente, se amplió con nuevas actividades; el riego se utilizó en pequeña escala, siendo las áreas irrigadas propiedad del *cazonci* y de los ejércitos; la guerra se convirtió en la actividad más productiva por medio de la cual se obtenían tributos, fuerza de trabajo sujeta, productos exóticos que no era posible conseguir por intercambio y metales que junto con las salinas eran controladas directamente por el Estado; igualmente, se desarrollaron actividades especializadas destinadas al culto religioso y a las clases nobles dominantes,

como la plumaria, el trabajo de metales preciosos, el trabajo de piedras finas, la ebanistería, el trabajo de la laca y la escultura.

Los tarascos y purhépecha tenían una sociedad fuertemente centralizada y jerarquizada. En la cúspide se encontraban, a) el *cazonci* —máximo gobernante— con poderes indiscutibles; b) el *petámuti* o sacerdote mayor a cargo del culto al dios Curicaueri y juez principal en asuntos religiosos, y c) el gran consejo formado por un gobernador general, un capitán general de los ejércitos —cargos que a veces asumía el mismo *cazonci*— y varios "principales" escogidos para tomar decisiones difíciles. En segundo término se encontraba la nobleza local formada por los caciques locales sujetos a los *purhépecha*, los gobernantes de algunas poblaciones emparentados con el *cazonci* e impuestos por él, y por último los gobernantes militares de las cuatro fronteras del imperio. Más abajo existía una nobleza menor que comprendía a los acompañantes y sirvientes del *cazonci*, a los *ocámbecha* (encargados de recolectar los tributos y de organizar los trabajos), los mayordomos encargados de la organización de las fiestas, los militares de menor jerarquía, y posiblemente los artesanos especializados.

Formando otra clase se encontraba la gente común y los esclavos. El pueblo en general se organizaba en familias extensas que se dedicaban a la producción de alimentos y a veces a la producción artesanal como el trabajo de la lítica, la producción de cerámica, la albañilería, la carpintería, el trabajo del cuero, la manufactura de textiles, etcétera. Hasta abajo de la escala social estaban los esclavos quienes eran destinados al trabajo de las tierras del *cazonci*, al servicio de los nobles y a ser sacrificados en las fiestas.

La sociedad *purhépecha* era esencialmente rural; las capitales no reunían una gran población —para Tzintzuntzan se calculan alrededor de treinta mil personas—, mientras que los pueblos mayores tendrían de cinco a diez mil habitantes. Estas poblaciones se agrupaban de manera

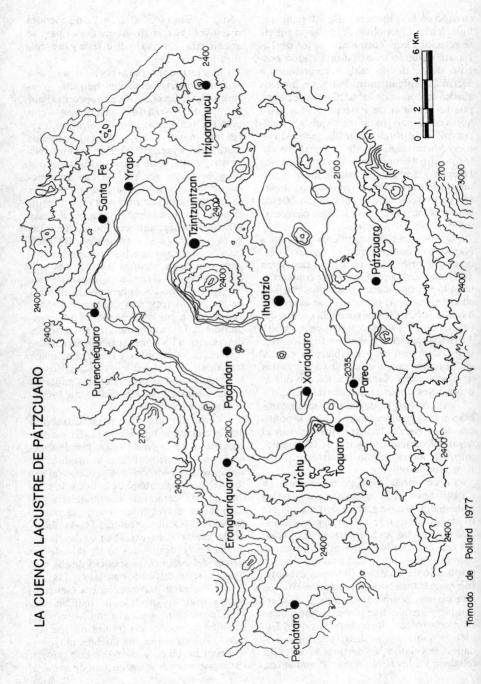

LA CUENCA LACUSTRE DE PÁTZCUARO

Tomado de Pollard 1977

0 1 2 4 6 Km.

dispersa alrededor del centro administrativo y ceremonial, donde se encontraban los templos y las casas de los gobernantes.

La religión, en un principio monoteísta y clánica, fue transformándose en politeísta con advocaciones precisas conforme eran incorporados los dioses de los pueblos conquistados. Curicaueri, el dios del clan uacúsecha era el principal; se le rendía culto con sacrificios y con la quema de grandes cantidades de leña en hogueras que nunca se consumían. Xarátanga, la diosa de los pescadores de Xarácuaro, se convierte en la consorte de Curicaueri. Otros dioses importantes eran Thares Upeme, dios de Cumachuen; Querenda Angápeti, dios de Tzacapu; Urendequa-Uécara, dios de Curínguaro; Cuerauáperi, la diosa madre; los mensajeros de Curi-

caueri, Sirunda Arhan y Curita Caheri; y los "hermanos" Tiripeme Xungápeti, Tiripeme Turupten y Chupi Tiripeme.

La arquitectura purhépecha se caracteriza por la construcción de grandes plataformas y terrazas, y por pirámides de planta mixta conocidas como "yácatas". Estas construcciones eran de laja y lodo a veces recubiertas con piedra labrada. En lo alto de los templos se colocaban esculturas de personajes sedentes y coyotes donde se hacían ofrendas. A veces en grandes piedras se esculpían petroglifos con representaciones de volutas y círculos concéntricos posiblemente con un significado cosmológico. Los tarascos también destacaron en la metalurgia, la lapidaria, la plumaria y la cerámica donde existen bellas piezas polícromas y con decoración al negativo.

Bibliografía

GORENSTEIN, Shirley y Helen Perlstein POLLARD
1983   *The Tarascan Civilization*, Nashville, Vanderbilt University Publications in Anthropology, núm. 28.
JACINTO ZAVALA, Agustín
1981   "La visión del mundo y la vida entre los Purhépecha", *La Cultura Purhé, Segundo Coloquio de Antropología e Historia Regionales*, Zamora, El Colegio de Michoacán, p. 143-157.
KIRCHHOFF, Paul
1981   "Historia de los Tarascos", Alfredo López Austin (ed.), *Tarascos y mexicas*, México, SEP/Fondo de Cultura Económica (SEP 80, núm. 4), p. 136-174.
LOPEZ AUSTIN, Alfredo
1981   *Tarascos y mexicas*, México, SEP/Fondo de Cultura Económica, (SEP 80, núm. 4).

Índice de mapas

Esta obra se terminó de imprimir y encuadernar en enero
de 2003 en Programas Educativos, S.A. de C.V.
Calz. Chabacano No. 65 México 06850, D.F.

La edición consta de 5 000 ejemplares

Empresa Certificada por el Instituto Mexicano de Normalización
y Certificación A. C. Bajo las Normas ISO-9002:1994/
NMX-CC-004:1995 con el Núm. de Registro RSC-048
e ISO-14001:1996/NMX-SAA-001:1998 IMNC/
con el Núm. de Registro RSAA–003